酒店工程管理与实务

主　编　李红艳
副主编　高世春　侯　瑞

北京理工大学出版社
BEIJING INSTITUTE OF TECHNOLOGY PRESS

图书在版编目（　）数据

酒店工程管理实务 / 李红艳主编 . —北京：北京理工大学出版社，2020. 4
ISBN 978 — 7 — 5682 – 8227 – 7

I. ①酒… Ⅱ. ①李… Ⅲ. ①饭店 – 设备管理　Ⅳ. ①F719. 2

中国版本图书馆 CIP 数据核字（2020）第 039784 号

出版发行 / 北京理工大学出版社有限责任公司		
社　　址 / 北京市海淀区中关村南大街 5 号		
邮　　编 / 100081		
电　　话 / （010）68914775（总编室）		
（010）82562903（教材售后服务热线）		
（010）68948351（其他图书服务热线）		
网　　址 / http：//www. bitpress. com. cn		
经　　销 / 全国各地新华书店		
印　　刷 / 三河市天利华印刷装订有限公司		
开　　本 / 787 毫米 ×1092 毫米　1/16		责任编辑 / 时京京
印　　张 / 12		文案编辑 / 时京京
字　　数 / 279 千字		责任校对 / 周瑞红
版　　次 / 2020 年 4 月第 1 版　2020 年 4 月第 1 次印刷		责任印制 / 施胜娟
定　　价 / 55.00 元		

　　本教材是一本真实的"酒店工程管理与实务"的书。何为真实性呢？"真实"是指本书根据典型的酒店管理实践场景，提出问题，进而分析应对的方案或者提出建议。酒店管理的应用非常普遍，是一门实践性和操作性很强的学科。

　　本教材既具有一套基础完善的理论体系，又具备一系列专门的实用技术手段和方法，理论与实际案例的很好融合，使酒店工程管理理论与实务完美结合。通过每一个模块的案例，可以理解和总结在酒店管理实践工作中如何发现、分析和解决问题，同时使酒店管理的理论知识、方法原理、技术工具得到实际的运用。

　　本教材的案例全部采用酒店工程管理领域的典型案例，注重教材的实用性和启发性，系统地介绍了酒店工程管理专业的理论知识和技术方法。通过模块化教学激发读者对各个专题的兴趣，启发读者独立思考、探索和创造性地解决各种酒店工程管理问题。本书具有如下特点：

　　1. 选取部分酒店管理师等职业资格考试试题中的前沿资料和案例。

　　2. 调研相关的酒店企业在酒店工程管理方面的实际操作和典型经验，形成案例库，从中提炼出经典案例。

　　3. 从公开发表的典型案例中选择、提炼和加工处理，使案例更精简、通俗易懂，便于学生接受和理解。

　　本教材的第二、第三、第六、第七、第九模块由李红艳老师编写，第一、第四、第五模块由高世春老师编写，侯瑞老师、辽宁格林豪森服务集团有限公司智大永添加了相关知识等内容并对全书进行勘正。

　　在本教材编写过程中，竭力详细列出了引用案例的来源和作者，如有疏漏，敬请指正，我们将在重印或者再版时进一步完善。

　　酒店工程管理与实务是一门新兴学科，且由于编者水平有限，书中如有错误、疏漏或不足之处，敬请广大读者批评指正。

目　录

酒店经营管理

对酒店管理的基本认知是成为酒店管理者的基本条件。本模块主要介绍酒店经营管理的基础知识。通过学习学生能够掌握酒店的基本经营理念、酒店管理模式以及酒店管理创新等基本内容，使学生对酒店的经营管理有一个基本的了解。

※ 知识目标

1. 掌握酒店基本经营理念的内涵和作用。
2. 掌握确立有效的酒店经营理念的方法。
3. 掌握酒店管理的模式及创新。

※ 能力目标

1. 能够树立有效的酒店经营理念。
2. 能够熟练运用确立酒店经营理念的方法。
3. 能够做好酒店管理模式选择和创新工作。

任务 1.1　酒店经营理念

酒店经营理念是酒店文化建设的核心和灵魂，是酒店经营的出发点和归宿，是酒店一切服务工作的基石。为此，酒店工作人员要深刻理解酒店经营理念的内涵，并围绕酒店所确立的经营理念来开展工作。

任务目标

1. 掌握酒店基本经营理念。
2. 掌握确立有效的酒店经营理念的方法。
3. 了解酒店经营管理实践中常用的经营理念。

任务导入

酒店经营理念以服务为基础。酒店吸引人眼球的地方，不是高大的建筑和良好的设施，而是细致周到的用心服务；要以客人为本，以客人为先，以人才为本。酒店竞争的焦点是市场，赢得市场的关键也是专业管理人才。

同步案例

贵族饭店经营管理成功者里兹（Ritz）的经验与格言

现代饭店起源于欧洲的贵族饭店。欧洲贵族饭店经营管理的成功者是西泽·里兹（Cesar Ritz）。英国国王爱德华四世称赞里兹："你不仅是国王们的旅馆主，你也是旅馆主们的国王。"

1850年2月23日，西泽·里兹出生于瑞士南部一个叫尼德瓦尔德的小村庄里，他曾在当时巴黎最有名的沃尔辛餐厅当侍者。在那里，他接待了许多王侯、贵族、富豪和艺人，其中有法国国王和王储、比利时国王利奥彼得二世、俄国的沙皇和皇后、意大利国王和丹麦王子等，并了解他们各自的偏好、习惯等。此后，里兹作为一名侍者，先后在奥地利、瑞士、法国、德国、英国的几家餐厅和饭店工作，并崭露头角。27岁时，里兹被邀请担任当时瑞士最大、最豪华的卢塞恩国家大酒店（Hotel Grand National）的总经理。

里兹的经历使他立志去创造旨在为上层社会服务的贵族饭店。他的成功经验之一是：无须考虑成本、价格，尽可能使顾客满意。这是因为他的顾客是贵族，支付能力很强，对价格不敏感，只追求奢侈、豪华、新奇的享受。（按现代经营管理理念，这似乎不合时宜，但在当时贵族化生活的立场，的确是成功的条件。）为了满足贵族的各种需要，里兹不惜重金创造了各种活动。例如，如果饭店周围没有公园景色，他就创造公园景色。在卢塞恩国家大酒店当经理时，为了让客人能从饭店窗口眺望远处山景，感受一种特殊的欣赏效果，他在山顶上燃起烽火，并同时点燃了1万支蜡烛。还有，为了创造一种威尼斯水城的气氛，里兹在伦敦萨伏依旅馆（Savoy Hotel）底层餐厅放满水，水面上飘荡着威尼斯凤尾船，客人可以在二楼一边聆听船上人唱歌，一边品尝美味佳肴。像这样的例子不胜枚举，由此可以看出里兹是一个现代流派无法形容的商业创造天才。

里兹的成功经验之二是：引导住宿、饮食、娱乐消费的新潮流，教导整个世界如何享受高品质的生活。

1898年6月，里兹建成了一家自己的饭店——里兹旅馆，位于巴黎旺多姆广场15号院。这一旅馆遵循"卫生、高效而优雅"的原则，是当时巴黎最现代化的旅馆。这一旅馆实现了"一个房间一个浴室"，比美国商业旅馆之王斯塔特勒先生提倡的"一间客房一浴室、一个美元零五十"的布法罗旅馆整整早10年。里兹旅馆的另一创新是用灯光创造气氛。里兹用雪花膏罩把灯光打到有颜色的天花板上，这种反射光使客人感到柔和舒适，餐桌上的灯光淡雅，制造出一种神秘宁静和不受他人干扰的独享气氛。当时，里兹旅馆特等套房一夜房价高达2 500美元。

西泽·里兹的格言之一是：客人是永远不会错的（The guest is never wrong）。他十分重视招徕和招待顾客，投客人所好。

多年的餐馆、旅馆服务工作的经验，使里兹养成了一种认人、记人姓名的特殊本领。他与客人相见，交谈几句后就能掌握客人的爱好，把客人引入座的同时，就知道如何招待他们。这也许正是那些王侯、公子、显贵、名流们喜欢他的原因。客人到后，有专人陪同进客房；客人在吃早饭时，他把客人昨天穿皱的衣服取出，等客人下午回来吃饭时，客人的衣服已经熨平放好了。

西泽·里兹的格言之二是："好人才是无价之宝"（A goodman is beyond price）。他很重视人才，善于发掘人才和提拔人才。例如，他聘请名厨埃斯科菲那，并始终和他精诚合作。

西泽·里兹的成功经验对目前豪华饭店和高级饭店中的总统套间、豪华套间、行政楼的经营管理仍然具有指导意义。

（资料来源于网络）

相关知识

快捷酒店的经营理念

一、以服务为基础

酒店感动和吸引人的地方，不是高大的建筑和良好的设施，而是体贴入微的用心服务。酒店的竞争关键是特色，特色的核心是品牌，品牌的保障是优质服务。所以在对客服务中要细心服务、耐心服务、同情心服务、用心服务、亲情服务、超值服务、延伸服务、零缺陷服务，而且这些服务还要运用得及时、适时、准时，对客人做到节日有祝贺、生日有礼品、长住有优惠、有事有帮助等多项措施来保障品牌的发扬光大。所以说金钱有限，服务无限，服务无止境，酒店的发展必须以优质服务为基础。

二、经营管理以人为本

1. 经营首先要以客人为本，以客人为先。从物资配备、经营理念、服务环节、质量管理上、都要真正为客人着想，想客人所想，急客人所急，一切从维护客人的切身利益出发；树立"客人永远是对的"的服务理念，让员工知道客人就是我们的衣食父母，没有客人的光临；我们的一切工作都无从谈起。

2. 工作与服务要以员工为本。客人抵达酒店后整个服务过程全部是靠员工来完成的，客人在酒店接触最多的是员工，服务质量好与坏、客人的满意程度也都取决于员工的服务。在服务工作中有一句话叫，没有心情愉快的员工就没有心情愉快的客人。所以对员工的管理要达到了解员工、尊重员工、关心员工，从实际工作中为员工排忧解难，用忠诚的员工来培养忠诚的客户群体。

3. 经营管理以人才为本。酒店竞争的焦点是市场，要赢得市场关键是专业管理人才。

要给会办事、敢办事、能办成事的人才提供平台，充分发挥他们的特长。

三、以品牌为核心

品牌应建立在了解市场、分析市场的基础上。品牌要靠优质的服务、优质的产品、优良的设施环境，还有民族文化特色、地域特色、企业特色和适应市场需求的经营。

四、以市场为导向

经营决策要建立在了解市场、分析市场、引导市场的基础上，要花成本在酒店市场环境分析、酒店市场价位制定分析、酒店产品质量分析、销售分析与设定、分销渠道分析与设定、经营信息的收集、市场信息收集与分析等方面。建立宾客档案，投入人力、物力深入调查了解，拿出适合市场需求的运营方案。

五、以学习为动力

强化员工培训学习是酒店成长发展的不竭动力。应建立酒店远景规划，深化改革客人与员工的交流机制，建立系统持续的员工培训制度，创建学院式的学习模式，实行有奖学习，学以致用，用培训学习来提高员工的业务素质与实际服务质量。

（资料来源于网络）

1.1.1 酒店基本经营理念

1. 经营理念的内涵

经营理念是管理者追求企业绩效的根据，是顾客、竞争者以及员工价值观与正确经营行为的确认，在此基础上形成企业基本设想与科技优势、发展方向、共同信念和企业追求的经营目标。经营理念是企业在经营上应该达到的全面性境界。因此也可以说是企业追求利益、经营战术战略的核心，是经营思想、意识和方法的统一体，是全体人员行动的总目标、指针。为了更好地掌握经营理念的内涵，应注意以下几个方面的内容。

（1）经营理念是经营活动中的思维方式

经营理念的提出不是经营管理者一时的心血来潮或是瞬间的灵光闪现，而是要经过长时间的思考，最终上升为理念，并通过反复的思考和推敲用文字明确表达出来。

（2）经营理念是经营者的思想和信念

在很多企业，经营理念在一开始只是创业者的某句口头禅，后来慢慢在企业内部成为一种共识，逐渐形成默契，最终上升到经营理念的高度。

（3）经营理念是经营哲学的浓缩

企业在开拓市场、进行市场定位或是选择细分市场时，所体现出的坚强意志和升华为信念的智慧是不可或缺的，这就是经营哲学。把经营哲学经过浓缩精炼，表现成短小的语句，就是经营理念。

（4）经营理念是全体员工的共同主张

经营理念应该得到全体员工的一致认同。如果经营理念只是经营者的一厢情愿、自以为是，那么，虽然它漂漂亮亮地高悬在上，但丝毫起不到凝聚员工心志的作用。这样的经营理念寡淡无味，不过只是一句空话而已。

2. 经营理念的作用

经营理念的作用体现在以下几个方面。

（1）经营理念是企业的宣言和决心

明文表述的经营理念在正式公开后，会在企业内外产生巨大的反响。公司的员工、股东、客户以及政府有关部门可以通过经营理念来加深对该企业的了解。经营理念就成了企业对内和对外的宣言和决心。

（2）经营理念是凝聚人心的黏合剂

经营理念是企业文化的一部分，是全体员工的行为指导方针，对员工具有潜移默化的影响作用。经营理念能使企业经营者和员工心往一处想、劲往一处使，发挥巨大的合力，是凝聚人心的黏合剂。

（3）经营理念是企业的基本法则

经营理念在企业内的地位，与宪法在国家中的地位相同。如果在经营活动中产生了迷惘，或是遇到了解不开的难题，只要回归原点，以经营理念作为权衡的标准，就可以找到正确的方向。

（4）经营理念要体现在经营方针和计划中

经营理念必须付诸实践才有存在的价值，所以，在企业的经营方针和经营计划中，一定要体现经营理念。

3. 酒店的经营理念

酒店的经营理念是酒店文化建设的核心和灵魂，是酒店经营的出发点和归宿，是酒店经营中贯穿的基本思想和基本理念，也是酒店文化系统的中心架构。它要解决的是酒店存在的价值和意义，回答"我是谁""我要做什么"这两个基本问题。各个企业文化积淀不同经营理念也不同。美国波音公司的经营理念是："保持波音技术领先地位，不断开拓。"马里奥特公司的经营理念是："友好的服务和合理的价格。"摩托罗拉公司的经营理念是："光荣地为社会服务，以公平的价格提供高质量的产品和服务。"海信集团的核心理念是："创造完美，服务社会。"香格里拉的经营理念是："由体贴入微的员工提供的亚洲式接待。"国内许多酒店提出"宾客第一""宾客至上""宾至如归"等理念，反映了经营的基本观念。里兹·卡尔顿酒店集团在2000年的项目调研中，对未来10年间酒店内部发展趋势研究得出的结论是："改进服务，关键是酒店要更像个家。房间、浴室一定要扩大，空气新鲜，环境要求越来越高，增加家庭气氛"。"创造温馨"的理念，是从酒店硬件和软件，即有形和无形两个方面提出了目标。在环境方面，客房设施改造像"家"的同时，在服务上要给客人以亲切感，让客人感受亲情，有回家的感觉。

1.1.2　如何确立有效的酒店经营理念

1. 事先在各级领导中广泛酝酿

在制定经营理念上，各个酒店的做法不尽相同，没有固定的公式、经验可循。所以，要探讨、摸索最适合自己酒店的做法，简单模仿别人只能招致失败。所以，酒店各级领导要统一思想，要就确立经营理念的程序和步骤进行研讨，取得一致意见后要以会议决议的形式确定下来。

确立了经营理念的程序和步骤后，各级领导就要开始探讨、摸索最适合自己酒店的做法，这就需要尽可能地收集其他酒店的案例，看看他们是如何总结概括的。在对各个渠道收集到的信息进行仔细研究和分析的过程中，要注意截取那些适合自己公司的片段，最后加以整理和串联，就会形成最适合本公司的思路和做法。

2. 组建经营理念筹备委员会

在确立经营理念的具体工作开始之前，需要有一段时间准备，这一阶段的工作主要是在酒店内部形成重视经营理念、思考经营理念的良好氛围。组建经营理念筹备委员会的作用：一是准确无误地把经营者制定经营理念的意志传递给所属员工，使员工们重新认识经营理念的意义和重要性；二是助推经营理念的制定工作。

3. 员工和领导共同确定经营理念

与筹备委员会不同，在挑选成员、组建负责制定经营理念具体工作的工作组时，不要设置过高的标准，即使是新入职的员工，只要他有热情、愿意参加这项工作，也要把他吸收进来。只有员工和领导共同确定的经营理念，才能体现全体员工的共同意志，才能被全体员工共同认可。

4. 向全体员工公布经营理念

拟定的经营理念对酒店具有非常重要的意义，因此，公开发表时必须郑重其事。公开发表的方式多种多样，可以举行一个庆典，也可以举办个研讨会，或者其他形式。举行公开发表的活动不单是为了让大家了解公司确立经营理念的情况，还要帮助、教育大家理解经营理念的内涵。

1.1.3 酒店经营管理实践中常用的经营理念

1. 人本管理理念

人本管理理念的核心因素是人，理论基础或者说理论支点是对人的科学认识。酒店的人本管理要求酒店管理者给予员工以关心、爱护、信任，倡导充分理解人、尊重人，充分发挥人的主观能动性和创造性，使员工在完成酒店既定目标的前提下，自觉地进行自我管理，从而有效提高服务效率和服务质量。

2. 服务质量管理理念

服务质量是酒店的生命线，是酒店的中心工作。服务质量不仅关系到酒店的经营、效益、声誉，更关系到酒店的兴旺与发展。服务质量不仅是酒店管理者的事情，它是一个整体，需要酒店各个部门、各个岗位共同建设起来。服务质量包括酒店的设施设备、服务水平、菜肴质量和安全等方面的内容。

3. 绩效管理理念

绩效管理是一种对酒店的资源进行规划、组织和使用，以达到某个目标并实现顾客期望的过程，也是管理者与员工之间就工作职责和提高工作绩效问题进行持续沟通的过程。绩效管理的系统模式可分为三个层次，即酒店整体绩效、团队绩效与员工个人绩效。绩效管理是以目标为导向，将酒店要达成的战略目标层层分解，通过对员工的工作表现和工作业绩进行考核和分析，改善员工在组织工作中的行为，充分发挥员工的潜能和积极性，以更好地实现企业的各项目标的程序和方法。

任务 1.2 酒店管理的模式及创新

任务介绍

酒店的管理工作需要通过管理模式来进行。酒店的管理模式是在酒店经营管理理念的指导下建构起来的，是由管理方法、管理制度、管理工具、管理程序等组成的管理行为体系结构。酒店管理模式的选择及创新对于酒店应对市场竞争有着非常重要的意义。

任务目标

1. 了解酒店的发展趋势。
2. 掌握酒店管理目标的设置。
3. 掌握酒店管理模式的选择。
4. 掌握酒店管理创新的内容。

任务导入

改革开放以来，中国的酒店业蓬勃发展，竞争越来越激烈。实践证明，决胜于市场竞争的法宝是管理模式的创新。这就需要酒店在经营管理的过程中做到及时掌握市场的发展趋势，不断为组织设立正确的目标，选择适合的管理模式，并不断进行创新。

相关知识

互联网模式下我国酒店管理的创新与实践

互联网本身的发展改变了人们的传统消费观念，对人们的生活产生了巨大的影响，它有着其他销售渠道无法比拟的优势：快捷、方便、大众化。随着经济的快速发展，人们对于酒店的各种要求越来越明确，在此过程中，酒店需要更加个性化的特征来吸引更多消费者。运用互联网进行个性化营销是我国酒店提高经济效益、扩大客户群体的最基本方式之一。例如，在实际操作中，酒店可以通过互联网建立客户的个人档案，注意观察客户的饮食起居等各类兴趣爱好，抓住客户的消费心理，让客户在消费的同时感受到不一样的服务，从细微处体现自己的与众不同。酒店可以根据客户入住的个人信息判断出客户的生日，在生日当天以短信或者电话的方式为客户送去祝福。这样的方式使客户感受到更多的关爱，从而为酒店赢得更多的回头客。个性化营销需要酒店管理者开动脑筋，分析客户的需求心理，为客户提供量身定做的特色优质服务。

1.2.1 调研酒店发展趋势

改革开放 40 多年来，中国酒店业经历了翻天覆地的变化。根据 2015 年国家旅游局发布的数据，到 2014 年年末，全国共 11 180 家星级饭店，拥有客房 149.79 万间，床位 262.48 万张，拥有固定资产原值 5 009.48 亿元，实现营业收入总额 2 151.45 亿元，上缴营业税金 125.29 亿元，全年平均客房出租率为54.2%。在这11 180家星级饭店中，五星级饭店745家、四星级饭店2 372家、三星级饭店5 406家、二星级饭店2 557家、一星级饭店99家。可见，我国的酒店业已经达到相当规模，对国民经济的发展具有重大的影响。

随着酒店行业竞争的日趋激烈，顾客消费理念的不断转变，酒店业的发展呈现出以下几个方面的趋势。

1. 品牌建设成为酒店发展的重要部分

随着人们消费观念的日益成熟，酒店市场的日趋规范化，中国酒店业将进入品牌竞争时代。品牌竞争的核心是顾客的满意度、忠诚度和酒店的知名度、美誉度，关键是抓住消费心理，从而得到顾客的信任和青睐。在未来酒店业的竞争中，酒店的品牌建设将成为酒店发展的重要部分。品牌的经营是一种"100 - 1 = 0"的系统模式，良好的品牌可以为企业带来巨大的效益，但任何一个突发的品牌危机都有可能毁掉之前苦心经营的成果。所以，品牌竞争的时代要求酒店更加重视每一个细节，是对酒店长期保持良好稳定的管理服务水平的考验。

2. 人性化管理成为酒店主导的经营管理理念

知识经济时代，人才不仅是生产要素，更是企业宝贵的资源，酒店企业产品和服务质量的决定因素关键在于人才资源。因此，酒店将采用以人为本的管理方式。管理的最终目的不是规范员工的行为，而是创造一种自我管理、自主发展的新型人事环境。因此，未来的酒店企业将更加注重提高员工的知识含量，并建立一套按能授职、能者多得的管理体制。

同步案例

人性化管理必须以制度管理为基础

在上海和平酒店工作的小张和小王，因为当班时偷偷溜进厨房拿两个苹果充饥，遭到酒店解雇。和平酒店认为，对偷窃酒店以及客人、员工财产物品的行为实行零容忍制度是酒店行业的惯例，因此，与两原告解除合同是符合法律规定的。小张、小王对处理不服，诉至法院要求恢复劳动关系。法院认定，小张、小王两人虽然只是偷窃了两个苹果，但物品贵贱并不能改变行为本身的性质。因此，当庭做出终审判决：驳回小张、小王的上诉请求，维持原判。

（资料来源于网络）

3. 定制化服务成为满足顾客需求的利器

市场竞争带来了更多样的选择，也培养了更加成熟挑剔的消费者。他们对个性化、差异化产品的需求越来越强烈，这种市场导向使得定制化服务成为酒店业今后发展的趋势之一。这要求酒店对顾客的需求要有更充分的了解，既注意掌握顾客的共性需求，又要分析研究不同顾客的个性需求；既注意静态需求，又要在服务过程中随时注意观察顾客的动态需求；既要把握显性需求，又要努力发现顾客的隐性需求。另外，随着消费观念的进步，酒店所扮演的角色也应当有相应的改变。酒店已不仅仅是人们晚间休息的地方，它的功能角色趋向于更加复杂多样，还将承担起交流、商务、休闲度假等更多新的角色。

4. 产品形态更加多样化

酒店市场的日益成熟，使市场竞争向更细、更新的方向推进。相应地，产品和服务的形态也更加多样化。随着人们对产品精神价值的逐渐重视，文化酒店、创意酒店、主题酒店、经济型酒店等产品形态不断发展和成熟。

1.2.2　设定酒店管理目标

目标管理是一种全面提高业绩的管理体系，它是一种通过科学的制定目标、实施目标，依据目标进行考核评价来实施组织管理任务的过程。

目标在酒店管理中的主导作用表现在：目标决定了酒店管理的方向，目标是激发管理者和被管理者的内在动力，是评价和考核工作成效的基本尺度。因此，确定目标是开展目标管理的起点。目标确定的准确与否，直接制约着目标管理的全过程。所以首先要将任务转化为目标，将目标与责任区分开来，赋予目标明确的标准，并根据不同客观条件灵活调节，达到跳一跳够得到的激励作用。

1. 设定酒店管理目标的原则

（1）明确具体

目标实施完毕后要有明确具体的结果做成果。

（2）可衡量

目标的可衡量包括质量、数量、时间或成本等，或能够通过定性的等级划分进行转化。

（3）相互认可

各层级人员要认可所设定的目标。

（4）可实现性

既有挑战又是可实现的。

（5）与企业经营目标密切相关

所设定的目标必须是与企业紧密相关的。

2. 设定酒店管理目标的步骤

第一步，正确理解酒店的总体目标，并向下属传达。

目标的确定通常由酒店的高层管理者来完成，然而实现目标的具体方案和措施要通过中层管理者提出，并通过全员努力完成。因此，可以说大的目标是由上而下传达的，小的目标是由下而上汇报的。

中层管理者只有在正确理解公司整体目标的前提下，才能围绕这些目标，制定出既符合酒店总体目标，又符合本部门实际情况的目标。

第二步，制定符合 SMART 原则的目标。

所谓 SMART 原则，即目标必须是具体的，目标必须是可以衡量的，目标必须是可以达到的，目标必须和其他目标具有相关性，目标必须具有明确的截止期限。只有按照 SMART 原则所制定的目标才具有可行性和有效性。

第三步，检验目标是否与上司的目标一致。

一般而言，在酒店管理目标的设定上，董事会制定战略目标，总经理再根据战略目标制定年度发展目标，部门目标则是对年度总目标的分解，员工根据部门目标制定个人目标。所以，在制定和执行的过程中，要检验所设定的目标是否与上级的目标一致。

第四步，列出可能遇到的问题和阻碍，找出相应的解决办法。

设定目标的过程中要具有风险意识，也就是对目标实现过程中可能出现的问题、障碍制定相应的解决方案，做到有备无患。

第五步，列出实现目标所需要的技能和知识。

第六步，列出为达成目标所必需的合作对象和外部资源。

第七步，确定目标完成的日期，并对目标予以书面化。

1.2.3　选择酒店管理模式

管理模式指管理所采用的基本思想和方式，是指一种成型的、能供人们直接参考运用的完整的管理体系，通过这套体系来发现和解决管理过程中的问题，规范管理手段，完善管理机制，实现既定目标。

1. 常见的管理模式

管理模式大致可分为：传统/等级管理模式、人际关系管理模式、系统管理模式和人本主义管理模式。

（1）传统/等级管理模式

传统/等级管理模式侧重于组织内管理体制和管理技术的提升与完善，强调组织内正式或非正式团体的建设，目的在于提高组织的效率，对员工实行平等式的管理。

（2）人际关系管理模式

组建一个组织就是将不同所有者的物质资源和人力资源组合起来。人力资源的组合意味着将不同的人组织起来，而物质资源的组合也要通过人与人的交往才能得以实现。管理者间原来所具有的良好人际关系及相互间的了解，有助于解决各种冲突，减少达成一致和资源聚集过程中的交易成本。

（3）系统管理模式

在系统管理模式下，管理的侧重点转向于注重组织的整体性和目标性，强调人与人之间、人与部门之间、部门与部门之间的整体协调，对员工实行协作互动式管理。

（4）人本主义管理模式

当今人本主义管理模式则强调以人为中心，强调个体在组织中的作用。管理的中心任务是围绕如何调动员工的工作积极性而开展的人力资源管理与开发，目的在于使组织更富有活力，对员工实行民主的、开放的管理。

由于每个酒店所处的阶段、外部环境、经营战略等都不同，所以酒店在选择管理模式时必须结合自身的特点和所处的竞争环境。此外，在酒店的实际运营过程中可以结合自身需求综合运用不同的管理模式，并不断探索和创新才能寻找到适合的管理模式。

2. 影响酒店管理模式选择的因素

选择合适的管理模式，是强化酒店管理、保证酒店正常运行、促进企业发展的前提，是提升酒店经济效益和管理水平的有效途径。因此，酒店在进行管理模式选择时，要充分考虑和分析其影响因素。影响酒店管理模式选择的因素有以下4点。

（1）酒店外部环境

酒店管理模式离不开一定的外部环境，有效的管理模式必须是与外部环境相适应的。酒店的外部环境主要是社会政治经济的形势、法律法规、经济政策、市场竞争等，这对酒店管理模式的选择有很大的影响。

（2）酒店规模的大小

酒店在其发展过程中，在不同的发展阶段，其组织结构是不同的。酒店规模的大小不同，在管理模式的选择上也是不同的。

（3）员工素质的高低

如果酒店内部的员工相对不成熟，自控能力和自我约束能力较差时，应采取集权管理模式；反之，应采取相对分权的管理模式。此外，员工素质的高低也影响着是否可以实施现代化的管理模式。

（4）酒店的战略目标

酒店在发展的过程中要确立战略目标。战略目标通常是放眼全局，为酒店指明长久的发展方向。酒店需要根据自身的战略目标选择管理模式。合适的管理模式对酒店的发展起着重要的作用，能够保证酒店战略目标更好的实现。

相关知识

国内外典型酒店管理模式

1. 四季酒店的管理模式

四季酒店的目标是：无论位于何地，都必须是人们所认为的经营最好的酒店、度假区及度假区游乐场所的公司。四季酒店的产品与服务的精致、细致、周到与全面在业界树立了良好的口碑。四季酒店正是通过极端人性化理念来满足这一层面的客观需求的。四季酒店的个性化服务更是做到了极致，其代价之大，很难有酒店能够承担得起。四季酒店的营销理念：不做宣传，没有房价折扣和团队优惠，也不搞各种促销活动。

2. 万豪酒店的管理模式

万豪酒店在竞争激烈的市场上表现卓越是和它的管理模式分不开的。万豪酒店日常管理的标语有：保持身体健康、精神爽朗；警惕你的习惯——坏习惯会把你毁掉；每逢难题要祈祷；钻研与恪守专业管理原则，把他们合理地应用到你的酒店；人是第一位的，要关注他们的发展、忠诚、兴趣与团队精神；决策——人生来就要决策并为之承担责任。

3. 喜达屋酒店的管理模式

喜达屋酒店对商务客人的住店经历进行重新定义，针对商务客人的特点在服务设施和服务方式、内容上有全新的设计。W 饭店是喜达屋在并购了喜来登和威斯汀饭店后新创的一个四星级酒店品牌，将专门为商务客人而设的设施和服务与独立精品饭店的特点相结合。喜达屋酒店的经营之道：强调职责和勤奋，强调客人监督以及对酒店服务质量的评定，酒店的一切服务和食品要物有所值，以浮动价格调节客源市场，以竞争来推动企业向前发展，强调目标管理。

4. 香格里拉的管理模式

2000 年后，香格里拉在国内开始了新一轮的酒店拓展计划，实施投资和管理酒店"两条腿走路"的策略。2001 年，香格里拉接管了南京丁山饭店，改名为南京丁山香格里拉大酒店，以纯输入管理的方式介入。香格里拉的设计一向以清新的园林美景、富有浓厚亚洲文化气息的大堂闻名于世。香格里拉集团的经营目标是成为亚洲地区饭店集团的龙头，使命是成为客户、员工和股东的首选。香格里拉的战略计划：齐心协力、步调一致、走向成功。

5. 锦江饭店的管理模式

锦江饭店的战略发展目标是：通过 3~5 年努力，成为全国酒店业第一、餐饮服务业第

一、旅游客运业第一，跻身世界酒店业 30 强，建成世界著名国际酒店管理集团和亚太地区著名的酒店管理学院。锦江品牌是中国驰名商标中唯一一家饭店品牌，在国内饭店业最具品牌优势。

1.2.4 酒店管理创新

酒店行业是个内、外环境变化非常快的行业，这不仅体现在酒店硬件和竞争环境的日新月异，更体现在客户需求的不断更新上。因此，管理创新是酒店管理者们越来越重视的课题。

1. 服务质量管理方面的创新

服务质量是酒店的核心和灵魂，服务质量的好坏直接影响到酒店的发展。酒店间竞争的实质就是服务的竞争，是酒店提供的服务于顾客消费性价比的竞争。在服务质量管理方面的创新可以从以下 3 个方面进行尝试。

（1）要实现人性化服务

人性化服务与管理是现代酒店必备的管理理念，要在酒店服务中体现人性化，就必须让顾客在酒店中获得尊重、愉悦的情感体验和心理感受。在硬件方面，要从酒店房间的整体色调、灯光设计、客人用品舒适度等方面实现人性化；在软件方面，要向服务人员渗透人性化的服务理念，培养服务员良好的服务态度，能够把客人当成亲人、朋友一样对待，想客人之所想，要做到让客人入住酒店一次后，就终生难忘，从情感上对酒店产生好感。例如：酒店可以利用情人节、圣诞节、春节等节日，搞一些活动。

（2）要扩大服务的范围

随着市场环境的变化，现代酒店的服务更加多元化、复合化，这就要求酒店不断扩大服务范围。不但要服务好眼前下榻酒店的客户，更要服务好潜在客户。酒店可以广泛推行会员制服务，把酒店的长期客户固定下来，为其提供节假日、接待团体等优惠服务。对于潜在客户要主动营销，可以通过电话、网络等方式把酒店的服务理念渗透给客户，把服务项目介绍给客户，并根据不同客户的需求，设置不同功能的房间，让每位客户都能感受到酒店的人文关怀。

（3）要实行个性化服务

一个酒店的服务如果与其他酒店千篇一律、服务内容雷同，就不能达到真正吸引客人的目的。任何一个酒店都要有自己的服务定位，仔细分析自己的客户群体特征，对酒店房间的布局、内部装饰、服务人员的常规要求进行特殊化处理，才能使其提供的服务适应客户的需求。例如以接待旅游人员为客户主体的酒店，在酒店装饰方面要充满当地的特色民俗文化，在服务中要体现方便、快捷、细致与温馨的理念。

2. 人力资源管理方面的创新

酒店业是提供服务产品的企业，员工参与服务生产过程，向顾客提供面对面的服务。尽管科学技术越来越发达，但酒店业所提供的服务却无法被机器或物质生产过程所代替，而且顾客越来越需要、体贴入微、富有人情味的个性化服务。因此，酒店业应特别重视人力资源管理方面的创新。

（1）要树立"以员工为本"的管理理念

在进行员工管理的过程中，要充分考虑员工各方面的需求。一方面，要将员工的人性化管理体现在工作制度的制定、执行，工作业绩的考评、奖惩等各个方面。在保证服务质量的前提下，从员工的实际利益出发，使得管理制度既能调动员工的工作积极性，又能够使员工感受到酒店的关怀。另一方面，要充分调动员工的主观能动性和创造性，为员工的成长搭建平台；在酒店的岗位分配中，要实行双向选择。不但是酒店选择员工，更要重视员工自身的感受，要从员工自身的爱好、特点出发考虑员工是否喜欢酒店为其提供的工作岗位；酒店要为员工提供发展的平台，促进员工素质全面提升，使员工对酒店有归属感，热爱酒店。

（2）要优化组织结构，提高管理效能

理顺酒店管理层级与幅度的关系，由垂直化管理向扁平化管理转变，使得酒店的组织结构更加优化。同时，还要建立起部门间的协调机制，发挥管理合力，使酒店各部门能够摒弃部门的差异，齐心协力为酒店的发展服务。一方面，要建立纵向的上下级沟通机制，下级向上级及时汇报工作，快速解决问题；另一方面，要建立横向的联络机制，各部门间互通有无，通力协作，取长补短。

（3）要大力进行人力资本投资

员工是酒店最重要的财富。随着酒店的发展壮大，吸引人才、留住人才、培养人才是影响酒店核心竞争力的关键因素。要为员工树立起终身学习的理念，把员工培训当作提高效益的一部分，充分认识到员工培训对企业生存、可持续发展的重要意义。不但要注重对员工服务技能的培训，更要注重对员工参与企业管理的培训，充分进行人才的培育和挖掘。同时，在培训的过程中，要为员工渗透酒店文化与精神，使员工理解酒店文化，真正接纳酒店文化，并把酒店的发展和员工的成长结合起来，使员工和酒店共同成长。

总之，随着市场经济的不断深化，酒店间的竞争也日益激烈，传统的酒店管理模式已不能适应新时期的需要。新形势下，企业只有从探索人性化、个性化服务、扩大服务范围等方面强化服务质量管理，从树立以员工为本的管理理念、优化组织结构、大力进行人力资本投资等方面强化人力资源管理，才能提高管理效能，增加核心竞争力，促进酒店的可持续发展。

实践训练

分析题

1. 经营理念的内涵是什么？
2. 如何确立有效的酒店经营理念？
3. 设定酒店管理目标的原则有哪些？
4. 酒店管理创新可以从哪些方面进行？

模块二

酒店战略管理

模块分析

　　酒店的战略管理就是酒店为实现其目的所采取的制定战略、实施战略和评价战略的行为。如今，在这样一个充满机遇、变革和全球化竞争的市场经济环境下，中国酒店业发展迅速。在迎接全新发展时代的同时，各种日益复杂多变的宏观环境、激烈的商业竞争、全球化、现代信息技术的变革等也都在重塑着酒店企业，正在接受严峻挑战的传统酒店企业也需要重新审视企业的战略。酒店企业已然进入了战略管理时代。

学习目标

※ **知识目标**

1. 了解战略的基本内涵、组成要素、基本特征。
2. 学习战略管理的基本内涵。
3. 学习战略管理并了解其在酒店业中的重要性。
4. 理解酒店业的 5 种特殊要素以及对战略制定的影响。

※ **能力目标**

1. 能够掌握酒店战略管理的三个阶段。
2. 能够理解酒店战略形成、战略实施、战略控制活动的特性。

任务 2.1　酒店战略管理的基本理论

任务介绍

　　酒店战略是关于未来行动的内容，是酒店企业发展的核心内容。本节介绍了战略内涵，包括战略的相关概念和基本特征；介绍战略组成及层级、战略管理的内涵。

任务目标

1. 了解战略的基本内涵。
2. 理解战略管理的基本内涵。
3. 理解战略管理在酒店管理中的重要性。
4. 理解酒店的特殊要素以及对战略制定的影响。

任务导入

　　酒店战略是酒店获取竞争优势的核心力量。战略具有竞争性、全局性，长期性、主动性和层次性等特征。战略可以分为企业总体战略、经营战略和职能战略。战略管理有诸多的理论流派，可以分为早期战略管理发展阶段、古典战略管理阶段和现代竞争战略理论阶段。战略管理包括战略分析、战略制订、战略实施、战略控制四个阶段。战略管理是酒店保持竞争优势的必然选择。

同步案例

汉庭酒店

　　汉庭酒店集团是在中国高速成长的新兴酒店集团，是国内第一家品牌经济型连锁酒店集团，自 2005 年创立以来已完成全国主要城市的布局，在长三角、环渤海湾、珠三角和中西部发达城市形成了密布的酒店网络。汉庭酒店集团致力于实现"中国服务"的梦想，即打造世界级的中国服务品牌。汉庭酒店集团的愿景是成为世界住宿业领先品牌集团。为此，汉庭酒店集团不断地追求精细化的管理，实施标准化的体系和流程，更全面、更迅速地推进集团化发展。汉庭酒店集团旗下目前拥有"汉庭快捷酒店""汉庭全季酒店""汉庭海友客栈"三个系列品牌，坚持时尚现代、便捷舒适的经营理念，力争塑造中国经济型酒店的典范。2010 年 3 月 26 日，汉庭在美国的纳斯达克以 ADR 形式上市。

　　汉庭快捷酒店：汉庭酒店集团旗下品牌，致力于为商旅客人提供便捷的住宿服务。酒店安心的睡眠系统、现代的卫浴系统、便捷的商旅配套和典雅的酒店氛围保障顾客在外也有一种在家一般的感受。精心设计十大免费项目：商务区计算机、打印复印传真、宽带上网、大堂茶水咖啡、房间阅读书籍、停车、早餐、矿泉水、茶包、大堂书吧，为顾客提供物超所值的服务。

　　汉庭全季酒店：汉庭酒店集团旗下品牌，致力于为部分商旅客人提供最优质地段的住宿服务。汉庭全季酒店多坐落于城市商业中心的标志性地块，客人无须支付五星级酒店的价格即可享受到五星级酒店的地段优势。

　　　　　　　　　　　　　　　　　　　　　　　　（资料来源：汉庭酒店官网）

相关知识

　　现在我国酒店在进行多元化战略的顾客定位时，主要还是针对酒店行业相关的顾客进行相关定位，而现在主要的多元化类型如图 2 - 1 所示。

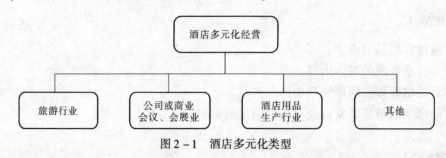

图 2 - 1　酒店多元化类型

从现实来看，我国酒店集团一方面资产规模普遍较之国际酒店集团小，多元化投资的能力有限；另一方面则是控制经营风险的意识不强。我国酒店业因行政区域性划分等历史因素，绝大多数酒店都是单业经营，而且区域性极强。可喜的是，一些酒店已经意识到偏于一隅的不足，开始了多元化战略及区域外投资的尝试，如涉足房地产及旅游等其他行业。同时，有些酒店集团也正尝试扩大连锁经营及合资经营，大力开展地域多元化战略，如锦江集团及华天酒店。此外，随着我国各级政府对于旅游业重视程度的不断增强，有些酒店集团正尝试着通过政府渠道获得投资机会以及战略性资源。

（资料来源于网络）

2.1.1　战略的内涵

对于个体来说，战略是走向成功的秘诀，人人都需要战略。没有战略，生活就没有了目标，人生就没有了方向。没有了战略，就失去了前进的动力。

对于酒店来说，战略是酒店获取、维持竞争优势的核心力量。失去了战略，酒店就失去了方向，难以保持竞争优势，无法实现酒店的使命和目标。

1. 战略的基本概念

（1）什么是战略

研究战略管理，首先需要了解什么是战略。而关于什么是战略，至今没有一个统一的说法和定义。

战略（Strategy）最早见于军事方面的专门术语。《韦氏新词典》指出：战略是计划或指挥大规模军事行动，在与敌人实际战争之前，将力量调动到最具优势位置的科学。而从词源上讲，战略起源于古希腊，来自希腊语"strategos"，该词是由"stratos"（军队）和"ago"（领导）两词转化合并而来，意指在军事战争中，将领指挥军队排兵布阵。到了公元 1 世纪，西方军事家对战略的定义更加明确，认为战略是指挥官欲达成的任何目标以及为实现这些目标所需要的预测、优势、努力和步骤。随后，战略的意义被广泛化，指采用一系列的战略手段，以打败竞争对手。

对于酒店来说，战略极为重要。酒店相互之间通过激烈的竞争，以期将竞争对手挤出市场，在竞争中胜出，这就需要战略。

战略管理学的鼻祖迈克尔·波特（2005）认为，战略是关于一家企业如何不同于其他企业，意味着有意识选择一系列不同的活动来提高独特的价值组合。

著名管理学家明茨伯格提出 5Ps 战略，认为战略是一种计划，是一种计策，是一种行为模式，是一种定位，是一种观念，而且这五个部分不是孤立的，必须从多个方面来理解战略。

著名管理学安索夫认为，战略是企业为了适应外部环境，对现阶段和未来需要从事的经营活动所进行的战略安排和决策。美国哈佛大学教授安德鲁斯认为，企业战略是一种决策模式，它决定和揭示了企业的目的和目标，提出实现目的的重大方针和计划，确定企业应该从事的业务。

著名管理学家钱德勒于 1962 年提出，战略是长期目的或目标的决策，是制订达到这些目标所需要的主要行动计划以及为完成这些目标所需的配置。

小阿瑟·汤普森认为，战略是企业管理层所制订的竞争性活动或业务方法的组合，以此来发展自己的业务，确定企业在竞争市场中的地位，引导并满足顾客需求，成功地同竞争对手竞争，以实现企业的预期目标。

综合说来，酒店战略是关于企业未来的导向，是关于实现长期目标的方法，是酒店以未来为目标，为获取、维持竞争优势而做出的指导酒店整体工作，决定酒店生存与发展命运的方针、方式和计划，是酒店管理者所采取的旨在达成一项或多项酒店发展目标的行动总和。

在这个巨变的时代下，任何企业都需要战略。战略是企业能够先于其他竞争对手预测未来并提供产品和服务的一种能力，能为企业获取、维持竞争优势的核心能力。

（2）如何识别企业战略

对于一个企业来说，其发展战略体现在市场竞争的行动中，以及企业的高层管理人员关于企业经营举措、未来发展计划及如何提高企业竞争力的行动中。

通过从以下几个方面来考察，可以很好地识别一个企业的战略。

①企业对外部环境变化做出的各类反应和行动。

②企业进入新的地理范围或产品市场，或从现有市场退出的行为。

③企业兼并竞争对手来强化企业市场地位的行为。

④企业与其他企业合作形成战略联盟，建立合作伙伴关系的竞争行为。

⑤企业追求新的市场机会以使得企业不受威胁的行为。

⑥企业加强内部资源基础建设和提高内部竞争力的行为。

⑦企业强化管理、生产、销售、财务以及其他内部的关键管理活动的行为和方式。

如何识别一个企业的发展战略，需要围绕企业在竞争市场中的各种行动和经营活动举措，从中搜集和获取关于企业竞争战略的各种信息和行动。

2. 几个相关概念

（1）战略与战术

战略不同于战术。战略是关于企业或其他组织未来发展的路线、方针、政策，是关于企业未来发展的核心方案。战术是关于如何实现企业或其他组织未来发展目标的更为具体的手段、措施和发展方法。

战略与战术是两个不同层次上的概念。战略指导战术的制定，战术依据战略而形成，并在实际实施中受制于战略。与此同时，战术也会影响战略目标的实现，因为任何战略目标的实现都依赖着具体战术在实际中的指导和运用。

（2）战略与决策

战略与决策关系密切。简而言之，战略就是做决策，但决策并不都是战略。战略是关于组织未来发展的核心问题的决策。而决策是关于组织发展过程中的所有事项的决定。根据决策涉及的范围的大小，可以将决策分为影响全局的决策和日常例行的一般性决策。

（3）战略与目标

战略与目标关系密切。战略是为了实现企业未来发展的计划。目标是企业未来预期需要达到的状态或结果，任何战略都是围绕着目标而产生的，战略的制定和实施的最终目的是实现企业的目标，并借助战略的实施来保证企业的发展沿着既定的目标前进而不偏离目标，最终达到预期的结果。与此同时，战略本身也包含了目标，战略制定的过程包括了对企业目标的制定，企业目标在一定程度上说也是企业战略的一部分。

（4）战略与计划

战略是关于企业或组织未来发展的一种长远的计划，是关于企业未来整体发展的安排与计划，因此，战略是关于企业未来走向的一种既定的计划。另一方面，面对着企业内外部环境的剧烈变化，任何组织或企业都需要制订相应的战略来应对变化，迎接未来的各种挑战。由此，战略又不完全是死板的、一成不变的计划，其需要有一定的弹性和适应性，以根据环境变化而做出灵活的调整。

3. 战略的基本特征

战略是关于企业未来发展的、维持企业竞争优势的计划，即具有竞争性、全局性、长期性、主动性、层次性、指导性、风险性等基本特征。

（1）竞争性

战略具有竞争性。任何战略都是为了能够在市场竞争中获得优于竞争对手的竞争优势，以最终在竞争中获胜。战略的竞争性特征使得企业的战略不仅仅是为了获得绝对的优势，而在于在与竞争对手的博弈中获取胜利，建立一种相对的竞争优势。现代社会中，企业之间的竞争日益激烈，为了获取胜利，企业需要战略的指导，以实现在动态的竞争环境下保持持久的竞争优势。

（2）全局性

战略具有全局性。企业的战略是关于企业未来发展全局的谋划与决策，而不是企业某一个点的局部决策。这使得战略的焦点在于对企业全局的关注，这涉及需要将企业放置在更为广阔的竞争范围之中，在更广的视角下来定位企业的整体发展，并很好地识别哪些是企业的全局利益、哪些是企业的局部利益，以做出有利于企业整体长远发展的战略选择。

（3）长期性

战略具有长期性。战略是关于企业未来的发展战略，是面向未来的。因此，任何战略关注的都是企业的长期目标，而绝非企业短期的现时目标。战略关注的是企业的长远未来发展，这要求企业的战略必须面向未来，具有一定的稳定性，能够指导企业在可预见的一段时期内的发展，而不是朝令夕改。

（4）主动性

战略具有主动性。战略是企业主动适应外部环境变化的一种企业行为，是企业积极主动地迎接企业内外部挑战和利用各种机遇的行为，并以此来主动地迎接各种竞争，在与对手的竞争中获取竞争优势。由此，战略是积极主动的行为，而不是消极被动的应对。

（5）层次性

战略具有层次性。战略是推动企业未来发展的核心行动，因此，对应着企业自身的多层次性，战略也有多层次性特征。一般来说，根据企业的层级战略可以分为企业总体战略、企业经营战略和企业职能战略。这些多层级的战略构成企业战略的链条，且在这些层次的战略链条中，上一层级的战略指引着下一层级的战略，下一层级的战略需要服从上一层级的战略。

（6）指导性

战略具有指导性。企业的战略对于企业未来的发展具有强烈的指导作用，为企业未来的发展指明了发展方向。战略目标和行动方针指南，引导着企业如何一步步走向战略目标，指导着企业如何沿着既定的战略轨迹走向未来。

（7）风险性

战略具有风险性。对于企业来说，其制订的每一个战略或者是做出的每一个决定都是存在风险的。仅凭个人的主观判断，设立过于理性化的目标或者是对于整个行业和市场发展形势的判断出现偏差，企业所制订的战略就会对企业的发展产生误导，进而给企业的未来发展带来巨大的风险，甚至引导企业走向破产。因此，任何一个战略都不是确定地带领企业走向成功。

2.1.2　战略的组成及层次

1. 战略的组成

著名管理学家钱德勒于 1962 年提出，战略是长期的目的或目标的决策，制订达到这些目标所需要的主要行动计划以及为完成这些目标对所需资源的配置。依据钱德勒的划分，战略包括了 3 个要素：设定企业目标、制订行动计划、配置必要的资源。

（1）设定企业目标

企业目标包括企业的长期目标和短期目标。失去了发展目标，企业就失去了发展方向，企业就不知道该走向何方。

（2）制订行动计划

制订行动计划是指为了实现所确定的目标而采取的行动选择。实现一种目标有很多种方法，企业需要依据对所需要的资源和目标进行全面的分析，确定一个完整的行动计划和方案，以实现目标。

（3）配置必要的资源

为了实现目标实施所制订的所有行动计划和方案都需要发生成本，都依赖于一定的资源支撑。如果制订的行动计划没有充足的资源支持，那么企业的任何行动计划和方案都无法实施，进而也无法实现企业的目标。

2. 战略的层次

战略具有多层次的特征，企业的战略体现在企业的各个层级之上。企业目标的多层次性和企业组织结构的多层次性，决定了企业战略的多层次性。酒店的规模越大，酒店内部组织结构层次越复杂，酒店多元化程度越高，酒店的战略层次就越多。

通常，根据企业组织结构层级划分，企业战略可以分为企业总体战略、企业经营战略和企业职能战略，三者构成企业战略的链条，侧重点不同但又相互联系。上一层级的战略指引着下一层的战略，下一层级的战略需要服务于上一层级的战略。

（1）企业总体战略

企业总体战略是指由企业最高层管理者制订的关于整个企业发展层面的计划，它涉及企业进入何种行业、从事何种业务的关键性问题，包括企业为进入某个行业领域而采取的各种行动计划。企业的总体战略是指导企业总体目标实现的战略，是指导整个企业的最高战略，通常由企业的最高层如企业的首席执行官负责执行。

企业总体战略的核心在于以下几个方面。

①明确企业的使命和宗旨，明确企业未来的发展方向和主要的发展目标。

②明确企业未来主要的核心经营领域，即企业未来的主要业务是什么。企业需要依据自身的资源条件和竞争优势，明确未来的发展重点。

③明确企业未来的发展战略重点，即确定企业如何实现战略目标的总体安排和路线走向，从而引导整个企业积极地开展相关业务。

相对来说，企业总体战略时间跨度较长，是较为长期的战略计划。

（2）企业经营战略

企业经营战略是企业总体战略之下的战略，是经营企业在某一事业部门或经营单位的战略计划。特别是当企业进入多元化发展阶段的时候，企业经营战略更为明显，每一个企业的事业部门或者业务经营单位都有自己的发展战略。

企业经营战略的核心在于为取得企业在某一领域内的核心竞争力而制订的相关的行动计划，应对外部环境的变化，关注于采用什么样的方法和计划来获取自身的核心竞争优势。考虑的是运用企业的竞争能力在某一特定的产业或者是业务领域内开展竞争。企业经营战略与企业总体战略相比更为具体，因为前者深入企业的产业或产品的竞争层面。

相对来说，企业经营战略相对较为具体，企业需要关注的是如何在这个领域内确定自身的竞争优势，其主要的内容包括以下几个方面。

①通过对企业内部资源条件的分析，明确企业的优势和弱势，确定企业自身的竞争优势是什么，企业的核心竞争能力在哪里。

②通过对企业所在行业的竞争分析，特别是与竞争对手的比较分析，明确企业在整个行业中的竞争状态和竞争优势所在。

③明确企业通过什么样的措施和途径，来维持或者是增强企业的竞争优势，使得企业保持较强的竞争优势。

企业经营战略是企业总体战略的子战略，支撑着企业总体战略的发展，一般由企业事业部或业务经营单位或企业分部的管理者负责制订，战略时间周期也相对较长。

（3）企业职能战略

企业职能战略是企业内部特定职能领域内的发展战略，指引企业如何将相关的资源配置于不同的技能领域之内，使得企业的资源获得最佳效益，包括市场营销职能战略、财务战略、人力资源战略等。

①市场营销职能战略是指企业通过市场分析、市场调研来把握整体的行业市场情况，明确企业在行业市场中的定位，并做好市场细分，通过各种市场营销的实施，来维持企业的市场竞争地位。

②财务战略是指企业通过各项财务的管理与分析、资本运营战略等，最大化地为企业筹集资源，最有效地利用企业有限的财务资源，为企业的发展提供保障。

③人力资源战略是指企业从竞争性的人才市场获取人力资源，以及做好企业人力资源的开发、管理等工作，以为企业的发展提供充足的人力资源保障。

企业职能战略是针对企业业务领域的职能战略，相比于企业总体战略和经营战略更多地关注具体的细节，聚焦于如何为企业经营战略和企业总体战略的实施制订支持性的管理计划。因此，企业节能战略属于支持性战略，为企业的其他战略活动的实现提供服务和支撑。企业每一项重要活动都需要有职能战略的保障。

企业职能战略针对企业的短期目标和日常的运营管理，由企业某个特定业务领域内的管理者负责制订。企业职能战略的时间周期较短，通常为一年。

同步案例

上海浦东香格里拉

香格里拉很重视员工的发展，每个饭店都给员工以英语培训，而这种培训会根据公司上下不同级别、不同部门的员工专门制定出系统的培训进程。"因为各个部门有不同的用语需求，香格里拉一般会请来几名全职英语教师，让他们先同部门主管沟通，然后根据需求再专门制订出培训计划。"同时，香格里拉还给每个员工网上学习的机会。

人力资源被当作企业的一项资产来进行管理，而不仅仅是流动的工具。

2.1.3 战略管理概述

1. 基本概念

战略管理是指在制订、实施和评价指导企业全局发展并决定企业未来发展命运的方针、方式和计划活动中，通过一定的程序和技术获取最优效率和最佳效果的过程。著名管理学家费雷德认为，战略管理是制订、实施、评价使组织能够达到目标的，跨功能决策的艺术与科学。战略管理致力于市场营销、会计财务、生产作业、研究开发与计算机信息系统进行的综合管理，以实现企业的成功。（戴维，2006）

战略管理是针对企业的整体活动，主要回答企业"我是谁""我要去哪里"以及"怎么去"的问题。战略管理需要考虑的是我们要成为什么样的企业，我们是否处于正确的业务领域，我们是否应该改变经营内容，哪些新竞争者正在进入我们的产业，我们应采取什么样的战略，我们的市场客户正在发生何种变化，我们是否会被不断发展的趋势所淘汰。

2. 战略管理是企业应对变化的必然选择

面对处于不断变化之中的环境，战略管理是企业管理者正确把企业与竞争环境中的驱动企业变化的力量整合为一体的能力。企业的经营环境是由处于快速变化环境中的顾客、竞争者、供应商和企业管理者等多元主体所构成的范围。无论是短期还是长期，在这个环境中，机会与威胁总是并存的，对于企业管理者来说，关键的挑战就是如何识别这些驱动力量，寻求到能够在短期和长期提升企业竞争力的方法。而战略管理正是这一选择和能力的核心。

面对各种变化的力量，企业需要不断地审视企业内部以及外部的事件与趋势，以便必要时做出及时的调整。因此，战略管理需要适应各种内外部变化，能够敏锐地识别和适应变化，使企业有效地适应变化。

"同以往的年代相比，当今商业环境中一个更为突出的特征是：唯一不变的就是变化。成功的企业能够有效地适应变化，不断地调整其机构、战略、系统、产品与文化，从而能够经受住冲击，在残酷的竞争中得以兴旺发达。"（沃特曼，1987）

因此，战略管理的核心即在于对各种变化力量的把握，对各种定性和定量信息的分析和组织，以使得企业能在变化中的、不确定的信息环境下做出有利于企业发展的行动，创造和利用新的机会，使得企业不断适应变化的环境，获得持续竞争优势。

3. 战略管理是企业保持竞争优势的必然选择

战略管理是企业获取竞争优势的主要途径，特别是在现代不断快速变化的网络时代下，战略管理已然成为企业竞争中不可或缺的内容。任何一个企业必须不断进行调整，以适应新的外部趋势和事件以及内部能力与资源，并有要制订、实施和评价在新形势下使企业获利的战略，以此保持企业竞争优势。

战略管理可以使企业更主动而不是被动地塑造企业的未来发展，使企业主动创新，而不是被动地对环境变化做出反应。通过战略管理，企业可以获得直观的财务收益，采用战略管理的企业更明显地增加企业产品的销售额、盈利和提高生产率；企业也可以获得非财务收益，战略管理可以为企业提供实实在在的收益包括提高对外部威胁的认识，增强对竞争对手战略的了解，提高企业的生产效率，减少企业变革发展的阻力，提高企业预防问题发生的能力等。

著名管理学家格林利（1986）认为，企业战略管理有如下好处。

①使人们识别、重视和利用机会。

②使人们客观地看待管理问题。

③加强对业务活动的协调和控制。

④将不利条件的变化作用减少至最小。

⑤使重要决策更好地支持已建立的目标。

⑥使时间和资源更有效地分配与已确定的目标。

⑦使得企业将更少的资源和时间用于纠正错误和专项决策。

⑧建立企业内部人员沟通的环境与条件。

⑨将个人的行为集合为整体的努力。

⑩为明确个人的责任提供基础。

⑪鼓励前瞻式思维。

4. 战略管理理论的流派

企业战略管理是随着企业的管理实践和企业管理理论的发展而逐步形成的，从时间发展历程来看，大致可以分为早期战略管理发展阶段、古典战略管理阶段和现代竞争战略理论阶段。

（1）早期战略管理发展阶段（20世纪50年代前）

这一阶段战略管理主要是以企业政策为核心，在战略思想上缺乏系统性，更多地表现为企业经营中的各项企业政策。巴纳德在《经理人职能》一书中首次将战略引入管理领域，认为管理与战略是企业管理者的两个重要工作。第二次世界大战之后，美国一些企业和组织为了适应技术、经济和组织的快速发展，开始采用长期计划技术，并意识到确定企业目标、制订战略计划、配置企业资源对企业发展的重要性。

（2）古典战略管理阶段（20世纪60到20世纪80年代）

在这一阶段，企业战略管理的理论体系开始显现。随着企业管理实践的发展，经济不断扩张，企业的扩张需要控制和加强计划，由此出现了企业战略管理研究的热潮，涌现出了诸多的流派。古典战略管理理论主要强调企业如何适应外部环境，以企业与外部环境之间的关系为基础，认为战略是企业产品与业务的组合，企业的结构需要围绕企业战略而改变。与此同时，在这个阶段，形成了诸多战略管理流派。亨利·明茨伯格等按照理论基础、研究方法与角度的不同，将古典战略理论阶段的众多流派分为10大学派，即设计学派、计划学派、定位学派、企业家学派、认知学派、学习学派、权利学派、文化学派、环境学派和结构学派。

（3）现代竞争战略理论阶段（20世纪80年代之后至今）

随着网络化和全球化的发展，企业所处的外部环境变得越来越难以把握和难以预测，企业的战略研究重点也开始转移到了企业的竞争层面，重视企业竞争力，企业的战略焦点问题变成如何获取竞争优势。现代竞争战略理论主要包括产业组织学派和资源基础学派。

①产业组织学派是由哈佛大学迈克尔·波特教授基于产业组织理论的"结构—行为—绩效"模式提出的战略理论。20世纪70年代末至20世纪80年初期，企业市场结构越来越集中，产业组织的力量超越政治、经济环境的力量，大企业垄断发展迅速，市场行业的进入障碍增大。在此背景下，产业组织学派认为，美国行业的结构决定了企业竞争力的范围，从而决定了企业的利润水平。由此，企业的竞争优势主要有两个因素决定：一是企业所处行业的盈利能力，二是企业在行业中的地位。在战略管理的分析中，第一次将产业的分析作为企业的中心。迈克尔·波特教授由此创立了"五力竞争模式"，提出了赢得竞争优势的三种基本战略，即成本领先战略、差异化战略和集中化战略。

②资源基础学派则强调企业的资源是企业竞争优势的核心，企业竞争的核心在于核心竞争力的较量。企业战略管理的核心是培育企业的独特资源，以及最大化地利用企业资源的能力，以此获取核心竞争力，取得可持续的竞争优势。1980年以后，许多企业感到无法在众多领域内成为世界级竞争者，纷纷清理非核心业务、寻求获得企业自身的核心竞争力。由此，资源基础学派认为，当一个企业拥有独特、不易复制、难以替代的资源时，它就能比其他企业更具有竞争优势，企业战略管理的主要任务是培植企业对自身拥有的战略资源的独特运用能力——核心竞争力。资源基础学派使得企业的战略管理从企业的外部向企业内部转变。罗伯特·格兰特是资源基础学派的代表人物，他提出了一个基于企业资源的战略分析框架，包括识别资源、评估能力、评估获得租金的能力、制订战略、识别资源差距和开发资源基础等步骤。哈默尔则提出基于核心能力的竞争战略，认为核心能力是企业战略的关键所在。目前，资源基础学派属于主流的战略理论。企业战略的核心就是挖掘和培养企业有价值

的、无法仿制的、难以替代的资源。

猫与耗子的回答

有人用猫与耗子的回答来比喻不同的战略理论学派。

耗子问猫："请问我该走哪里?"群猫回答："这要看你想到哪里去。"

耗子再问："我该怎么走?"

属规划学派的猫甲："你应该定好计划再走。"

属适应学派的猫乙："你可以摸索着走,有错就换一条路。"

属产业组织学派的猫丙："你为什么要去那,是否换一个目的地?"

属资源基础学派的猫丁："你应先培养走路的能力然后再走。"

5. 战略管理的四个阶段

一个完整的企业战略管理包括战略分析、战略制订、战略实施和战略控制四个阶段。

任何企业战略管理过程都始于战略分析。企业的战略分析包括企业外部分析和企业内部分析。战略管理意味着企业自身的一种变革,任何变革都源于企业对内部、外部环境的一种应对。因此,对企业外部条件和内部状态的分析成为战略管理的首要内容。企业的外部分析包括对企业所处一般宏观环境的分析和对企业所处行业的分析,企业的内部分析是指企业自身发展情况和竞争能力的概况,借助于企业战略分析的过程,企业明确自身面临的机遇与挑战,自身发展的优势与劣势,与下一步的战略制订奠定基础。

企业的战略制订是在企业战略分析的基础上,围绕企业的内外部发展条件,进一步地确定企业的发展使命,确定企业的发展目标,并提出可供选择的战略发展方案的。

企业的战略实施是企业确定既定发展战略之后,组织自身的各种资源,贯彻执行企业的战略行动。它主要包括建立有效的企业组织结构,培育有利于企业战略实施的企业文化,投入必要的各种资源,建立有效的激励机制等内容。

企业的战略控制是指企业在战略管理过程中重新审视企业所处的条件和环境因素,判断、评估战略的实施情况,并根据各种变化了的情况调整战略。面对变化了的环境,企业需要借助战略控制来监控战略的实施,包括对内外部环境的审视。企业战略实施业绩的评价,并采取纠偏措施以推进战略的实施。

任务2.2　酒店战略管理三阶段

酒店战略管理的三个阶段分别为战略形成阶段、战略实施阶段、战略控制与提升阶段,不同阶段的任务不同,需要区分和整体把握战略管理的全过程。

任务目标

1. 掌握酒店战略管理的三个阶段。
2. 理解酒店战略形成、战略实施、战略控制与提升的特性。

任务导入

酒店战略管理的主要阶段分为战略形成阶段、战略实施阶段和战略控制与提升阶段。酒店战略形成阶段是指酒店管理者为了确定酒店未来的发展方向和发展战略，而从事的各种行动，其主要任务是战略分析、战略制订和战略选择。战略实施阶段是指将酒店战略转化为实际行动的阶段，核心任务是建立与酒店战略相适应的组织结构，培育支持酒店战略的酒店文化，围绕酒店战略配置酒店各类资源，并建立一套有效的人力资源队伍和激励系统。战略控制与提升是酒店战略管理的最后阶段，核心任务是重新审视酒店所处的外部条件和环境因素，判断、评估酒店战略的实施情况，并根据各种变化了的情况调整战略。

同步案例

广州白天鹅宾馆集团

广州白天鹅宾馆是中国第一家中外合作的五星级酒店，而这家第一年营业就盈利的酒店，创造了酒店世界的神话，拉开了广州酒店业发展的大幕。

2008年广东白天鹅酒店集团有限公司成立，白天鹅宾馆扩展成白天鹅酒店集团，正式实施"酒店投资经营+品牌输出"的品牌扩张战略，集团化战略是白天鹅酒店集团面对华南酒店业市场新格局的一项举措。

这一次白天鹅酒店集团启动集团化战略，立志为国内本土酒店输出品牌，提升国际竞争力，树立应对国际市场挑战的新范本。白天鹅酒店集团朝着高度专业化的目标，以白天鹅宾馆为核心，理顺酒店、酒店管理、房地产、汽车服务四大业务板块的关系。突出酒店管理业务，建立管理和激励机制，优化产业结构，物色投资项目，加强规范内部管理，为实现集团公司股份制和上市做好准备。目前，广州白天鹅酒店集团拥有白天鹅宾馆、广州白天鹅酒店物业管理公司、白天鹅房地产开发公司和广东大德汽车服务公司等下属企业，形成酒店、酒店管理、房地产、汽车服务四大业务板块。

未来，白天鹅酒店公司将秉承"诚信、人本、创新、环保"的核心理念，以世界眼光和战略思维，积极推进"三步走"发展构想，完善公司治理结构，推进集团公司股份制改造和上市，重点开展酒店投资和管理业务。白天鹅酒店集团将通过白天鹅宾馆和沙面岛的升级改造工程，建造南中国首屈一指的大型复合式现代化酒店，建设广州新地标和全国曙目的"首善之点"；以"高端酒店差异化，低端酒店产业化"的布局思路，锁定国际高端定位，致力品牌研发与实践，制定成熟的运营模式和品质标准，构建酒店产业化模式体系，努力塑造品牌连锁新典范，将酒店建设成为最具特色的专业性、产业化、国际化一流酒店集团。

(资料来源：广州白天鹅宾馆官方网站)

相关知识 ///

香格里拉酒店战略管理

作为较早进入内地的酒店管理集团，香格里拉从 1984 年在杭州开设第一家香格里拉饭店开始，就实行带资管理，也是当时唯一采用此方式的国际酒店管理集团。香格里拉所到之处，都成为当地标志性酒店，在内地成功地打造了香格里拉品牌。"卓越的酒店源自卓越的员工，而非绚丽的水晶吊灯或昂贵的地毯"——香格里拉酒店集团坚决秉承这一理念，并将之诠释为对员工发展所做出的坚实承诺。香格里拉酒店集团的主要特色即为客人提供优质、温馨的服务，正如其服务宗旨的定义"殷勤好客香格里拉情"。

2.2.1 酒店战略形成阶段

1. 酒店战略的形成

酒店战略的形成是指酒店管理者为了确定酒店未来的发展方向、制订酒店未来发展战略而从事的各种行动。

酒店战略形成阶段主要关注的核心问题是酒店进入何种业务，酒店如何配置自身的资源，如何抓住外部机会、减少外部竞争，以什么样的方式和方法在酒店行业中提高自身核心竞争力并在与对手竞争中获胜。

酒店战略的形成包括酒店外部机会与威胁的分析，酒店内部优势与弱点的确认，酒店长期目标的建立，酒店未来发展战略的制订和选择。

2. 酒店战略形成阶段的主要任务

酒店战略形成阶段的主要任务包括酒店战略分析、酒店战略制订和酒店战略选择。

（1）酒店战略分析

酒店战略分析是对影响酒店未来发展的关键因素的评价和分析，确定酒店的发展使命和长期目标，分析酒店所处的外部环境和自身内部实力。任何酒店的战略管理过程都始于战略分析。酒店战略管理，意味着企业自身的一种变革，而任何的变革都源于酒店对内外部环境变化的一种应对。因此，对于酒店外部条件和内部状态的分析，成为酒店战略管理的首要内容。

酒店的外部分析，包括对酒店所处一般宏观环境的分析和酒店所处行业的分析。酒店的内部分析是指对酒店自身发展情况和竞争能力的审视，包括酒店内部财务、人力资源和市场等职能的评估。借助于酒店战略分析的过程，酒店明确自身面临的外部机遇与挑战、自身的发展优势和劣势，为下一步的战略制订奠定基础。

（2）酒店战略制订

酒店战略制订是在酒店战略分析的基础上，围绕酒店的内外部发展条件，进一步确定酒店的发展使命，确立酒店的发展目标，并提出可供选择的酒店战略发展方案。

（3）酒店战略选择

酒店战略选择是指形成一个适合的酒店未来发展战略方案，从酒店战略制订中形成的可供选择的方案中，通过各种评价，选择一种适合的发展战略。在酒店战略选择中，最需要的是明确，在可选择的战略之中，哪一种战略能够使酒店获得最大收益，并获取竞争优势。对于任何企业来说，都没有一个十分理想的战略方案，过于完美的理想化的战略方案往往都是不存在的。现实的情况是，战略方案的选择也都只是遵循一种满意的标准。最理想化的战略方案既是难以获得的，也是不经济的，其依赖于各种理想化的条件，其对于信息的要求异常高，而信息的获取难度十分大，信息的成本也相当高。

3. 酒店战略制订者

酒店战略的制订者，通常是对酒店负有主要责任的个人或群体，包括高层的酒店首席执行官、各个部门的酒店部门经理。酒店战略制订者是酒店战略形成阶段的核心群体，他们负责帮助酒店搜集分析和整理相关的信息，追踪酒店产业的发展和竞争态势，分析酒店自身的发展情况，识别各种威胁和新的机会，制订出酒店未来的行动方案。

同步案例

酒店与地产联动双赢

目前市场上，高端地产项目牵手国际酒店品牌而形成的"酒店＋酒店式公寓"模式以成为市场宠儿。在此基础上的公寓销售情况与单一住宅市场形成鲜明对比，成交情况明显好于后者，无论从销售额到销售率，其差异可达30%甚至更高。"酒店＋酒店式公寓"模式满足了不同人群的需求，这样为投资者和白领人士提供了更高档次的选择。

2010年12月，浙江湖州悦文铂项目与澳大利亚雅阁酒店管理集团签署战略合作协议，正式引进国际酒店品牌入驻湖州。然后耸立在湖州新城的四星级标准的国际酒店——悦文雅阁酒店成为城市焦点。2011年9月25日，坐落在酒店旁的悦文铂宫酒店式公寓项目开始接受预约，10月15日正式开盘销售，销售火爆程度创湖州地产新纪录。

酒店地产投资会出现空前盛况的原因在于，酒店与酒店式公寓联动，这也是酒店地产成功模式的代表作。以此为例，酒店式公寓的建筑结构形式类似于酒店，也能提供酒店模式的服务，功能属性上最接近住宅。同时，对投资者来说，这也是进入门槛最低的一种商业类物业，又不限购、不限贷，在政策影响之下很容易成为住宅投资的替代品。酒店式公寓双赢的另一个原因是项目面积小、总价低、宜商宜居；而且投资金额相对较少，投资回报期缩短，这样可以减少风险，也成为开发商快速回笼资金的一个好选择。"酒店＋酒店式公寓"地产模式赢得了各方市场人士的青睐，地产商与酒店达成协议，接受酒店的概念，同时聘请酒店专业人士管理酒店式公寓，将使酒店式公寓和酒店产业实现双赢。

2.2.2 酒店战略实施阶段

1. 基础概念

酒店战略实施是酒店战略管理过程的核心环节，其核心在于将已经确定的酒店战略转化为酒店的实际行动，组织酒店的各种资源，成功地贯彻执行酒店的既定战略，以实现酒店的发展目标。

酒店战略实施是酒店战略管理的行动阶段，是战略管理过程中难度最大的阶段，也是最核心的阶段。任何完美的酒店战略都依赖于酒店战略的实施，唯有借助酒店战略实施才能将酒店战略的美好蓝图转化为现实实践，否则一切都只能停留在想象之中，没有任何实际作用。

酒店战略实施依赖于酒店的各级管理者和酒店员工的良好行为和执行力，要求酒店员工遵守纪律、有敬业和牺牲精神，且要求酒店的战略与酒店的组织结构、酒店文化、酒店内部管理之间有很强的适应性。

2. 酒店战略实施的主要任务

酒店战略实施是酒店战略成功的关键一环，核心任务在于配置酒店资源，将战略方案转为战略行动。它包括建立与酒店战略相适应的组织结构，培育支持酒店战略的酒店文化，围绕酒店战略配置酒店各类资源，并建立一套有效的人力资源队伍和激励系统。

具体来说，酒店战略实施的任务包括以下 6 点。

①为酒店提供具有所需要的专门技能的员工，建立并加强战略知识能力和竞争力。

②制订酒店预算，引导资源流向那些战略成功关键的酒店部门。

③确保酒店正常运作程序而不是阻碍组织战略的有效执行。

④建立酒店员工积极的追求目标，使用奖金等激励措施。

⑤培育合适的酒店文化。

⑥加强战略实施所需的内部领导权，不断地对战略执行过程进行改进。

同步案例

横县打造首家"智慧"酒店

2011 年 8 月中国电信南宁分公司与广西横县横州国际大酒店签订业务使用协议，双方通过融合固网业务和移动通信优势，打造横县首家"智慧"酒店。

据介绍，作为横县唯一一家四星级酒店，横州国际大酒店成立之初将酒店定位为"智慧"酒店，通过信息化提升酒店的品牌。选择与中国电信合作，看中的是中国电信的品牌优势。根据协议，中国电信南宁分公司为酒店整体解决一揽子包括光纤、固话、手机、总机服务、集团彩铃等通信业务。集团彩铃可提升宾馆形象；无线 WiFi 让进住酒店的所有宾客可以感受中国电信无线宽带的高速上网；光纤入户实现客房高速上网；手机翼机通则有利于加强员工管理，提升工作效率；而总机服务可实现酒店员工手机间、固话间互打免费，以及短号互拨功能、114 号码查询、对外统一号码、电话会议等服务功能。一流的信息化业务使酒店的个性化服务得到进一步的提升，让客户在尽情享受一流酒店传统优质服务的同时也能感受到数字化时代的便利。

2.2.3 酒店战略控制与提升阶段

酒店战略控制与提升是酒店战略管理的最后阶段。酒店战略控制是指在酒店战略管理过程中重新审视酒店所处的外部条件和环境因素，判断、评估酒店战略的实施情况，并根据各种变化情况调整战略，对酒店战略进行适当的监控，以确保酒店战略能够有效地执行并实现酒店的发展目标。面对变化了的环境，酒店需要借助战略控制来监控战略的实施，包括对内部环境的审视、酒店战略实施业绩的评价、衡量酒店运营的业绩表现，并将其与酒店发展目标相对照以发现酒店战略实施过程中的问题，进而采用纠偏措施，提升酒店战略，推进战略的实施。

酒店战略控制与提升的目的在于应对酒店外部环境的变革与影响，核心在于对酒店战略实施的整体评价，确保酒店战略发展方向和高效运行。这样，既能够保证酒店战略实施的稳定性，又能保障酒店战略的适度灵活性，适应酒店战略的各种变化，进行必要的调整和升级，促进酒店战略目标的实现。

任务2.3　酒店战略使命与战略目标

任务介绍

酒店战略使命与战略目标是酒店战略管理的第一步。酒店战略使命确定了酒店存在的理由和价值，酒店战略目标指明了酒店未来的发展方向和预期状态。通过学习，掌握和理解酒店战略使命与战略目标，学会如何撰写酒店战略使命与战略目标。

任务目标

1. 了解酒店战略使命在酒店战略管理中的性质和作用。
2. 了解酒店战略使命的内容。
3. 评价酒店战略使命。
4. 学会撰写酒店的战略使命和战略目标报告。

任务导入

一个企业不是由它的名字、章程和公司条例定义的，而是由它的任务来定义的，企业只有具备了明确的使命和目标，才可能制订明确和现实的企业目标。酒店战略目标是酒店未来发展过程中所需要达到的预期结果，是酒店对未来预期状态的表达。酒店战略目标包括经济目标、市场目标、竞争优势目标和社会目标。酒店战略目标的制订应该符合 SMART 原则。标杆超越法是酒店企业目标制订的重要方法之一。

同步案例

世界著名酒店集团的文化比较

文化在酒店管理中的三维逻辑关系表现为企业对顾客的承诺、企业对员工的承诺、员工对顾客的承诺；酒店的经济模式表现为企业为员工创造价值，员工为顾客创造价值，顾客为企业创造价值；通过这种价值的转换，酒店文化在运行过程中变得实体化。

企业文化从经济的角度看所呈现出的三维价值链，实际上是维持企业稳定运行和保证竞争能力和生命力的逻辑架构。企业的利益、顾客的利益和员工的利益如何在特定的时期同时最大化是业主和管理者治理与管理艺术的一种境界。

不同的酒店有着不同的经营理念和酒店文化，这些传递出了酒店的企业价值和使命。著名酒店对顾客及员工的经营理念举例，如表2－1所示。

表 2 - 1　著名酒店对顾客及员工的经营理念举例

酒店名称	对顾客经营理念	对员工经营理念
四季酒店	我们的物业都会因非凡的设计和完善的设备而更具价值。我们遵守严谨的道德操守，提供殷勤的服务，必能满足贵客的严格要求，迎合他们的品位，以维持我们在全球高级豪华酒店机构中的崇高地位	我们最大的财富和赖以成功的决定因素就是我们公司的全体员工
希尔顿集团	顾客是企业的生命。为了保持顾客高水平的满意度，我们不断地听取评估顾客意见。在我们所在的各个国家实行公平的制度来处理顾客投诉并尊重消费者权利	我们依赖员工来提供给客人和顾客所希望的优质服务，反过来我们也努力为员工谋福利。我们的目标是最大限度地开发员工技能，给我们提供个人发展机会，达到最高满意度
马里奥特酒店	马里奥特酒店优质服务的声誉来自马里奥特创立并长期秉承的传统，酒店简单的服务目标"食品好，服务好，价格合理"	服务于员工的精神、坚定不移的信念是"员工是最重要的资产"，为员工提供个人成长发展的环境
香格里拉大酒店	我们要把赢得客人忠实感作为事业发展的主要驱动力，这体现在始终如一地为客人提供优质服务。在每一次同客人接触时，令客人喜出望外，行政管理人员与客人保持直接接触。我们的使命宣言：为客人提供物有所值的特色服务和创新产品，令客人喜出望外	我们要努力创造一个既有利于员工事业发展，又有助于实现他们个人生活目标的环境
海天酒店管理集团	为顾客创造价值；海天之间一个家	真诚地关心每位员工的进步，每位员工都有接受培训和提高的权利
丽嘉酒店	—	我们是绅士、淑女，给绅士、淑女服务
雷迪森旅业集团	雷迪森的目标是100%的顾客满意率。如果你对某项服务不满意，请让我们知道，我们将对其进行纠正，否则你可以不付款	—
凯悦集团		正是凯悦集团的人员使凯悦拥有了卓越的阅历。在集团价值观的引导下，我们努力帮助员工发展职业生涯，而不仅仅只是工作
洲际饭店		洲际集团在所有酒店的品牌服务、产品质量、设计、构造以及经营方面都有一个严格的标准。怎样去做到呢？完全依靠我们基层受过培训并具有高标准的全体工作人员。我们对员工的培训包括发展必需的管理经营方法，提高服务水平和及时对员工进行一些额外知识的培训

（资料来源：《世界著名酒店集团的文化比较》）

相关知识

企业使命

企业使命是指企业由社会责任、义务所承担或由自身发展所规定的任务。企业使命是企业形象的一个颇为直接的描述。企业生产经营的哲学定位，也就是经营观念。企业确定的使命为企业确立了一个经营的基本指导思想、原则、方向、经营哲学等。它不是企业具体的战略目标，或者是抽象地存在，不一定表述为文字，但影响经营者的决策和思维。这中间包含了企业经营的哲学定位、价值观凸显以及企业的形象定位。

2.3.1　酒店战略使命

1. 酒店战略使命的含义

酒店战略使命是指明酒店存在理由的表述。表明酒店所参与竞争的业务领域以及所要服务的目标市场群体，以及为市场提供的效用，说明酒店的宗旨、信念和所从事的目的和方向，揭示酒店要发展成为什么的关键问题。简单地说，酒店战略使命所要传达的是"我们是谁""我们要做什么""我们为什么成为这样"的理由和意义。酒店战略使命意在建立酒店鲜明独特的个性，向酒店的利益相关者表明酒店的价值，传达酒店对待社会的态度，也是酒店社会责任的宣言书。

相关知识

酒店企业的使命

威斯汀饭店：提供高品质的产品与服务，承担员工的晋级发展、社区的服务，成为模范的经营者和获取利润的责任。

假日饭店：努力成为一家在世界上受客户和旅行社偏爱的饭店和饭店特许经营企业。

马里奥特集团：通过有效培训员工使其提供出色的服务，致力于成为世界最佳的住宿和餐饮企业，给股东以最大的回报。

香格里拉饭店：为顾客提供物有所值的特色服务与产品创新，令客户喜出望外。

如家快捷：大众住宿业的卓越领导者。

锦江之星：以"全心全意为客人，让客人完全满意"为企业服务理念；以"共同发展、共创双赢，回馈社会"为企业经营宗旨；以"创新发展、铸造细节、追求卓越"为企业精神。

7天连锁酒店集团：让客人"天天睡好觉"。

速8酒店：为每一位客人提供干净的房间和友好的服务。

2. 酒店战略使命的价值

酒店战略使命表明了酒店存在的价值和发展目标，用来向不同的酒店利益相关群体传达酒店的目标和价值。酒店的利润是酒店的重要目标，但并非是酒店的唯一核心目标，仅仅靠利润难以激励人们，唯有更加丰富的酒店战略使命，才能反映人们对酒店未来的共同憧憬，进而推动酒店的战略发展。因此，酒店战略使命也是酒店未来发展的出发点，是酒店未来发展的关键。

具体来说，酒店战略使命有如下优势。

①促使整个酒店经营目的达成一致。

②为配置酒店资源提供基础或标准。

③建立统一的酒店企业文化，指导和塑造员工行为。

④通过酒店战略使命集中的表述，使员工认识酒店的目的和发展方向，防止员工在不明白酒店目的和方向的情况下参与相关活动。

⑤是酒店经营目的具体化，并将这些目的转化为目标，以便使酒店的成本、时间和绩效参数得到控制和评估。

⑥有助于调节酒店内部分歧，针对重要问题进行讨论、妥协，以最终达成一致。

⑦能向酒店内外部利益相关者传播酒店的信息。

3. 酒店战略使命的内容

不同的企业、不同的酒店，有着自己独有的特性和存在价值。由此，不同的酒店有着不同的企业使命，酒店战略使命的表述内容和形式各有特色。尽管如此，关于酒店战略使命的内容或要素，无论是管理学界还是实践界都有着大致一致的看法，认为酒店战略使命包括以下内容，如图2－2所示。

①酒店的顾客或目标市场群体，即酒店的目标市场。

②酒店提供的产品或服务。

③酒店对增长和发展的关注，能否努力实现良好的增长态势。

④酒店的宗旨、基本信念和价值观。

⑤酒店独特的核心竞争力或竞争优势。

⑥酒店的企业社会责任，酒店对社会、社区和环境的态度。

⑦酒店对员工的态度。

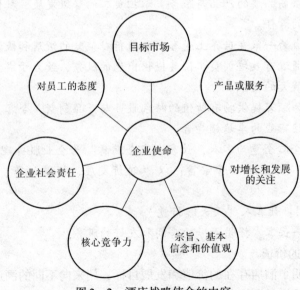

图2－2 酒店战略使命的内容

4. 酒店战略使命的标准

不同的酒店有着不同的企业使命，而关于如何制订酒店战略使命、什么样的酒店战略使命是适宜的则有着一定的判断标准。

Vern Mcginnis（1981）认为一项好的企业使命应当：一是对企业运行定义并表明企业的追求；二是内容要窄到足以排除某些风险，宽到足以使企业有创造性地增长；三是将资本企业与其他企业进行区别；四是可作为评价现时活动的基准体系；五是叙述足够清楚，以便在组织内被广泛理解。因此，一个适宜的酒店战略使命应当能够涵盖企业使命的内容，并满足以下特性（Stone. 1996）。

①创造性。酒店战略使命不应该过于细致，要能够考虑多种可行的战略和目标，太具体的规定将限制酒店创造性潜力的发挥。

②适应性。酒店战略使命要有足够的空间，以便能够涵盖酒店不同的利益相关者，迎合其需求。

③清晰性。酒店战略使命要表达清楚，使命表述要简单易懂，以便酒店员工和其他利益相关者能清楚地理解组织的道德和价值，引导其行为。

④相关性。酒店战略使命应与酒店的历史、文化和股东的价值相一致。

⑤动态性。酒店战略使命应能够兼顾时间的变化。

⑥积极性。酒店战略使命应秉承积极的态度，鼓励员工承担义务，以激励员工。

⑦独特性。酒店战略使命应能将酒店与其他企业区分开来形成自身独特性。

与此同时，Koter 也更加具体地指明好的酒店战略使命应该具备以下基本特征。

①描述性。好的酒店战略使命应表明管理者塑造的企业形象和其所要努力实现的市场地位。

②指导性。好的酒店战略使命应表明酒店的目的和在实现这个目的上所要遇到的业务或战略变化。

③关注点。好的酒店战略使命应为管理者制订决策和分配资源提供具体指导。

④灵活性。酒店使命不是一成不变的，应根据具体环境适当变化。

⑤可行性。好的酒店战略使命应在一定时间内其目标可以合理实现。

⑥吸引型。能够引起企业利益相关者的长期兴趣。

⑦易于沟通。能够在 10 分钟内描述完成。

5. 酒店战略使命的制订

酒店战略使命是酒店战略发展的核心出发点，制订酒店战略使命是酒店发展的首要任务，关系到酒店未来的长远发展和战略的制订。因此，如何成功地制订酒店战略使命成为酒店走向成功的关键所在。

酒店战略使命涉及酒店内外部的各种利益相关者，因此必须尽可能多地让各个利益相关者参与酒店战略使命的制订过程，特别是酒店内部各个层级的人员，通过参与性的扩大能够增加人们对酒店使命的认同感。

酒店战略使命的制订是一个核心而又重要的任务，因此应该在酒店内部成立一个专门的委员会来负责。

与此同时，酒店战略使命制订也可以借助酒店外部力量，通过聘请外部的管理咨询专家来为酒店把脉，帮助完成酒店战略使命的制订。

无论如何，酒店战略使命制订的核心在于准确把握酒店存在的理由和价值，尽可能多地让更多的利益相关者参与其中，通过多次的讨论和协商，最终确定酒店战略使命，为酒店未来的发展指明方向。

相关知识

假日酒店的企业使命的变迁

1952 年第一家假日酒店在美国孟菲斯开业。此后，干净整洁的汽车旅馆在美国乃至全世界开始发展。假日酒店逐渐发展成为世界知名的连锁酒店之一。而随着时代的不断变迁和不断出现的新情况，假日酒店也在不断调整自己的企业使命，以使得企业能够更好地应对外部环境的变化。

1954—1969 年，假日酒店的使命为"食物和住宿公司"，致力于将自己发展成为集旅馆住宿措施和设备的供应、健康、经营、管理、特许权输出为一体的大型企业。

1970—1979 年，假日酒店的使命定位为"从食品和住宿企业发展成为与旅行及交通相关的企业"，即是多元化的发展战略。

1980—1992 年，假日酒店的使命定位为"从强调拥有饭店所有权到强调对饭店的管理输出和特许权经营的转变"，大力实施品牌经营策略。到 1982 年已经在 60 个国家建设了219 家酒店。

1993 年以来，假日酒店再次对自己的企业使命进行调整，其使命表达为"努力成为一家在世界上受顾客和旅行社偏爱的酒店企业和饭店特许权经营企业"，实施重新回到饭店既成的经营策略。这一阶段假日酒店开始放弃多元化的发展战略，专注于提供酒店服务质量，强化其在中等市场上物有所值的形象。

2.3.2 酒店战略目标

1. 酒店战略目标的基本含义

酒店战略目标是酒店未来发展过程中所需要达到的预测结果，是酒店对未来预期状况的表达，反映了酒店在未来一段时期内经营活动所期望的水平。Junach 和 Glueck（1988）指出，目标是企业的最终追求，是企业用于衡量绩效的标准。

酒店战略目标对于酒店的发展极为重要。酒店战略目标是酒店一定阶段要达成的阶段性的任务，这一任务也是酒店希望通过实施酒店战略行动而达到的结果。酒店战略管理则是为了实现酒店战略目标而采取的一系列行动和措施。

通过明确酒店战略目标，有助于明确酒店的未来发展方向；有助于调整酒店内部的各种力量，使得具有不同利益的群体在行动中有一致的基础，实现协同发展，促使酒店内外部利益相关者认识其在酒店未来发展中的作用；有利于为酒店发展确立一种良好的绩效评估标准，减少发展的不确定性和盲目性；有助于在酒店内部达成共识，减少潜在的内部冲突；有利于激励酒店员工，并依据酒店目标对酒店资源进行有效配置。

2. 酒店战略目标的内容与类型

（1）企业目标的内容

关于企业目标，著名管理学家彼得·德鲁克（《管理的实践》）指出，企业目标的内容包括以下几个方面。

①市场方面的目标：企业市场占有率或市场地位。

②技术改进和发展方面的目标：企业对改进产品和服务的目标。

③提高生产力方面的目标：企业生产效率方面的内容。

④物资和金融资源方面的目标：企业获得物资和金融资源的渠道并且有效利用。

⑤利润方面的目标：企业获取预期的利润。

⑥人力资源方面的目标：企业获得、培训和发展人力资源。

⑦社会责任方面的目标：企业对社会、社区和环境方面的贡献。

（2）酒店战略目标类型

从目标的层级来看，酒店内部不同的层级有着不同的目标，可以分为酒店总体战略目标、酒店业务经营战略目标、酒店职能目标。

从目标的时间来看，酒店目标可以分为长期目标、中期目标和短期目标。

从目标的内容来看，酒店目标可以分为以下4类。

①经济目标：通常用财务指标来衡量，包括收入的增长、收益的增长、更多的分红、更高的利润率、更大的投资收益、更多的每股收益、现金流的改善。

②市场份额目标：酒店的扩张，维持市场地位的目标。

③竞争优势的目标：酒店对其竞争对手的定位问题，与竞争对手相比的未来定位和优势问题。

④社会目标：部分或全部地体现社会效益，酒店支持当地地区、社区建设或支持慈善机构的社会价值。

3. 酒店战略目标制订的要求

酒店战略目标的制订，与其他类型的企业目标一样，必须满足 SMART 原则，以此能够更清楚地将酒店战略目标向酒店的内外部利益相关者传达，实现酒店内外部的异质性。

（1）具体性

酒店战略目标必须具备具体性特征，能够有明确的主题，目标必须明确、清晰、具体，以此能够更清晰地向酒店内外部传达，方便人们理解和执行。

（2）可衡量性

可衡量性是指酒店战略目标必须能够量化，能够容易将酒店目标进行分解和定量化，使得目标能够很好地传达分解，也方便酒店对目标的监控和对目标执行情况的评估。

（3）可实现性

可实现性是指酒店战略目标必须在一定的时间范围内能够实现。一方面酒店的目标具有一定的挑战性，不是很容易就能达到的；另一方面也要求酒店的目标是可以实现的，而不是脱离现实的。这样方能很好地激励酒店员工。

（4）相关性

相关性是指酒店战略目标应该与酒店战略使命相关，酒店的战略目标应该围绕着酒店的战略使命而制订。与此同时，酒店的内部包含着一连串的目标体系，既有酒店的总体策略目标，也有酒店职能目标和员工个体目标等子目标，而总体目标与子目标之间应该能够内部相互一致连贯，相互统一协调。

（5）时间性

时间性是指酒店战略目标应该有时间期限，要为酒店制订的各项目标的实现制订一个可行的时间表，即每个目标都有一定的实现截止日期。酒店战略目标的时间性，一方面能够很好地控制和推动目标的实现，激励员工；另一方面也能加强对酒店的管理和监控。

4. 酒店战略目标的制订

酒店战略目标是关于酒店未来发展状态的描述，涉及酒店的所有部门和利益相关者，因此在酒店战略目标制订过程中应该让酒店内部的各个利益主体都参与其中。与此同时，酒店战略目标是由一系列目标组成的，既有酒店总体战略目标，也有酒店内部职能部门的目标和员工个体目标，因此在制订酒店战略目标时，应遵循一定的程序和过程，建立起酒店的目标体系。

①依据酒店已经建立的战略使命，确定酒店长期发展的战略目标。

②将酒店的战略目标，从时间期限角度进行分解，建立起酒店发展的短期目标。

③在酒店内部，将酒店的总体战略目标进行层级分解至不同的酒店业务经营单位或者事业部，各个事业部或经营单位建立起自身的部门战略目标。

④酒店内部的各个职能部门如市场部门、人力资源部门、财务部门等依据酒店的总体战略目标分别建立起各自部门的发展目标。

⑤酒店内部的各个员工，依据酒店的总体战略目标和经营目标，建立起个体目标，最终将酒店的总体目标逐层落实到个体。

酒店战略目标的制订大致有如下的步骤。

①酒店战略目标制订的调查研究。为了制订酒店战略目标，需要针对酒店的内部资源、外部环境和条件开展调查研究，把握酒店的内部优势与劣势、外部威胁与机会，将酒店的状况与未来发展状况进行比较，获取一手资料。

②依据调查结果和企业未来发展方向，拟定酒店的战略目标，包括酒店战略目标的方向和酒店战略目标的水平。

③针对已经制订好的酒店战略目标展开评价和论证，邀请酒店内外部利益相关者，甚至是外部的专家咨询队伍，对酒店战略目标进行论证和修改。

④经过论证修改后，酒店战略目标最终由酒店内部高层管理者决定，并将酒店战略目标在企业内部进行分解，传达至各个部门和员工。

5. 酒店战略目标的制订方法——标杆超越法

标杆超越法最早是由美国施乐公司于1979年创立的，后由美国生产力与质量中心对其进行了规范化和系统化的总结。标杆超越法是通过不断寻找和研究有助于本企业战略实现需要的其他优秀企业或其内部优秀企业的有利实践，以此为标杆，将本企业的产品、服务和管理等方面的实际情况与这些标杆进行定量评价和比较，分析这些标杆企业达到优秀水平的原因或条件并结合自身实际加以创造性学习，借鉴并选取改进的最优策略，从而赶超标赶企业或创造高绩效的不断循环提高的过程。

对酒店来说，运用标杆超越法设定酒店战略目标，核心在于选择确定好酒店的标杆企业，之后将酒店与标杆企业进行分析对照，寻找差距，进而确定酒店的发展目标。

标杆超越法的过程可以分为五个环节，如图2-3所示。一是企业定位，即确立企业自身目标的定位，为企业的未来发展设定一个方向和定位；二是设立标杆，即在市场中寻找一个处于行业领先定位的企业，作为自己的标杆和目标；三是评价分析，即对标杆企业进行分析和学习，总结成功经验，并以此来对企业自身进行综合评价分析；四是整合改进，即依据标准和评价分析结果，对企业进行整合改进；五是跟踪评估，即对企业的发展进行跟踪评价，以取长补短。

酒店企业运用标杆超越法的一个关键难题在于如何确定好企业的标杆，这就需要注重以下3个方面（邹益民，2009）。

图 2 - 3　酒店企业标杆超越法环节

①实事求是。

实事求是是指酒店应根据自身的实际情况来选择所参照的标杆企业。酒店选择标杆企业的目的是为了改善自身的产品、服务和管理方法，寻找自身与标杆企业的差距进而制订合理的战略目标，而不是为了使酒店自身丧失信心。因此，酒店在选择标杆企业时，需要依据酒店自身的实力，实事求是，确立一个合适的企业，它既可以是行业领先者，也可以是自身的竞争对手。

②全面分析和评估。

标杆超越法是一种渐进式的管理方法，酒店需要深入、全面地分析标杆企业的成功案例，解剖企业的每一个流程环节，从中寻找到可供借鉴的经验。

③立足自身，注重变革。

标杆超越法的核心在于通过不断地与标杆企业的比较改进推进酒店自身的变革与发展，改进酒店自身的管理和发展模式。因此，变革与改进应该贯穿于整个标杆超越的全过程。

实践训练

一、分析题

1. 简述什么是战略？
2. 辨析战略与战术、决策、目标、计划之间的联系与区别？
3. 如何认识战略的基本特征？
4. 战略管理的基本含义是什么？
5. 描述企业战略管理的基本阶段？

二、练习题

建立课堂学习小组，每个小组利用课余时间，利用网络资源、图书馆资源查找一些熟悉的酒店类企业或其他旅游企业的发展战略，并在课堂上展示该企业的发展战略与立场。

三、案例分析题

北京颐和安缦酒店战略——特色精品酒店

如何能够为客户提供差异化的感知价值，是酒店能够从众多顶级酒店中脱颖而出的核心因素之一。

北京颐和安缦酒店是全球仅有的 19 家安缦居之一。安缦居集团总部设在新加坡，是顶级酒店业中的"the resort"（度假村）。一向重视选址的安缦，总挑人迹罕至的地方设点，安缦迟迟不来中国，原因就是没选好地方。北京颐和安缦酒店是其在中国的第一家酒店。定位为城市度假村的颐和安缦酒店开在了北京颐和园边上，其内部宛若私家园林的布局、明式家具的住家风格、1 对 5 的客人和员工比例，都为国内酒店业树立了新的标杆，成为其核心竞争力所在。

北京颐和安缦酒店寻求全新的差异化战略，定位为城市度假村，这是目前国内欠缺的度假村类型。新的时代背景下，现代人渴望放假却不想离开城市，城市度假村也因此满足了人们的需求。这类城市绿洲酒店一般开在城市边缘地带，避开了城市的喧闹，设计感也和度假村一样让人身心放轻松，由此，北京颐和安缦的定位在先天上就是一种优势。

低调的北京颐和安缦酒店给人们留下深刻的印象。与其他高调展现自己的顶级酒店不同，北京安缦颐和酒店将低调当成风格，保持与周边环境融为一体，而不少顶级酒店都在出场亮相上下功夫。但在北京颐和安缦酒店，大门设在颐和园东门，没有招牌，没有标志，大门大方敞开并有两只石狮子守护着，主楼也让大门庭院的照壁遮掩住了，路人难以猜出这是一家顶级度假村酒店。这样反高潮的设计其实更具有戏剧性，北京颐和安缦酒店正如其他安缦酒店一样，把低调当成一种风格。所谓低调，其实就是尽量和周围环境和睦相处，不喧宾夺主，表示敬意。因此度假村新建的主楼依照原址保留的百年四合院风格建造，并设有多口门窗，空间采光和通风都很好，窗门配上木质的卷帘，窗外的风景变得隐隐约约，如水墨画中的渲染，正如古代中国文人推崇的含蓄美。

北京安缦颐和酒店内部的装修为明代风格，宛若私家园林的布局，很好地与颐和园周边传统建筑融合为一体，赋予客人更深刻的文化体验。对安缦来说，历史是用来尊重的，特别是开在颐和园边上，安缦的设计师根据中国传统建筑的样式修缮了度假村内的百年老房，据说过去这些房子是大臣们等待慈禧太后接见时所用的。颐和安缦酒店的布局如私家园林，宛若清朝大臣的大宅门，也吻合安缦一贯推崇的住家风格。

而在客房里间，酒店客房依照明代风格进行设计，但又不乏先进、人性化的设施，给旅客以家的感觉。颐和安缦酒店共有 51 间房间和套房，最小的房型为客房和四合院的客房，最大的房型是套房，其中最大的套房为皇家套房，占据了整个独立的四合院，正房为主卧室和浴室，设有独立铜铁裹身的浴缸，宛若一件上乘的工艺品。房间内还设有私人的水疗空间，让客人能随时进行各种水疗服务和按摩，甚至还为水疗师设计了边门，就为确保不打扰客人的隐私。整体的酒店设计完全是像家的设计，这是酒店业最新的潮流，让身处异地的旅客有家的感觉。

安缦自然而不着痕迹的"照顾"，以超出顾客想象的服务水准形成该酒店品牌的持续核心吸引力。实际上，强调设计为卖点的酒店往往容易陷入误区，以为客人只为看得见的设计买单，如配备什么电器或彰显什么设计风格，然而酒店不只是给人看的，酒店的舒适感，往往不是来自冷冰冰的家具。安缦强调的是总体体验，甚至不愿多谈设计，而带给安缦痴们的最大体验，则是安缦自然而不着痕迹的服务。

目前全球共 19 家安缦，催生了无数的安缦痴，这批忠诚的支持者旅行的原因就在于——哪里有安缦，他们就去哪里。北京颐和安缦酒店的客人和员工比例维持在一比五，确保客人及时受到照顾。安缦的员工总称自己为"Family"，你住进来就成了他们的一分子，晚上回到酒店，员工会像遇见老朋友一样对你说："你回来啦"。

这就是安缦。

思考：北京颐和安缦酒店成功的核心因素椒什么？

（资料来源：http：//www.amanresorts.com）

模块三

酒店计划管理

模块分析

　　酒店工程管理中的计划管理是酒店管理的重要内容。本模块主要介绍酒店经营战略计划、市场营销计划、酒店销售计划、酒店接待业务计划、劳动工资计划、设备建设和维修计划、财务计划、物资供应计划、职工培训计划等内容。

学习目标

　　※ **知识目标**

1. 明确酒店的发展目标。
2. 掌握酒店在计划期内经营管理的主要内容。

　　※ **能力目标**

1. 能够协调酒店内部的工作。
2. 能够评价酒店的工作状况和经营业绩。
3. 提高酒店的经营管理水平，提高经济效益。
4. 能够提出实现活动指标的各种措施，降低劳动消耗。

任务3.1　酒店计划管理基础知识

任务介绍

　　什么是酒店的计划管理？就是酒店管理者依据内外环境条件，用科学的方法通过对计划的编制、执行和控制来指导酒店的业务活动，确保酒店经济效益和社会效益的取得。

任务目标

1. 酒店计划管理的主要内容。
2. 酒店计划有哪些类型。

任务导入

酒店计划管理规定了酒店在计划期内经营管理的主要内容，使酒店的一切工作围绕计划预定的目标方向而进行。然而，随着酒店规模的扩大，需要酒店能够统一安排工作，以减少重复和摩擦，各部门将根据酒店的计划确定本部门的经营活动计划。由于酒店计划规定了酒店未来一定时期要实现的活动目标，并提出了实现活动指标的各种措施，减少支出，增加收入，使酒店在计划管理的指导下，不断提高经济效益。

相关知识

酒店前厅部月工作计划

第一季度（1—3月）

1. 完成礼宾、接待、收银各部的岗位知识培训。主要是针对新入职人员及在实际工作中出现较弱的方面进行必要的培训；培训前厅部员工对客服务技巧，提高员工的对客服务意识，方式偏向模拟操作培训。

2. 协助营销部做好春节及情人节的相关活动推销及接待工作。合理安排员工休假。

3. 2月中旬将对部门的员工进行一次笔试，主要是测试员工前期所接触岗位的知识面，刺激员工的神经，提高员工对工作的积极性。

4. 准备部门内部举办一次岗位技能操作培训。主要对象是前厅部各岗位员工，内容是各岗位员工的岗位技能比赛，针对各分部表现较好的员工作为部门重点的培训对象。

5. 3月中旬根据2月份的笔试，结合日常工作表现及平时对客服务意识，综合考虑，较弱的员工建议岗位变动处理。

6. 密切合作，主动协调与酒店其他部门做好业务结合工作。根据宾客的需求，主动与酒店其他部门密切联系，互相配合，充分发挥酒店整体营销活力，创造最佳效益。

7. 提高前台员工的售房技巧，增加散客的入住率，力争完成酒店下达的销售任务。为酒店新的一年开一个好局。

（资料来源于网络）

3.1.1 酒店计划管理内容

1. 酒店经营战略计划

它确定酒店未来发展水平和标准、经营规模、接待能力、酒店各项经济效益指标的增长水平、酒店固定资产建设计划、员工培训计划和职工生活福利水平等方面的酒店长期发展计划。

2. 酒店市场营销计划

它规划了酒店的客源结构、客源市场占有率等，同时还确定了酒店的产品结构、档次及产品的组合方式等，并指出酒店面向的主要推销方向及市场营销策略。

3. 酒店销售计划

它规划了酒店的销售目标和盈利水平。在销售计划中，需要具体规定酒店销售的措施、费用、时期及控制和评估方法等。

4. 酒店接待业务计划

它确定了各种接待业务的接待总人数、客源的组织形式、客人的来源和不同客人的安排方式等方面的内容。

5. 酒店劳动工资计划

它需要确定计划期内酒店正常进程所需的职工人数，人员素质标准和劳动组织的基本形式，酒店全员劳动生产率，酒店的工资总额、平均工资额、奖金津贴和其他工资的支付额度等方面的内容。

6. 酒店设备建设和维修计划

它需要确定酒店计划期内正常经营所需增添的设备种类、数量、资金来源和设备更新改造计划。此外，它还需要确定日常修理方式、工作量、计划修理的周期和方法及计划修理的替代方案、经费预算和力量安排等方面的内容。

7. 酒店财务计划

它需要规定酒店资金使用的主要方面，如制定固定资产的折旧、营运资金的需要量和周转速度、收入与利润的分配、成本与费用计划等。

8. 酒店物资供应计划

它需要确定酒店各部门各种主要物资的种类、数量、质量、规格、特性等方面的基本要求，规定各类物资在计划期内的需求量、进货渠道、采购批量等。

9. 酒店职工培训计划

它需要对一定时期内酒店员工的来源、素质要求所要达到的标准做出规划，还需要规定员工来自社会招工、职业学校和大专院校的结构安排、确定酒店职工短期和长期的培训内容、层次和时间安排等。

3.1.2　酒店计划管理的意义

1. 明确酒店的发展目标

酒店计划管理规定了酒店在计划期内经营管理的主要内容，使酒店的一切工作都围绕计划预定的目标方向进行。

2. 协调酒店内部工作

酒店计划管理有利于控制下属，评价下属的工作状况和酒店的经营业绩。随着酒店规模的扩大，需要酒店能够统一安排工作，以减少重复和摩擦。各部门将根据酒店计划确定本部门的经营活动计划，并和酒店的总体计划相协调。

3. 提高酒店的经营管理水平

酒店计划管理为酒店各项职能发挥作用提供了实际的依据，促使管理者选择更加有效的经营管理方案。由于酒店计划规定了酒店未来一定时期内要实现的活动指标，并提出了实现活动指标的各种措施，因此可以降低劳动消耗，减少支出，增加收入，使酒店在经营管理计划的指导下，不断提高经济效益。

3.1.3　酒店计划的类型

酒店计划的种类比较多，而且用途不同，不同形式的计划组成了不同层次的酒店计划体系。一般就时间、范围、计划的功能将酒店计划进行分类。

①按照时间跨度分类。酒店计划可以分为长期计划、中期计划和短期计划。

②按照计划的范围广度分类。酒店计划可以分为战略计划、战术计划和作业计划。

③按照计划的职能分类。酒店计划可以分为前厅接待计划、餐饮计划、公共计划、财务计划和人事计划等等。

④特殊计划。除了以上的计划类型外，酒店还有很多特殊类型的计划，例如政策、规划、预算等。

任务 3.2　酒店的计划指标

任务介绍 \\\\

什么是酒店的计划指标？就是反映酒店一定时期内经营管理所要达到的目标和水平的各种数值，它包括概念明确的指标名称和具体数值两部分。

任务目标 \\\\

1. 酒店的主要计划指标。
2. 酒店计划工作程序的内容。
3. 酒店计划工作的管理效果。

任务导入 \\\\

酒店计划中的每一项指标都反映了酒店某一方面的目标和情况，而综合反映酒店经营管理的一系列相互关系、相互制约和相互补充的、完整的计划指标体系则构成酒店计划的主要内容。

相关知识 \\\\

统计指标

统计指标简称指标，是反映社会经济总体现象数量特征的概念和数值。一个完整的统计指标包括指标名称和指标数值两个部分。如工业总产值 9 000 亿元，社会商品零售总额 5 820 亿元等。指标名称反映一定的社会经济范畴，指标数值是根据指标名称的内容所计算的统计数字，同一名称的指标在不同时间、地点条件下可以表现为不同的指标数值。实际工作中，人们有时只把指标名称称作指标，而不包括指标数值。指标按其所反映总体现象的内容和特点，可分为数量指标和质量指标。数量指标是反映总体规模大小的各种总量指标。一般是把总体单位个数加总或把总体单位的某个标志值加总计算出来的，如工业企业数、职工人数、工农业总产值等。质量指标是说明总体内部或总体之间数量关系的指标，通常是由两个有联系的指标对比计算出来的，如劳动生产率、单位产品成本、产品合格率、工时利用率、单位面积产量等。指标按其数值计量单位的属性，可分为实物指标和价值指标。实物指标的计量单位是根据事物本身的物理性质和外部特征规定的。其中有些用自然单位表示，如机床按台，汽车按辆；有些用度量衡单位表示，如钢铁按吨，木材按立方米；有些用专用单位表示，如电力按度，热量按卡；有些用复合单位表示，如客轮用"艘/重载排水量/载客位"等。价值指标的计量单位是货币，如工业总产值、社会商品零售总额等。产品价值指标可对各种不同产品的产量进行加总计算。

3.2.1 酒店的主要计划指标

酒店的主要计划指标包括：客房或床位数、接待人数、客房或床位出租率、客房双开率、酒店营业收入、酒店营业成本和费用、利润、税金、职工人数、工资总额、劳动生产率、客人满意率，如表 3 – 1 所示。

表 3 – 1 酒店的主要计划指标

主要指标	概念或主要内容
客房或床位数	表示酒店接待能力的最基本的指标
接待人数	通过两个指标反映：住宿人数、人天数
客房或床位出租率	指已出租的客房间数或者床位数与可供接待的房间与床位数的百分比
客房双开率	指双开房间的数量占已出租房间数量的百分比
酒店营业收入	酒店按一定的价格，通过提供劳务或出租、出售等方式所取得的货币收入
酒店营业成本和费用	酒店对某个营业周期内经营成本、费用开支的预估或控制目标
利润	考核酒店经营活动成果和质量的综合指标
税金	酒店对国家所承担的经济责任
职工人数	计划期内酒店应支付工资的人员总数
工资总额	酒店在一定时期内以货币形式支付给全体职工的劳动报酬总额
劳动生产率	一般用劳动生产率和人均创利两个指标来反映
客人满意率	酒店被调查的客人满意人数除以被调查人数

3.2.2 主要经济指标的计算

1. 客房或床位出租率

客房或床位出租率是一个非常重要的数据，是酒店经营管理中所追求的主要经济指标。其计算公式为：

$$客房或床位出租率 = \frac{已出租的房间或床位数}{可供出租的房间或床位数} \times 100\%$$

2. 客房双开率

客房双开是指一间标准间由两位客人租用。客房双开率是双开房间的数量占已出租房间数的百分比。其计算公式为：

$$客房双开率 = \frac{双开房间数}{已出租房间数} \times 100\%$$

$$或 = \frac{客人总数 - 已出租房间数}{已出租房间数} \times 100\%$$

客房双开率的计算主要适用于那些将一个标准间划出双种价格的酒店，即一个标准间住两位客人，其房间价格要比单人住的房价增加 1/3。所以扩大双开率是酒店扩大经营收入的重要手段。

3. 劳动生产率和客人满意率

其计算公式为：

$$劳动生产率 = \frac{酒店营业收入之和}{酒店平均职工人数} \times 100\%$$

$$客人满意率 = \frac{被调查客人满意人数之和}{被调查客人总数} \times 100\%$$

4. 发展速度和增长速度

此两项指标都是说明酒店各项经营管理活动发展的快慢程度和上升或下降的趋势，用于衡量各项指标在计划期内的执行情况，为下一计划期提出发展和增长的要求。

计算发展速度和增长速度，由于对比的基期不同，发展速度分为定基发展速度和环比发展速度。环比发展速度就是以上一个计划期的数值作为基期，而定基发展速度的基期是不变的。

$$发展速度 = \frac{计划期水平}{基期水平} \times 100\%$$

$$增长速度 = 发展速度 - 1（100\%）$$

5. 平均发展速度和平均增长速度

平均发展速度是酒店经营管理活动在较长时间内各期的平均发展速度。其计算方法为：

$$平均发展速度 = \sqrt[n]{X_1 X_2 X_3 \cdots X_n}$$

$$平均增长速度 = 平均发展速度 - 100\%$$

其中，X_1，X_2，X_3，$\cdots$，X_n 为各计划期的环比发展速度，n 为环比发展速度的期数。

3.2.3　酒店计划工作的程序

酒店计划工作的程序主要包括以下内容：估量机会、确定目标、确定前提条件、拟定可供选择的方案、评价备选方案、选择方案、制订辅助计划、编制预算。

①估量机会：市场需求变化趋势、竞争对手动向、本酒店的优势、本酒店的劣势。

②确定目标：酒店计划往何方向发展、打算实现什么目标、何时实现。

③确定前提条件：酒店的计划在什么环境（酒店内部和外部的）下实施。

④拟定可供选择的方案：为了实现目标，有哪些最具有希望的方案。

⑤评价备选方案：哪个方案最有可能使酒店以最低的成本和最高的效益实现目标。

⑥选择方案：选定酒店将采取的行动方案。

⑦制定辅助计划：投资计划、接待计划、采购计划。

⑧编制预算：项目预算、销售预算、采购预算、工资预算。

3.2.4　编制酒店计划时需要考虑的因素

1. 市场状况

酒店在编制计划前，需要对市场进行全面和深入的了解，而要了解市场，就要进行市场调查。酒店调查的主要内容有：环境调查、酒店情况调查、客源情况调查和客源渠道调查。酒店市场调查的主要方法有：积累资料分析、问卷调查法、专题调查法。

2. 经济合同签订情况

酒店与其他单位在业务上的长期往来需要签订经济合同。因此，在编制酒店计划前，需要考虑酒店的经济合同签订情况，有针对性地编制酒店的计划。

3. 酒店综合接待能力

酒店综合接待能力是指酒店各部门能够接待客人、容纳市场、获取效益的能力总和。从对酒店综合接待能力的组成分析，各部门的接待能力会因时因势而异。酒店要按照各个部门的实际情况核定各部门的计划接待能力，以此作为编制酒店计划的一个依据。

4. 管理水平和技术水平

酒店的管理水平和技术水平是实现酒店计划的基本保证，在编制酒店计划时也需要考虑这一因素。酒店应对酒店的管理水平和技术水平做全面细致的分析和评价，并与国外先进水平相比较。

3.2.5　保证酒店计划工作的管理效果

计划工作的管理主要从以下四个方面进行，即合理编制计划、编制方法的选定、计划的执行、计划检查和控制。

①合理编制计划。要重视充分的市场调查研究工作，正确计划目标的确定，以及对酒店现有计划的分析等。

②编制方法的选定。酒店计划的内容和要求不同，编制方法也各不相同，因此选择合适的计划方法较为重要。

③计划的执行。计划管理的关键在于计划执行环节。要实现计划工作的顺利执行，就必须建立强有力的业务指挥系统，落实和健全责任制度，从酒店情况出发，充分调动员工的积极性。

④计划检查和控制。计划检查中应发现计划时间执行结果和计划本身的差异，分析其原因，采取相应的措施，进行计划调整。

任务3.3　酒店经营决策

任务介绍

什么是决策？就是为了达到一定目标，在充分掌握信息和对有关情况进行深刻分析的基础上，用科学的方法拟订并评估各种方案，从中选出合理方案的过程。

1. 决策的分类。
2. 酒店经营决策包含哪些步骤。
3. 酒店经营决策的类型和特点。

决策贯穿于酒店经营管理的全过程，是和计划密不可分的。酒店管理的好坏，在很大程度上取决于管理者的决策是否准确和及时。

决策失误

酒店经营管理的决策失误是酒店经营失败的主要原因之一。酒店的成功要得益于决策正确，而经营失败是由于决策失误。决策失误又是外行决策或市场调查不足等原因造成的。酒店决策包括对市场、价格、人才、广告、财务等方面的决策。酒店进行重大决策时，要慎重地权衡利弊，也可聘顾问或向专家请教；要采用判断或计算的决策法，充分估计风险，并将风险分散。

3.3.1 酒店计划管理中决策的分类

①以决策重要性进行分类，可分为战略决策、管理决策和业务决策三类。
②以决策条件进行分类，可分为确定型决策、风险型决策和不确定型决策。
③以决策规律性进行分类，可分为常规决策和非常规决策两类。

3.3.2 酒店计划管理中酒店经营决策的步骤

酒店经营决策主要包含以下 3 个步骤。

1. 发现问题，确定决策目标

这是决策的首要步骤，所有的决策都是从这一过程开始的。这一过程需要做好以下工作：发现问题，即找出需要决策的问题及其症结所在；确定决策目标，有了决策目标才能拟定各种不同的方案；找出已确定的决策目标有哪些限制条件（包括市场环境和酒店实际情况方面的限制条件）。

2. 分析经营环境，拟定预选方案

根据确定的决策目标，拟定两个或两个以上的可行方案以供选择。这一过程中需要做好两方面的工作：组织专家组对需要决策的问题进行专题研究；在充分掌握相关资料、认真分析酒店的经营环境的基础上，拟定多个决策方案，建立决策模型。

3. 评估方案效果，选择最优方案

对预选方案进行分析比较，评估预选方案建立的基础是否正确，是否是在客观环境、调查资料和预测数据的基础上建立起来的,可靠程度如何。根据各预选方案的决策方法,将有关数据代入相关公式进行检验计算,分析评估各方案的预期效果,对各预选方案的实施结果进行预测。在分析评估预选方案的过程中,酒店经理要尽可能将问题考虑得全面一些,将预选方案和政策法规及酒店的实际情况具体结合起来进行考虑。

3.3.3 酒店计划管理中酒店经营决策的类型

1. 确定型决策

酒店的人事决策、采购决策、贷款决策等,一般都属于确定性问题的决策。确定型决策的特点有以下 4 点。

①决策有一个明确的目标取向。如利润较高或成本较低。

②有两个以上可供选择的行动方案。

③每一个行动方案都有一个可确定的结果。

④每一个行动方案在可确定的结果状态下的损益值是可以计算出来的。

同步案例

某旅游饭店某设备因长期使用,其性能已无法满足提供优质服务的要求。经分析,饭店可以考虑通过大修或更新两种方式来满足提供优质服务的要求。当前改设备的变现价值为 20 万元,估计再投入 4 万元进行大修后尚可使用 6 年,每年维修等成本费用为 1.5 万元;若对该设备进行更新,则新设备的购置成本为 32 万元,新设备可使用 10 年,每年维修等成本费用为 1.7 万元。请问该饭店应选择哪一方案?

【解】

(1)大修方案

年使用成本费用:1.5(万元)

年度费用:4 + 1.5 = 5.5(万元)

(2)更新方案

年使用成本费用:1.7(万元)

年度费用:3.2 + 1.7 = 4.9(万元)

很显然,通过成本费用的计算及对比,即可做出方案选择,应该选择更新方案。

2. 风险型决策

酒店决策者在进行经营决策时,面临决策失误而造成亏损的可能性;即使不亏损,也存在着达不到预期决策目标的可能性。只要存在这些可能性,决策者就要承担一定风险,这种决策就叫做风险型决策。

风险型决策必须具备以下一些基本条件。

①存在着决策者希望达到的目标。

②存在着两个或两个以上可供选择的方案。

③存在着两个或两个以上不以决策者的主观意志为转移的自然状态。

④不同的行动方案在不同的自然状态下的收益或损失值是可以计算的。

⑤在几种自然状态中,未来究竟会出现哪一种状态,决策者无法肯定,但是,每种状态出现的可能性是可以计算或估计的。

3. 不确定型决策

在有些决策中，自然状态的概率无法进行预测和估计，即风险型决策问题的五个条件中缺少第五个条件，这种决策称为不确定型决策。

对不确定型的决策，不同的决策者应运用不同的决策标准来进行判断。以下为几种主要的的不确定型决策方法。

（1）悲观决策法

这是一个"小中取大"的决策方法。其思想方法是对客观情况总是持悲观态度，认为事情的结果总是向着不利的方向发展。为保险起见，决策时只求在最坏的情况下寻找一个结果较好的方案。

（2）乐观决策法

同悲观决策法恰好相反，是"大中取小"的决策。酒店管理者选择未来状态最好情况下收益最大的方案为最优方案，而不怕由此引起的在状态不好时可能产生的亏损或微利结果。

（3）最小的最大后悔值决策法

其思想基础是，当决策时所选择的方案未能符合实际情况时，决策者必定会产生后悔的感觉。我们把多种状态中的最大收益值与各方案在该状态下的收益值相减所得的差称为后悔值。决策者当然希望决策后的后悔值能够减至最小。

（4）乐观系数决策法

其思想方法是对客观条件既不乐观，也不太悲观，主张两者平衡一下。平衡方式是用一个数字来表示乐观程度，这个数字称为乐观系数，用 a 表示，即 $0 \leqslant a \leqslant 1$。事实上，乐观系数就是"主观概率"。决策方法是将各方案的最大收益值乘上乐观系数加上最小收益值乘上 $(1-a)$，然后按照各方案的乐观期望值进行决策。

（5）等可能性决策法

等可能性决策法的思想方法是对各自然状态出现的概率"一视同仁"，然后按照期望值进行决策。

同步案例

某公司计划生产一种新产品。该产品在市场上的需求量有四种可能：需求量较高、需求量一般、需求量较低、需求量很低。对每种情况出现的概率均无法预测。

现有三种方案：

A 方案是自己动手，改造原有设备。

B 方案是全部更新，购进新设备。

C 方案是购进关键设备，其余自己制造。

该产品计划生产 5 年。据测算，各种方案在各种自然状态下 5 年内的预期损益如表 3-2 所示，试分别用乐观法、悲观法、最小的最大后悔值法进行决策。

表 3-2　5 年内预期损益表

方案	需求量较高	需求量一般	需求量较低	需求量很低
A 方案	70	50	30	20
B 方案	100	80	20	-20
C 方案	85	60	25	5

【解】

乐观法：$r^* = \max\max \{rij\} = 100$，选 B 方案。

悲观法：$r^* = \max\min \{rij\} = 20$，选 A 方案。

后悔值法（最小最大后悔值），如表 3 - 3 所示。

表 3 - 3 后悔值表

方案	需求量较高	需求量一般	需求量较低	需求量很低	max {hij}
A 方案	30	30	0	0	30
B 方案	0	0	10	40	40
C 方案	15	20	5	15	20

选后悔值小者即 C 方案。

实践训练

分析题

1. 某酒店销售额，每年的环比发展速度分别为 1.24，1.06，1.41，1.07，1.11，求其销售额平均发展速度。

2. 酒店计划工作程序包括哪些内容？

3. 如何保证酒店计划工作的管理取得效果？

4. 在编制酒店计划时需要考虑哪些因素？

酒店营销管理

　　酒店工程管理中的营销管理，是酒店经营活动的重要组成部分。本模块主要介绍酒店市场调研、酒店市场定位和酒店的产品促销管理等知识。通过学习，学生能够理解酒店进行市场调研的内容、酒店市场细分的程序、酒店的市场定位、酒店的销售渠道及促销过程等知识内容。

学习目标 \\\

※ 知识目标

1. 掌握酒店市场调研管理。
2. 掌握酒店市场细分与市场定位。
3. 掌握酒店的产品促销管理。

※ 能力目标

1. 能够确定市场调研的内容，并进行市场调研策划。
2. 能够进行市场细分、目标市场选择和市场定位。
3. 能够运用促销理论来开展酒店产品的促销管理。

任务 4.1　　酒店市场调研管理

任务介绍 \\\

　　酒店市场调研是开展营销管理工作的基础。酒店市场调研工作可以帮助酒店掌握市场需求和变化趋势、掌握酒店所处的竞争状况以及自身的优势和劣势。此外，酒店市场调研还可以为酒店的市场定位和促销工作提供参考信息。

任务目标

1. 掌握酒店市场调研内容的确定。
2. 掌握酒店市场调研的策划流程。

任务导入

酒店市场调研，是指根据市场营销的需要，运用科学的方法，有计划、有目的、系统地搜集、整理、分析酒店企业营销活动的有关信息和资料，提出调查报告，为酒店企业营销管理者正确决策提供科学依据的活动。

同步案例

深圳酒店业积极自救应对危机

长期以来，深圳酒店业的整体服务水平一直处于全国领先地位，但其利润率却出奇低。根据深圳旅游局资料显示，深圳酒店业 2007 年的平均利润率仅为 4.22%，表明深圳酒店业已经进入超微利时代；星级酒店的平均入住率和房价均低于全国平均水平。

对于如此不合理的性价比，记者曾在 2009 年年初一份内参上反映并提出过相应的工作建议。2019 年下半年，随着全球金融危机不断加剧，使本已效益低下的深圳酒店行业雪上加霜，入住率和利润率一路走低。据了解，罗湖区的平均入住率已经降到不足 50% 的历史最低，而福田中心区比较有代表性的格兰云天、上海宾馆等品牌酒店，也分别下降了近两成。

有鉴于此，深圳酒店业展开了积极的自救行动。深圳市酒店协会会长张振山提出的"精致营运，瘦身增效"理念，得到了业内的广泛认同和响应。各酒店纷纷从自身的实际情况出发，苦练内容，积极采取节能减排降耗、科学规划服务流程、合理设置工作岗位、大力拓展内需市场等多种自救措施应对危机。

（资料来源于网络）

问题：1. 深圳酒店业的微利时代是否具有代表性？
2. 了解市场竞争情况，对酒店经营有哪些意义？

相关知识

市场调研

市场调研（Market Research）是一种把消费者及公共部门和市场联系起来的特定活动——这些信息用以识别和界定市场营销机会和问题，产生、改进和评价营销活动，监控营销绩效，增进对营销过程的理解。市场调研实际上是一项寻求市场与企业之间"共谐"的过程。因为市场营销的观念意味着消费者的需求应该予以满足，所以公司内部人士一定要聆听消费者的呼声，通过市场调研，"倾听"消费者的声音。当然，营销调研信息也包括除消费者之外的其他实体的信息。

市场调研对于营销管理来说其重要性犹如侦查之于军事指挥。不做系统客观的市场调研与预测，仅凭经验或不够完备的信息，就做出种种营销决策是非常危险的，也是十分落后的行为。

具体来看，市场调研对营销管理的重要性表现在以下5个方面。

①提供作为决策基础的信息。

②弥补信息不足的缺陷。

③了解外部信息。

④了解市场环境变化。

⑤了解新的市场环境。

作为市场营销活动的重要环节，市场调研给消费者提供一个表达自己意见的机会，使他们能够把自己对产品或服务的意见、想法及时反馈给企业或供应商。通过市场调研，能够让该产品生产或提供服务的企业了解消费者对产品或服务质量的评价、期望和想法。

4.1.1 确定酒店市场调研内容

酒店市场调研是酒店经营决策的前提和基础。它涉及的范围自然就不能局限于酒店市场，而必须贯穿于酒店经营管理的全过程。也就是说，从发现、判断市场机会，到计划、执行、控制以及信息反馈，就是酒店市场调研的范围。

1. 酒店市场需求和变化趋势

酒店应收集客源的信息资料，如国家经济政策、人口构成、收入水平等，测定市场的潜在需求和现实需求的总量，预测市场变化趋势。这类研究主要使用定量分析方法，力求准确地判明市场前景，为调整经营方向、经营策略、组织结构等指明方向。

2. 酒店竞争情况

竞争情况是直接影响酒店营销管理的不可控因素，需要认真研究。酒店应收集的信息包括以下内容。

（1）市场占有率

这方面信息可以是酒店经营管理人员了解本酒店在竞争中的进展情况，通过比较本酒店和所有竞争对手的营销管理情况，计算本酒店的市场占有率。

（2）了解竞争对手的营销方案

这有助于制订酒店的营销策略。连续数日从报纸杂志查看竞争对手的广告，是获得这方面信息最好、最简便的方法。此外，酒店还应设法了解竞争对手电台和电视台广告、户外和机场广告、直邮广告、旅行社以及公共关系、营业推广等方面的营销活动情况。

在收集这方面的信息时，市场营销人员应着重了解以下4个方面的情况。

①本酒店的竞争对手吸引哪些细分市场。

②竞争对手采用什么策略来树立市场声誉。

③竞争对手使用哪些广告媒体和营销方法。

④竞争对手的营销方案是否成功。

（3）分析竞争者酒店的特点

酒店的特点包括有形特点和无形特点，通过分析，营销管理人员应编制各竞争性酒店比较表，以便酒店找出自己的竞争优势和劣势，为酒店提供改进的方向。

（4）客房出租率

很难获得各主要竞争对手酒店的客房出租率数据，但酒店的市场营销人员仍应做好已经收集到的资料汇编工作，以便将酒店与各竞争对手酒店的客房出租率以及发展形势进行比较。

3. 可控因素的影响

在酒店市场调研中，酒店应针对产品、价格、渠道、促销等可控因素对销售的影响，分别进行调查研究，并结合销售成本分析和利润分析，对酒店的战略、策略和未来的业务活动做出规划。

4. 其他不可控因素的影响

一般来说，酒店很少直接对政治、经济、文化、科技等不可控因素进行调查。大多数情况下，主要是通过报刊等资料收集情报，也有专门的调研公司会提供有关这方面情况的资料。对于酒店不可控因素的调研就是对酒店市场营销环境的调研，包括宏观环境和微观环境的调研。

5. 动机调研

在酒店业，动机调研广泛应用于分析顾客为什么选择某一酒店，而不选择别的酒店的原因。换句话说，要研究顾客对各个酒店所提供的产品和服务的看法，分析顾客到某一酒店而不到其他酒店住宿的原因。这种分析是"质"的分析，有助于判断酒店的哪些特征对顾客选择酒店会产生决定性的影响，酒店选择的目标市场是否正确，是否提供了目标市场需要的产品和服务，是否满足了顾客的需求。

4.1.2　酒店市场调研策划流程

市场调研是一个系统工程，是一种管理工具。运用市场调研的目的在于解决市场营销的问题，其最终呈现形式为调查资料和调查结果。

进行酒店市场调研策划的流程有以下几点。

1. 明确市场调研的主题

酒店企业在营销过程中，可能会面临很多问题，如了解顾客对酒店的需求以进行市场细分、了解顾客的购买行为以推出适销对路的产品、了解酒店产品的销售情况以及调整营销策略、了解酒店企业内部的管理情况以促进企业更为有效地运转等，这些问题对酒店企业营销活动都非常重要。酒店市场调研的主题选择过程，应按照明确调研目的、查询有关资料、确定调研主题的过程进行。调研目的是整个调研过程的关键，它既是调研的出发点，也是调研的归宿。

2. 确定调研目标

市场调研目标是由界定的市场调研问题而决定的，是为了解决调研问题而明确的最终达到的目的。通常一个具体的市场调研就是根据调查目标而展开的，一个市场研究项目，目标可能是一个，也可能是多个。

3. 设计市场调研方案

市场调研方案的设计实际上是研究方法的选择。市场调研主题的差异化十分显著，不同酒店企业面临的市场问题是不同的，一般根据调研主题达到的目标，在探索性研究、描述性研究及因果关系研究三种研究方法中选择适合的研究方法。

4. 确定信息获得方法

如果市场研究所需的数据是二手数据，则只需要利用现有的数据资源；如果市场研究所需的数据是原始数据，则必须通过市场调查的现场实施，收集所需信息。一般而言，市场调研的方法有三种：文案调研法、实地调研法和网络调研法。酒店企业可结合自身需求来选择。

5. 设计数据及信息获得工具（问卷、访问提纲等）

一般收集数据的工具有两种，一种为结构式问卷，即问卷的格式是确定的，所有问题都有具体的选项，回答者只需选出适合自己的选项即可；另一种为非结构式问卷，问题是开放式的，被访者可以根据自己的实际情况给出相应的回答。问卷或访问提纲是市场调查获得信息的重要工具。如果市场调研已明确研究目标及调查方法，但缺少一个好的问卷或访问提纲，仍会导致研究绩效的下降或失去调查意义。

6. 设计抽样方案及确定样本量

设计抽样方案及确定样本量一般是针对定量研究来说的。一项定量研究的抽样设计必须把握三个问题。首先，要根据研究的问题确定研究总体；其次，规划怎样在样本框中抽出需要的样本；最后，要明确研究需要的样本量，即这次调研中需要调查多少调查对象。

任务4.2　酒店市场定位管理

任务介绍 \\\\

酒店市场定位是营销管理工作的前提。没有明确的市场定位，就不能够在激烈的市场竞争中获胜。因此，在开展酒店工程管理的营销工作之前，必须明确市场细分标准、进行市场细分、选择目标市场，并明确酒店的市场定位，才能够使酒店的营销工作有的放矢。

任务目标 \\\\

1. 理解酒店市场细分的标准。
2. 掌握酒店市场细分的程序。
3. 掌握目标市场选择的方法。
4. 掌握酒店市场定位的策略。

任务导入 \\\\

酒店面对成千上万的顾客，他们的需求千差万别，并且分散于不同的地区，而又随着环境因素的变化而变化。对于这样复杂多变的大市场，任何一个规模巨大的酒店集团都不可能满足酒店市场上全部顾客的所有需求。又由于酒店资源、设备、服务等方面的限制，也不可能满足全部顾客的不同需求。酒店只能根据自身的优势条件，从事某个市场的服务和营销活动，选择力所能及、适合自己经营的目标市场。

相关知识

市场定位

市场定位（Marketing Positioning），也称作"营销定位"，是指根据竞争者现有产品在市场上所处的位置，针对消费者或用户对该种产品的某种特征、属性和核心利益的重视程度，强有力地塑造出此企业产品与众不同的、给人印象深刻、鲜明的个性或形象，并通过一套特定的市场营销组合把这种形象迅速、准确而又生动地传递给顾客，影响顾客对该产品的总体感觉。简而言之，就是在目标客户心目中树立产品独特的形象。

市场定位并不是你对一件产品本身做些什么，而是你在潜在消费者的心目中做些什么。市场定位的实质是使此企业与其他企业严格区分开来，使顾客明显感觉和认识到这种差别，从而在顾客心目中占有特殊的位置。市场定位的目的是使企业的产品和形象在目标顾客的心理上占据一个独特、有价值的位置。

4.2.1 确定市场细分的标准

市场细分不是根据产品品种、产品系列来进行的，而是从顾客的角度进行划分的，是根据顾客的需求、动机、购买行为的多元性和差异性来划分的。市场细分对酒店的经营、市场营销起着极其重要的作用。

酒店市场细分的标准，原则上与一般市场细分无大差异，都是以消费者需求的差异性为基础。需求的差异性是由消费者的生理特征、社会经济地位和心理等因素的不同所致。因此，酒店市场细分标准的确定需要考虑两种不同类型的因素，即基本要素和决定性要素。

基本要素是指与某个顾客群体相关的基本社会属性和生理特征，包括地理、人口和心理细分因素。决定性要素是指直接影响顾客对特定产品或品牌的购买行为的因素，包括顾客对产品的偏好、追求的利益，以及对企业营销活动的各种反应程度的细分因素，如购买时间、购买方式和购买原因等，如表4-1所示。

表4-1 酒店市场细分标准及因素

细分标准	细分因素
地理因素	地区、气候、空间距离、环境、城市规模
人口因素	年龄、性别、职业、收入、家庭规模、家庭生命周期、家庭收入、文化程度、家庭结构、宗教信仰、社会阶层
心理因素	个性、态度、生活方式、性格、习惯、价值观
行为因素	购买动机、购买状态、购买数量、购买频率、信赖程度、价格敏感程度、服务敏感程度、广告敏感程度、忠诚度

1. 地理因素

以地理因素为依据来划分市场是较为传统的、简单易行的市场细分方法。地理因素，如地理环境、气候条件、社会风俗和文化传统等方面的因素对市场需求的影响比较明显，来自不同地理环境的消费者需求和偏好差异很大。

例如，由于海外顾客和本土消费者在酒店产品的选择、消费特征等方面存在明显不同，前者注重人文历史价值以及接待设施的卫生条件和服务质量等，后者则更关心酒店等级、价格及其硬件条件等。

地理因素往往作为酒店市场进一步细分的基础，酒店企业在使用该因素时，必须结合其他细分变量予以综合考虑，才能有效地反应被细分市场的真实情况。

2. 人口因素

人口因素是以人口统计变量，如年龄、性别、收入、教育水平、家庭规模、宗教和种族等直接反应消费者自身特点的因素为基础细分市场。

该细分标准与消费者的需要、欲望和购买行为的变化规律直接相关，易与其他许多变量结合使用，且较易量化，所以在众多领域被广泛使用。同地理因素一样，人口因素的使用也应该注意与其他细分变量的综合使用，提高细分市场的有效性。

相关知识

女性旅游市场细分及其特征分析

范向丽、郑向敏在"女性旅游市场细分及其特征分析"一文中指出，女性主体意识的增强、经济地位的独立、家庭的小型化、家政服务的完善等因素使得越来越多的女性作为目标市场，并成为旅游市场的主力军。因此，越来越多的旅游企业将女性作为目标市场，研究如何针对不同细分市场更好地满足女性需求的途径和方法。

女性主体的大众化、普及化，女性旅游者需求的层次性、差异性以及女性旅游产品的单调性、雷同性等特点，使得女性旅游市场的细分成为必要。女性旅游市场的细分可以有多个标准。例如，综合女性的喜好、年龄、受教育程度、经济收入等情况，可将女性旅游市场细分为传统女性、现代女性、理想女性旅游市场；按照消费心理可以将女性群体分为家庭自我、情感自我、心灵自我、表现自我、发展自我五个群体等。通过分析可以看出，不同年龄阶段的女性旅游者在消费层次、消费结构、旅游动机上有明显不同，文中以年龄为标准对市场细分，包括青年、中青年、中年、中老年以及老年女性旅游市场，并分析各细分市场的消费动机、层次、结构和方式特征及发展趋势，并结合市场满足状态，提出相应策略和建议。

3. 心理因素

相对于地理因素和人口因素，心理因素是关于消费者自身较深层次的复杂因素，包括需要、个性、社会阶层以及生活方式等心理因素，决定着消费者的购买意愿和行为，具有主观性的特点。

随着消费者需求的多样化和个性化特点的显现，尽管心理因素较地理和人口因素来说难以选择和量化，但是酒店企业发现影响顾客需求的因素不再局限于价格和收入因素，而表现为替代品、心理预期及偏好的影响作用。因此，心理因素可以更加准确、清晰地对市场进行细分，成为现代酒店企业关注的重要细分变量。酒店企业必须具备相应心理研究条件，通过科学的心理调查过程，才能获得相关的细分变量。

4. 行为因素

行为因素是与消费者购买行为相关的一些变量，包括购买时机及频率、追求的利益、使用者身份、使用频率以及顾客忠诚度情况等，根据这些因素将市场细分为若干个群体。

①按购买时机细分市场，即按消费者购买和使用产品的特定时机细分市场，如某些特定时间，如五一、国庆、春节、寒暑假等。

②按顾客需求的利益细分市场。例如基于利益的商务市场细分，包括关注接待设施和服务的舒适及完美的豪华品质型；重视快捷、高效服务的商务事业型等。

③按顾客使用情况可以细分为潜在使用者、初次使用者、经常使用者和非购买者市场等。

④按购买过程及方式可以细分为团队和散客市场、客源地购买（在线预订）和目的地现场购买方式的细分市场等。

⑤按顾客忠诚度细分市场，如会员制、俱乐部等客户管理系统，提供个性化和超值的服务，以增强客源的稳定性。

4.2.2　酒店市场细分的程序

酒店市场细分是一个对细分变量加以选择、组合运用和具体方法实施的过程，从而帮助酒店企业有效识别并获得市场机会。一般来说，市场细分的程序包括调查阶段、分析阶段和评估阶段。

1. 调查阶段——确定市场细分目标

酒店企业结合总体经营目标，深入调查研究市场的需求状况，明确其经营的市场范围，在此基础上进行细分市场。

细分市场的目标包括目前市场现状及潜量的评估及挖掘，也包括对未来市场空间的预测和开发等，这些目标都将成为企业选择细分标准的依据。

2. 分析阶段——选择市场细分的变量

在已确定的营销目标和市场范围内，分析潜在顾客的全部需求及其影响因素，选择与细分目标直接相关的因素变量作为细分标准，删除那些具有共性和普遍性的因素，形成有针对性的细分因素组合。

酒店企业市场细分变量选择有三种方式，即单一变量细分法、综合变量细分法和完全细分法。

①单一变量细分法。

单一变量细分法就是根据与顾客需求密切相关的某一最重要变量因素细分市场。这种方法较为简单易行，但是这种粗略划分的方式只能作为市场细分的起点，可能出现细分市场差异模糊的情况。

②综合变量细分法。

综合变量细分法就是选择并综合运用与顾客需求差异紧密相关的两种及两种以上变量因素，对特定的市场进行细分的方法。

这种方法比单一变量细分法更能准确、深入地划分市场中每一个不同的消费群体，有助于酒店企业做出准确、合理的市场营销策略。但是，过多细分变量会产生数量很多的细分市场，也会导致企业营销成本增加，难于选择和满足特定市场需求。

③完全细分法。

完全细分法根据不同顾客消费需求的差异，最终将每位顾客分成一个特定的细分市场。这种方法的最终目的就是要针对每位顾客的不同需求而定制满足其特殊需求的产品和服务。

这种方法的使用对酒店企业的营销能力和生产能力要求较高，既要充分掌握特定市场的需求，又要具有差异和设计特色产品组合的能力。

3. 评估阶段——有效吸附市场的描述

根据影响消费者需求及购买行为的相关因素，客观描述被细分市场的状况和轮廓，采用有效细分原则进行评估，并对不同细分市场进行差异化的命名。

因为细分市场在不断变化，所以市场划分的程序必须定期反复进行。

相关知识

市场细分是经济型酒店发展的必然趋势

近几年，经济型酒店规模总量的不断扩张，加剧了行业间同质化产品的市场竞争，市场进一步细分、品牌进一步拓展将成经济型酒店未来的发展方向。例如，一直以质量与管理优势著称的外资经济型酒店 Ibis，虽然也开始采取特许经营模式，但依旧希望通过高品质与国内的竞争对手以示区别。Ibis 酒店通过承诺 ISO 9001 国际标准体系认证、本土化管理模式等方式保持其品牌特色；7 天连锁酒店正逐步向直销转变，采取会员直销为主、中介合作为辅的经营模式，以价格优势吸引二、三线城市；汉庭酒店集团也通过推出汉庭酒店、汉庭快捷酒店和汉庭客栈等多种品牌向上、向下拓展；如家向上推出和颐品牌；锦江之星向下推出百时快捷，都是对品牌拓展的尝试。随着经济型酒店数量的不断增多，竞争加剧将促使市场细分，如出现会议型、旅游度假型以及针对不同市场的经济型酒店。在快速扩张的同时，经济型酒店还应注重人才储备、管理经验以及文化包容性等方面的发展。

4.2.3 选择目标市场

如果说市场细分帮助酒店企业发现市场机会，那么目标市场选择就是酒店企业明确服务对象、选择市场机会的过程，这也是目标营销战略的重要环节。

所谓目标市场是指在市场细分的基础上，企业从中选择的一个或几个子市场作为经营对象的细分市场。酒店企业必须结合自身条件和细分市场状况做综合全面的考虑，正确选择目标市场，采取相应的目标市场选择策略，才能实现预期的营销目标。

1. 目标市场的评估

并不是每个市场细分后的子市场都是值得进入的，酒店企业要对其进行分析和评估，以决定是否进入该市场。酒店企业可以从三个方面对细分的子市场进行评估。

①细分市场的规模和发展前景。

细分市场要有足够的购买力，能够实现酒店企业预期的销售目标。理想的目标市场，应该与酒店企业的资源状况相匹配。目标市场容量太小，不利于大型酒店企业发挥专长和潜力；目标市场容量太小，则不利于小型酒店企业有效控制和占领市场。细分市场还要有尚未满足的、对酒店企业有足够吸引力的需求，有充分发展的潜力。

②细分市场的竞争状况。

有一定规模和发展潜力并不一定就是理想的目标市场。酒店企业要进入某个细分市场，必须考虑竞争对手的数量、实力和市场竞争的剧烈程度，从而确定自己的市场营销组合策略，以便在市场上站稳脚跟，处于优势地位。因此，酒店企业在选择目标市场时，必须扬长避短，发挥优势，选择那些能够占领的市场，以便在激烈的市场竞争中以较大的差别优势取胜。

③细分市场的特征是否与酒店企业优势相符。

酒店企业对各细分市场要使用易于识别和划分的细分标准来描述，使各细分市场的特征明确具体，并借以分析出各细分市场上的消费者对产品、价格、渠道和促销方面的要求，从而选择那些在资金、技术等方面都能充分发挥自身优势的目标市场。

2. 目标市场的选择

经过市场细分后，酒店企业应根据自己的任务、目标、资源和特长，权衡利弊，决定进入哪个或哪些细分市场。酒店企业决定进入的细分市场，就是该酒店企业的目标市场。酒店企业选择目标市场时有 5 种可供考虑的市场覆盖模式。

（1）密集单一市场

最简单的方式是酒店企业选择一个细分市场集中营销。酒店企业通过密集营销，更加了解本细分市场的需要，并在此市场树立良好的形象，因此便可在该细分市场建立巩固的市场地位。另外，酒店企业通过产品、销售和促销的专业化分工，也可获得较好的经济效益。如果细分市场补缺得当，酒店企业的投资便可获得较高报酬。但是，密集市场营销比其他方式风险更大。

（2）有选择的专门化

有选择的专门化是指酒店企业选择若干个细分市场，其中每个细分市场在客观上都有吸引力，并且符合酒店企业的目标和资源。但在各细分市场之间很少有或者根本没有任何联系，然而每个细分市场都有可能盈利。这种多细分市场目标优于单一市场目标，因为这样可以分散酒店企业的经营风险，即使某个细分市场失去吸引力，酒店企业仍可继续在其他细分市场获取利润。

（3）产品专门化

酒店企业可集中提供一种产品，向各类顾客销售这种产品。酒店通过这种战略，在某个产品方面树立很高的声誉。但如果产品被一种全新的产品代替，就会发生危机。

（4）市场专门化

市场专门化是指酒店企业专门为了满足某个顾客群体的各种需要而服务。

（5）完全市场覆盖

完全市场覆盖是指酒店企业用各种产品和服务满足各种顾客群体的需求。只有大酒店集团才能采用完全市场覆盖战略。

4.2.4　明确酒店市场定位

当酒店企业确定目标市场后，必须制订科学的市场进入计划，即明确的市场定位，提供特色和差异的产品和服务，区别与竞争者的同类产品，树立市场形象，才能有效地抓住市场机会，实施目标营销战略。

1. 市场定位流程

（1）明确潜在竞争优势

①竞争者的定位状况。

顾客最关心的是产品或服务的属性和价格。因此，酒店企业首先应该明确竞争者在目标市场上的定位；其次，要正确衡量竞争者的潜力，判断其有无潜在竞争优势，据此进行本酒店的市场定位。

②目标顾客对产品或服务的评价标准。

即要了解顾客对其购买的产品或服务的最大偏好和愿望，以及他们对产品或服务优劣的评价标准，作为市场定位的依据。

③明确竞争的优势。

竞争优势产生于企业为顾客创造的价值，顾客愿意购买的就是价值。竞争优势有两种基本类型：一是成本优势；二是产品差异化，能提供更多特色以满足顾客的特定需要。

（2）选择相对竞争优势

经过分析，酒店企业会发现许多潜在竞争优势，然而并不是每一种优势都是酒店企业能够利用的，酒店企业要善于发现并利用自身存在或创造出来的相对竞争优势。相对竞争优势是酒店企业能够比竞争对手做得更好的工作或某方面胜过竞争者的能力，它可以是现有的也可以是潜在的。

（3）显示独特的竞争优势

选定的竞争优势不会自动地在市场上显示出来，酒店企业要进行一系列活动，使其独特的竞争优势进入目标顾客的眼球。酒店企业应通过自己的理念识别系统、行为识别系统和视觉识别系统，向顾客表明自己的市场定位。

2. 酒店市场定位策略

酒店企业的市场定位目标就是要提供比竞争者同类产品具有更大价值和利益的产品，从而形成持久的竞争优势。市场定位本身就是竞争的一种手段，酒店市场定位策略主要包括以下4种类型。

（1）特色定位策略

特色定位策略是指通过突出酒店企业、产品和品牌的特色。强调其独特之处，力图对消费者造成强烈的感知冲击，从而达到吸引顾客的目的。

旅游目的地形象定位对于酒店企业进行特色定位有一定的借鉴作用，每一个目的地都应该有属于它自己的特色。这种特色可以来自任何领域，只要具有独一无二的属性和足够的影响力。如誉为"购物天堂"的香港、"童话世界"的九寨沟、"风花雪月，逍遥天下"的大理等，体现了目的地特色资源以及市场独特利益的结合，收到很好的效果。

（2）避强定位策略

避强定位策略就是避开直接的、强劲的竞争对手已确立的优势定位，寻找市场中未被满足的需求，结合酒店自身的优势进行定位的策略。这种定位策略较适合于中小型酒店，发挥有限资源优势，进入特殊细分市场，争取小市场大份额，以此寻找发展机会。

（3）对抗定位策略

对抗定位策略也被称为迎头策略，是指酒店针对市场中处于领导地位的竞争对手，采取直接挑战，以吸引市场的关注，在市场上取得有利地位的定位策略。

对抗性定位策略的目的不仅在于战胜和取代竞争对手，而且在于借助强者的声誉和影响力快速提升本企业的市场知名度，变压力为动力，促进竞争双方共同发展。采用对抗性定位策略的酒店必须是有充足的资金支持、具有较强实力的市场挑战者，同时风险也很大，因此，酒店应慎重选择。

（4）重新定位策略

重新定位策略是在环境变化时，原有市场定位已经失去竞争优势，企业试图扭转经营逆势，调整和重新确定新的定位目标的定位策略。酒店的重新定位既是指通过为竞争者贴上"负面标签"而突出本酒店的特色和差异，又是寻找自我差异化途径的策略。

任务4.3 酒店产品促销管理

任务介绍

酒店所提供的产品或服务都存在诸多的生产者，在产品供给的现实和潜在生产能力大于市场需求的条件下，酒店将面临由于消费者可能购买竞争对手的同类产品而使自己的产品无法卖出的威胁，并且这种威胁日益尖锐。这就要求酒店必须做好产品的促销管理工作。

任务目标

1. 掌握酒店销售渠道的基本模式。
2. 掌握合适促销组合的选择。
3. 掌握确立酒店促销的过程。

任务导入

酒店不仅要开发满足市场需求的优质产品，制定具有竞争力的产品价格，更重要的是能够与目标顾客保持良好的沟通和交流，使其产品易于被顾客所认知和接受，最终产生购买行为。随着市场环境的变化，酒店的产品促销也将对酒店参与市场竞争起到积极的作用。

相关知识

营销渠道

美国市场营销学家 菲利普·科特勒认为："营销渠道是指某种货物或劳务从生产者向消费者移动时，取得这种货物或劳务所有权或帮助转移其所有权的所有企业或个人。简单说，营销渠道就是商品和服务从生产者向消费者转移过程的具体通道或路径。"

传统营销渠道按照有无中间环节可以分为直接分销渠道和间接分销渠道两种。由生产者直接把产品销售给最终用户的营销渠道称为直接分销渠道，即直销；至少包括一个中间商的营销渠道则称间接分销渠道，即分销。还可以根据中间商的数量对传统营销渠道分类，直接分销渠道两端为生产者和消费者，没有中间商，称为零级渠道；间接分销渠道则根据中间环节的数量分为一级、二级、三级甚至多级的渠道。

4.3.1 建立酒店销售渠道

建立起科学的销售渠道是酒店有效传递产品价值、实现预期营销目标的重要保证。酒店应针对自身特点，分析销售渠道建立的影响因素，合理构建渠道结构和选择渠道成员，以提高渠道的增值效应，保证酒店营销目标的实现。

1. 销售渠道的基本模式

按照渠道中是否涉及中间商及其层次分类，酒店销售渠道类型包括直接销售渠道和间接销售渠道。

（1）直接销售渠道

直接销售渠道是指不经过任何中间环节，将产品与服务直接销售给最终顾客的方式。酒店企业直销的主要方式包括顾客上门购买、邮购、互联网直销以及酒店自设机构销售等。

（2）间接销售渠道

间接销售渠道是指酒店企业借助中间商将其产品最终转移到消费者手中的流通途径，也被称为分销渠道。所谓中间商是从事转售酒店企业产品或服务，具有法人资格的经济组织或个人，是连接生产者和消费者的重要桥梁。例如，各类旅行社、旅游代理商、会议组织者、在线旅游中间组织等。

同步案例

淘宝旅行——线上直营店

淘宝旅行是淘宝网旗下的综合性旅游出行服务平台，整合了机票代理商、航空公司、旅行社、酒店客栈等资源，以支付宝为担保，为旅游者提供包括信息、购买、售后服务等一站式解决方案。

淘宝旅行上线以来，酒店客栈系统业务量快速上升，入驻酒店已超过 10 万家。从酒店集团的合作、经济型酒店的直营店到 OTA（Online Travel Agent 在线旅行分销商）的入驻等，满足了不同顾客的需求，是中国拥有数量最多的在线旅游服务平台之一。淘宝旅行将酒店进入门槛降到最低，并以有效方式与上亿消费者对接，改变了传统 OTA "高佣金" 模式局面，为众多酒店所青睐。

2. 酒店销售渠道结构的设计

酒店销售渠道结构设计主要包括渠道长度策略、渠道宽度策略和渠道关联策略。渠道的长度和宽度是衡量酒店销售渠道的市场覆盖程度，而销售渠道的关联度则反映渠道成员及其结构的高效性。

渠道长度通常是指产品从生产者向最终消费者转移过程中所经历的中间环节的多少。所经层次越多，则渠道就越长；相反，则越短。最短的销售渠道是不经过任何中间环节直接向消费者出售其产品的直销渠道。而渠道宽度通常是指销售渠道中某一层次中间商的个数及销售网点的数目和分布格局。如果一个酒店企业在各目标市场区域以方便顾客的原则设施了足够数量的销售网点，则该渠道类型属于宽渠道；反之，则是窄渠道。产品销售渠道的长短、宽窄的适宜程度不能一概而论，需要视具体企业、产品以及目标市场的情况而定。

（1）渠道长度策略

一般情况下，酒店营销中，两种渠道类型兼而有之，这是由酒店自身特性所决定的。酒店选择直接或间接渠道应考虑销售业绩和经济效果两个方面，涉及销售量和利润情况。因此酒店应该将最大市场覆盖面和低销售成本作为选择渠道类型的重要因素。如图 4-1 所示，中间商分销的成本随销售量扩大而有较大幅度上升，而直销成本则不明显，较为平坦。因此，在销售初期，销售较少时，利用中间商的间接渠道成本低于直销成本，但销售量超过一定水平（图 4-1 中 S_B 点）时，间接渠道成本就会快速增加，远远高于直接渠道。

（2）渠道宽度策略

通过选择销售渠道类型确定了向消费者提供产品和服务的具体线路，这是纵向渠道策略的基本方法。而销售渠道的构成还包括不同类型中间商在渠道中的数量以及构成，它能够影响销售渠道的市场覆盖面，即产品销售能够达到的最大市场空间，也能影响销售渠道的网点密度，也被称为渠道宽度。这种市场覆盖策略主要表现在产品产地渠道中同一层级中间商设置情况，以满足目标顾客便利购买为前提。

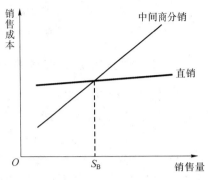

图 4-1　直接渠道和间接渠道的经济性比较

酒店集团和特许经营酒店多采取密集型分销渠道，即较宽的渠道策略；而那些自身条件有限的小型分散经营的酒店和社会旅馆，则多采用较窄的渠道策略；特色酒店、主题酒店较多采用直销渠道。

（3）渠道联合策略

①渠道的纵向联合。

纵向联合是指用一定的方式将营销渠道中各成员，包括生产企业、中间商联合在一起，采取共同目标下的协调行动，以促使旅游产品或服务市场营销整体经济效益的提高。渠道纵向联合分为三种形式：公司式、合同式和管理式渠道系统。

公司式渠道系统是指酒店以延伸或兼并的方式，建立起隶属同一所有权的相关生产部门和分销部门组合而成的系统。例如，如家酒店收购 7 斗星及莫泰 168 酒店经济型连锁酒店。

合同式渠道系统是指酒店同其所选定的各个环节的中间商，以合同的形式来确定各自在实现同一营销目标基础上的权、责、利管理和相互协调行动。合同式渠道系统一种重要的形式就是特许经营。例如，如家快捷酒店采用特许加盟方式，加盟店比例接近 60%。

管理式渠道系统是指通过渠道中某个有实力的成员来协调整个渠道系统，减少渠道冲突，提升渠道整体价值。

②渠道的横向联合。

横向联合是指两个以上的企业联合开发同一市场的营销渠道。酒店采取该渠道策略，可以把资金、生产能力或营销资源结合在一起，完成单靠一个企业难以达到的目标。

相关知识

Best Western 国际酒店管理集团

Best Western 国际酒店管理集团是由美国人 M. K. 格廷于 1946 年在美国创立。格廷的最初理念是建立一种非正式性的旅馆间相互推荐的系统，时至今日，这种理念已使 Best Western 发展成为全球最大的酒店家族。现在，Best Western 旗下拥有且经营包括 Best Western，Best Western Plus 及 Best Western Premier 在内的超过 4 000 多家具有独立产权和自主经营的酒店，分布在世界各地 80 多个国家和地区，客房总间数达到了 30 余万间，是全球单一品牌最大的酒店连锁集团。1996 年，Best Western 启动全新的中央预定 LYNX 系统。2002 年，Best Western 开始拓展中国酒店业市场。

上述销售渠道发展趋势表明，随着社会的进步和技术的发展，联合化的销售渠道将成为未来酒店企业参与竞争的重要手段。同时，由于市场面的扩大，在线旅游组织业务更加复杂化和宽泛化，因此，研究环境并进行科学的渠道决策将是酒店参与竞争的重要手段。

4.3.2 选择合适的促销组合

酒店促销是指酒店通过人员推销或非人员推销的方式，向目标顾客传递产品或服务的存在及其性能、特征等信息，帮助顾客认识酒店产品或服务所带给其的利益，从而引起顾客的兴趣，激发顾客的购买欲望及购买行为的活动。

酒店促销组合指履行营销沟通过程的各个要素的选择、搭配及其运用。促销组合的主要要素包括：广告促销、人员促销、销售促进和公共关系。酒店进行促销组合选择时，需要考虑以下几个方面的内容。

1. 酒店促销预算

在酒店营销人员采用的各种促销工具中，大多数促销工具的使用要花费酒店较大的一笔费用，如广告、公共关系、人员推销等，都要求酒店耗费一定的资金才能进行。因此，在选择促销组合前必须确定酒店促销预算。

2. 确定促销组合

在确定酒店总的促销预算以后，必须把促销预算分配给主要的促销方式：广告、人员推销、销售促进和公共关系，必须把各种促销工具协调组合起来以实现宣传和营销的目的。

每一种促销方式都有其自身的特点和成本，酒店营销人员应该明确这些特点以正确地选择促销方式。

（1）广告

由于广告的多种形式和用途，作为促销组合的一部分，要对它所具有的独特性进行全面的概括是比较难的。然而广告的以下几点特性是酒店营销人员应该注意的。

①公开性。

广告是一种高度公开的信息传播方式。它的公开性赋予产品一种合法性，同时也使人想到一种标准化的提供。

②普及性。

广告是一种普及性的媒体。它允许顾客接受和比较各种竞争者的信息。

③丰富的表现力。

广告可通过巧妙的应用印刷艺术、声音和色彩，提供将一个产品戏剧化展现的机会。有时，广告在表现上是很成功的，但是，也可能冲淡和转移对信息的注意。

④非人格化。

广告不会像人员推销那样有强制性，观众不会感到有义务去注意或做出反应，广告对观众只能进行独白而不是对话。

（2）销售促进

销售促进有很多方式：赠券、竞赛、赠奖等。它具有以下3个特点。

①传播信息。它能引起注意并经常提供信息，把顾客引向产品。

②刺激。他们采取某些让步、诱导或赠送的办法给顾客以某些好处。

③邀请。明显地邀请顾客进行目前的交易。

酒店使用销售促进方式来产生更强烈、更快速的反应，销售促进更能引起对产品的注意，扭转销售下降的局面。但是它的影响常常是短期的，对建立长期的品牌偏好不是非常有效。

（3）公共关系

公共关系具有下列特点。

①高度可信性。新闻报道或特写对读者来说要比广告更可靠、更可信。

②消除防卫。很多潜在顾客能接受宣传，但回避推销人员广告。作为新闻的方式将信息传递给购买者要比销售导向的信息传播效果更好。

③戏剧化。公共关系像广告那样，有一种能使酒店或其产品和服务成为被关注焦点的潜能。

（4）人员推销

在顾客购买过程的某个阶段，特别是在建立购买偏好、信任和行动时，人员推销是最有效的工具。人员推销具有下列几点特征。

①面对面接触。

人员推销在一种生动的、直接的和相互影响的关系中进行。每一方都能在咫尺之间观察到对方的反应，迅速做出调整。

②人际关系培养。

人员推销允许建立各种关系，从注重销售的关系直至深厚的个人友谊。

③反应。

人员推销会使购买者面对销售人员有一种感到某种义务继续听取和做出反应。

3. 影响促销组合选择的因素

（1）产品类型分消费品和投资品

消费品的促销组合次序：广告、销售促进、人员推销、公共关系。

投资品的促销组合次序：人员推销、销售促进、广告、公共关系。

（2）购买阶段与促销组合的选择

顾客购买阶段一般包括四个阶段，这四个阶段的促销组合选择如下。

①知晓阶段。

知晓阶段促销组合的次序是：广告、销售促进、人员推销。

②了解阶段。

了解阶段促销组合的次序是：广告、人员推销。

③信任阶段。

信任阶段促销组合的次序是：人员推销、广告。

④购买阶段。

购买阶段促销组合的次序是：人员推销为主，销售促进为辅，广告可有可无。

（3）产品生命周期与促销组合的选择

促销工具的作用也会因产品生命周期的不同阶段而有所变化。在介绍期，广告和公共关系能够建立顾客良好的认知，销售促进对促进顾客尝试该产品非常有效；在成长期，人员推销应该发挥重要作用，广告和公共关系还会发挥效力；在成熟期，销售促进则是此阶段的重要工具，广告只是起提醒的作用；在衰退期，广告可以维持在唤醒顾客记忆的水平，公共关系的作用减低，人员推销的力度有所下降，销售促进仍然可发挥重要作用。

4. 促销策略的选择

不同的促销组合形成不同的促销策略，诸如以人员推销为主的促销策略，以广告为主的促销策略。从促销活动运作的方向来分，有推式策略和拉式策略两种。

（1）推式策略

推式策略是以人员推销为主，辅之以中间商销售促进，兼顾顾客的销售促进，把酒店推向市场的促销策略。其目的是说服中间商与顾客购买酒店产品，并层层渗透，最后到达顾客手中。

（2）拉式策略

拉式策略以广告促销为主通过创意新、高投入、大规模的广告轰炸，直接诱发顾客的购买欲望。

4.3.3　确立酒店的促销过程

酒店企业开展促销活动对扩大市场份额、提升经营业绩和增加收益等方面具有非常重要的意义。在4Ps营销理论中，促销是企业营销过程中非常重要的一环。一般来说，成功的促销过程包括以下几个方面。

1. 确定促销活动的目的和目标

确定促销活动的目的和目标是为整个促销活动确定一个总体构想，为以后的工作计划、方案创意、实施和控制、评估促销效果提供一套标准和依据。没有目的和目标，促销活动就不能做到"有的放矢"，以后的所有促销活动将会失去方向。

2. 进行资料收集和市场研究

"没有调查就没有发言权"，调研工作的重要性不言而喻。促销活动的市场研究应该着重在三个方面：市场促销环境、竞争对手的促销策略及促销方案、顾客的消费心理和消费行为。

促销调研方法一般有直接调研和间接调研两种。直接调研就是通过实施观察统计、调查问卷、直接访问等方法收集第一手资料。间接调研一般通过查阅文献、调查报告等方法收集第二手资料。

促销调研最终要形成书面的调查报告，为以后促销创意、方案设计等提供依据。

3. 进行促销创意

创意对促销的成功率有着非常重要的影响，好的促销创意是促销成功的一半。在市场促销环境、竞争对手的促销策略及促销方案、顾客的消费心理和消费行为的基础上，创意要具有针对性，能够吸引消费者兴趣，激发消费者购买冲动，且便于操作。

4. 编写促销方案

促销方案又称促销策划书，是实施促销活动的指导性文件，促销活动必须严格按照促销方案执行。促销方案一般包括：促销活动的目的，促销活动主题，促销活动宣传口号或广告词，促销活动的时间、地点，促销活动的内容，执行促销活动人员，促销活动准备物资清单，促销经费预算，促销活动注意事项等内容。促销方案编写要尽可能周全、详细、具体，越详细具体越便于操作实施。

5. 试验促销方案

促销创意、方案一旦制定，直接拿去市场上操作，一旦失败，损失很难弥补。所以，为了降低促销活动失败所带来的损失，这一程序必不可少。促销方案的试验通常在一个比较小的市场上进行短期操作试验一次，或者是由公司内部一些专家（营销经理、一线市场人员等）对这次促销活动各个方面的问题进行质疑答辩。

6. 改进完善促销方案

对促销活动试验进行总结，对促销方案不妥或不完善的地方进行修改，或者是完全放弃促销方案另做新的促销方案。

7. 推广实施促销方案

促销活动方案在通过试验改进完善之后，进入正式推广实施阶段。在这个阶段，要注意严格按照促销方案和预算执行。促销活动负责人的主要职责是监督、指挥、协调和沟通。

8. 总结评估促销方案

在活动过程中或完成后，参与促销活动人员要对该次促销活动进行总结、评估。总结评估的主要内容是：活动的目的、目标有没有达到？经费预算执行得如何？促销活动组织突发什么事件，是如何处理的？是什么原因？如何才能避免问题的出现？促销活动评估总结同样要形成完整的书面报告，为下次进行促销活动做准备。

实践训练

分析题

1. 酒店进行市场调研的内容有哪些？
2. 酒店确定市场细分的标准有哪些？
3. 简述酒店市场细分的程序。
4. 酒店如何明确市场定位？
5. 酒店如何选择适合的促销组合？

酒店人力资源管理

模块分析 》》》

　　酒店人力资源管理是酒店管理的重要内容。本模块主要介绍酒店员工招聘、员工培训、激励管理及员工的绩效考评等内容。通过学习，学生能够掌握员工招聘的实施、员工录用决策与劳动合同的签订、制订与实施培训计划、选择激励方法、进行绩效考评等工作内容，为学生奠定人力资源管理的理论基础。

学习目标 》》》

※ 知识目标

1. 掌握酒店员工招聘的实施。
2. 掌握酒店员工培训的开展。
3. 掌握酒店激励管理的基本内容。
4. 掌握酒店员工绩效的考评。

※ 能力目标

1. 能够根据用人需求来组织招聘工作的实施。
2. 能够及时获取培训需求，并开展培训工作。
3. 能够根据激励目标来进行激励管理工作。
4. 能够运用科学的方法进行员工绩效考评。

任务 5.1　酒店员工招聘

任务介绍 》》》

　　酒店员工招聘是一项系统工程，该工程由若干相互关联而又各自独立的操作部分组成。

对于酒店的人力资源管理工作而言，明确的用人需求，完善的招聘工作程序，才能保证酒店员工招聘与录用的质量，才能为酒店企业选拔合格的人才。

任务目标

1. 掌握用人需求的审核。
2. 了解招聘准备工作的内容。
3. 掌握招聘的实施流程。
4. 掌握招聘录用的决策。
5. 了解劳动合同的签订与入、离职手续的办理。

任务导入

招聘工作是酒店获得人力资源的基本方式，其核心任务是为组织目标的达成做好人力资源的准备。酒店员工招聘可定义为酒店用来吸引并获得合格的职位应征者，使酒店能够从中选拔优秀者填补岗位空缺的一系列活动。招聘工作的好坏，直接关系到酒店能否建立一支高素质的员工队伍，直接影响到酒店经营目标的实现。

相关知识

招聘实例：某酒店客房部主管招聘要求

岗位职责：

①接受客房部经理的督导，直接向客房部经理负责，配合并监督客房销售控制工作，保障客房最高的出租率和经济收入。

②监督、指导、协调客房部的日常工作，为住客提供规范化、程序化、制度化的优质服务。

③负责制定客房部的年度财务预算，包括清洁用具、日常消耗品、用品等。

④定期核算各种物品的消耗量，严格控制日常用品的损耗，减少浪费。

⑤巡视各楼层及公共区域，检查员工的工作态度、工作表现并进行公正的评估奖优罚劣，确保优质的服务和设备的完好。

⑥组织、主持每周领班例会，听取汇报，布置工作，解决工作中遇到的难题。

⑦检查各领班的工作效率并纠正偏差，加强部门之间的工作联系，建立完整的工作档案体系。

⑧经常与前厅主管保持联系，了解宾客对客房部的各项意见。

⑨积极了解酒店客房用品的新产品及管理经验，择优选购酒店日常消耗用品。

⑩督导各级领班人员，对所属主管人员的工作态度、工作表现进行公正的评估，奖优罚劣。

⑪与工程部门联络，对客房的各项维修及保养提出意见，制订客房定期维修方案和能源节约方案。

⑫检查消防器具，做好防火、防盗等安全工作。

任职资格：

①年龄25～45岁，身体健康，高中以上文化程度，形象气质佳。

②熟悉客房管理和服务方面的知识，具有熟练的服务技能。

③有较高的处理客户突发事件的应变能力及对客沟通能力。

④热爱服务工作，工作踏实、认真，有较强的事业心和责任感，有星级酒店经验者优先。

5.1.1　审核用人需求

根据酒店的人力资源规划和各部门的年度工作任务，部门应根据实际的用工需求情况向人力资源部门提出部门用人需求申请，填写《部门用人需求申请表》（如表 5 - 1 所示）。用人部门在提出用人需求申请时应写清楚职位名称、需求原因、岗位职能等，同时要对应聘人员的学历、专业、性别、年龄、经验、专长及到岗时间等做出明确的要求。人力资源部门将根据部门所提出的用人需求申请来审核用人需求是否合理。一般而言，酒店的用人需求来源于以下 5 个方面。

表 5 - 1　部门用人需求申请表

申请部门		申请日期	
职位名称		需求人数	
需求原因	□扩大编制 □填补岗位空缺 □新增岗位，请标明增设该岗位的原因 _____ □储备人力		
岗位职能			
职能描述			
任职要求			
岗位要求	（性别、年龄、学历、技能、经验、素质等方面） 1. _____ 2. _____ 3. _____ 4. _____ 5. _____		
用人部门意见			
人事部门意见			
总经理审批			

①酒店的经营目标发生变化。

比如酒店下半年增加一个新的目标，可是要完成这个目标就需要招聘新人进来。

②部门原有岗位空缺。

引起部门原有岗位空缺的原因可能是员工离职，也可能由于职位晋升或岗位调换所引起的岗位空缺。这样的话，人力资源部门需要根据空缺岗位的数量来进行人员招聘工作。

③工作分析得出来的用人需求。

比如在进行各岗位工作分析时会发现某些岗位经常加班，且劳动强度大，这时就需要增加人员来确保岗位工作的顺利完成。

④部门增设新岗位。

由于业务的变化或组织结构的调整，引起部门增设新岗位，这时就需要通过人员招聘来满足岗位工作的需求。

⑤人力资源储备的需要。

人力资源的储备是一个长期培养后备力量的系统工程，需要从酒店未来的发展目标出发，对酒店人力资源的现状进行深入的分析，明确酒店人力资源的层次、数量、结构与环境的关系。人力资源储备，可以使酒店在激烈的竞争中占据人力资源的优势，从而获得持续的竞争优势。

5.1.2 招聘准备

人员招聘是酒店为了满足发展的需要，根据人力资源规划和岗位分析，选拔合适的人才，保证酒店的人力资源得到充分的供应，提高人力资源的效率。招聘作为人力资源管理中最重要的环节，是企业补充新鲜血液、实现供需平衡以达到人力资源规划的目的。为了能够在最短的时间内完成招聘任务，提高企业经营效益，必须做好招聘前的准备工作。

在开展招聘工作之前应做好以下几个方面的准备工作。

1. 制订招聘计划

"凡事预则立，不预则废。"招聘计划的好坏直接影响到招聘工作的开展效果。一个完善的招聘计划应包括以下内容。

①人员需求清单，包括招聘的职位名称、人数、任职资格要求等内容。

②招聘信息发布的时间和渠道。

③招聘小组人选，包括小组人员姓名、职务、各自的职责。

④应聘者的考核方案，包括考核的场所、大体时间、题目设计者姓名等。

⑤招聘的截止日期。

⑥新员工的上岗时间。

⑦招聘费用预算，包括资料费、广告费、人才交流会费用等。

⑧招聘工作时间表，尽可能详细，以便于他人配合。

⑨招聘广告样稿。

2. 明确招聘策略

招聘策略是为了实现招聘计划而采取的具体手段和措施。招聘策略是招聘计划的具体体现，是为实现招聘计划而采取的具体策略。它包括招聘数量、对人员的要求、吸引人才的手段、招聘渠道、甄选模式和招聘时间等。一个成功的招聘策略将帮助人力资源部门快速完成人员招聘工作。招聘策略具体包括以下 3 种。

（1）招聘地点策略

根据酒店的用人需求，针对不同岗位的任职要求和标准来选择招聘范围。

①在全国乃至世界范围内招聘企业的高级管理人才或专家。

②在跨地区的范围内招聘中级管理人员和专业技术人才。

③在酒店所在城市的范围内招聘一般工作人员和技术工人。

（2）招聘时间策略

部门在提出用人需求时，对应聘人员的具体到岗时间提出了明确的要求，人力资源部门应根据这个时间节点的要求来完成招聘工作。通常，人力资源部门为了保证用人部门的时间要求具体做法有以下几种。

①出现职位空缺后，确定每一招聘步骤可能占用的时间，以便决定填补空缺职位需要花费的全部时间。

②设置一个实际的时间线，从希望雇员实际在职和从事生产的那一天开始进行倒计时。

③雇用一个符合质量要求的雇员的时间目标已经确定，就要将这种时间与空缺岗位可以等待的时间进行比较。在有些情况下，招聘所要花费的时间比等待的时间要长，在这种情况下，不要迫于完成雇用目标的压力，轻易降低雇用标准。对付这种职位空缺的典型方法有：外包给他人、雇用临时工人以及职位职责的再分配。

（3）组织宣传策略

人员招聘是组织向社会展示形象的机会，因此应该密切地与人才及媒介沟通。组织在招聘过程中应创造尊重知识、重视人才的氛围，给社会以良好的形象，增强组织吸引力，能够吸引人才主动来到企业。

3. 组建招聘团队

招聘团队是为了完成招聘任务而在一起工作的正式组织，一般都是临时组建。招聘团队既是招聘工作的承担者，也是人才质量的检查者，更充当着企业的形象大使。

（1）招聘团队成员的素质要求

招聘团队中的策划人员、一般工作者、考官、决策者等，都要求具备以下条件。

①良好的个性品质和修养，为人公平、公正。

②具备相关的专业知识。

③有丰富的实践经验。

④了解岗位需求及任职要求。

⑤善于把握人际关系。

⑥熟练运用各种面试技巧和人员测评方法。

⑦有效控制招聘各个过程环节。

⑧公正客观评价应聘人员。

（2）组建招聘团队的原则

在组建招聘团队的过程中，应坚持的原则有以下几点。

①知识互补原则。

招聘团队知识结构方面要互补，丰富招聘团队整体的知识深度和广度，更易对不同知识结构的人员进行考评，从而起到相互补充的目的。

②气质互补原则。

不同的招聘者具有不同的心理特征和气质，将不同气质的考评者组合在一起，可消除招聘工作中由于某一种气质类型员工的心理素质偏差或者成见而造成的误差。

③性别互补原则。

不同的性别有不同的长处（例如女性观察细腻），而且性别互补可以避免招聘过程中的性别歧视或性别优势，有利于正确地评价人才。

④年龄互补原则。

年龄差别体现了精力、知识、经验、处理问题方式以及思维方式等方面的差别。因此，不同年龄的招聘者组合在一起，更能客观地对不同年龄阶段的应聘者进行正确的分析。

⑤能力互补原则。

招聘团队要为企业招聘各个岗位的员工，如果招聘团队中有的人懂生产、有的人精通销售、有的人擅长专业技术，那么各种不同能力的人组合在一起，则便于各个岗位的人员招聘工作。

4. 招聘来源和渠道选择

酒店招聘渠道，从大的方面而言，包括酒店外部招聘和酒店内部招聘两类。这两种招聘渠道各有其优缺点，具体运用过程中，酒店需要根据实际情况选择合适的渠道。

（1）内部招聘

1）内部招聘的优点

①能为员工发展和晋升提供平等的机会，有利于在组织中创造一个更开放的环境。

②能增强员工对工资等级、工作描述、晋升条件与职务调动程序的了解。

③便于个人在组织中选择最适合自己的工作。

④内部招聘是一种便利而且迅速的职位空缺填补方式。

⑤候选人的长处和弱点能够被清楚地了解。

⑥被提升的组织内成员对组织的历史和发展比较了解。

⑦酒店可以借助内部招聘激励被提升的人员更加努力地提高自身工作效率。

⑧可以激励组织内其他成员，提高他们的工作士气，使其具有一个良好的工作情绪。

⑨可以使组织内对成员的培训投资取得回报。

2）内部招聘的缺点

①当组织内部对未来主管人员的供需缺口较大，且内部人才储备无法满足需要时，坚持从内部提升，会使组织既失去获得一流人才的机会，又可能让不称职者占据主管位置。

②容易造成近亲繁殖。

③提升的数量有限，容易挫伤没被提升人的积极性。

3）内部招聘渠道

内部招聘渠道主要包括：员工晋升、工作调换、工作轮换与内部人员重新聘用等。

一是员工晋升。

从酒店内部提拔一些适合空缺岗位要求的人员是常用的一种方法。这种方法可迅速从员工中提拔合适的人填补到空缺的职位上。内部晋升为员工提供了发展的机会，使员工感到在组织中是有发展机会的，个人职业生涯发展是有前途的。

员工晋升的优点有以下几点。

①有利于酒店建立自己稳定的、核心的人员队伍，使酒店拥有高绩效的员工。

②新上任的员工能很快适应新的工作环境。

③能省时、省力、省费用。

④员工晋升的不足有以下几点。

⑤由于人员选择范围小，可能有因聘不到最优秀的员工而造成近亲繁殖的弊端。

⑥有可能使未被晋升的优秀员工对组织产生不满而离开，导致酒店人才流失。

因此，当酒店的关键职位和高层级职位出现空缺时，一般采用内外同时招聘的方式。

二是工作调换。

工作调换指职务等级不发生变化，工作岗位发生变化。它是酒店从内部获得人员的一种渠道。工作调换为员工提供从事组织内多种工作的机会，为员工今后的发展或提升做好准备。它一般用于中层管理人员的招聘。

三是工作轮换。

工作轮换多用于一般员工的培养，让有潜力的员工在各方面积累经验，为晋升做好准备，也可以减少员工因长期从事某项工作而带来的枯燥感、无聊感。

四是内部人员重新聘用。

有些酒店由于一段时期经营效果不好，会暂时让一些员工下岗待聘，当酒店情况好转时，再重新聘用这些员工。由于这些员工对酒店有一定的了解，能很快适应工作岗位，因此可以节省大量的培训费用，同时又以较小的代价获得有效的激励，使组织具有凝聚力，促使组织与员工个人共同发展。

4）内部招聘方法

内部招聘方法主要包括：推荐法、档案法以及布告法等。

一是推荐法。

推荐法是由本酒店员工根据单位和职位的需要，推荐熟悉的合适人员，供用人部门或人力资源部门进行选择和考核。它既可用于内部招聘，也可以用于外部招聘。因为推荐人对用人部门与被推荐者双方比较了解，也使组织很容易了解被推荐者，所以它比较有效，成功率也较大。

二是档案法。

酒店人力资源部门都有员工的档案，从中可以了解员工的各种信息，帮助用人部门或人力资源部门寻找合适的人员补充空缺的职位。档案法只限于了解员工的客观或实际信息，如员工所在职位、教育程度、技能、教育培训经历、绩效等，而对主观的信息如人际交往技能、判断能力等难以确认。事实上，对很多工作而言，这些能力是非常重要的。

三是布告法。

布告法，也称张榜法，它是内部招聘最常用的方法，尤其是对非管理层的职位而言。酒店在确定空缺职位的性质、职责及所要求的条件等情况后，将这些信息以布告的形式公布于组织中，使所有的员工都能获得信息。所有符合这些条件的员工都可以申请该职位，人力资源部门或用人部门筛选这些申请，最合格的申请人被选中进行面试。

（2）外部招聘

1）外部招聘的优点

①较广泛的人才来源。

②避免近亲繁殖，可以给组织带来新思想，防止僵化。

③避免组织内部那些没有提升到的人的积极性受挫，避免组织内部成员间的不团结。

④可以节省对主管人员的培训费用。

2）外部招聘的缺点

①组织内可以胜任某项工作但未被选用的员工，容易产生与外部应聘者不合作的态度。

②应聘者对组织需要有一个了解的过程。

③容易被应聘者的表面现象（如学历、资历等）所蒙蔽，而无法清楚了解其真实能力。

3）外部招聘渠道

内部招聘并不能从根本上解决酒店内部劳动力短缺的问题，尤其是当酒店处于创业时期、快速发展时期或需要特殊人才时，仅有内部招聘是不够的，必须借助外部劳动力市场。外部招聘也是重要的人才来源渠道，外部招聘渠道主要有以下3点。

①求职者自荐。

求职者自荐是指在没有得到内部人员推荐的情况下，应聘者直接向招聘单位提出求职申请。求职者在某种程度上已经做好了到酒店工作的充分准备，并且确信自己与空缺职位之间具有足够的匹配程度，然后才会提交求职申请。求职者毛遂自荐的最大优点为：费用低廉，可以直接进行双向交流；而且求职者已花费很长时间了解酒店，也更容易受到激励。不足之处是：随机性较大，时间较长，合适人选不多。用这种方式招聘员工，需要专人负责接待，要有详细的登记表格，并尽可能鼓励求职者展现自己的才能。

②广告招聘。

尽管通过广告所招聘来的人往往比直接来酒店求职的人和被推荐来的人要稍差，并且成本通常也更高一些，但是它仍然是目前最为普遍的招聘方式之一。酒店在设计招聘广告时，首先要回答两个非常重要的问题：我们需要说些什么？我们要对谁说？就第一个问题来说，许多酒店由于没有回答好，导致职位空缺的细节内容没有有效地传递出去。在理想情况下，看到招聘广告的人应当能够获得足够的信息来对工作以及要求做出评价，从而使他们能够判断自己是否具备招聘广告中的资格要求。一般来讲，地方报纸的分类广告是最为常见的媒介，它是一种相对较为便宜的招聘手段，它的特点是能够在某一特定地区内将信息传递给大量正在寻找工作的人。从不利的方面来说，它无法使酒店有针对性地招募具有特定技能水平的求职者。

③就业服务机构协助。

在我国，随着人才流动的日益普遍，人才交流中心、职业介绍所、劳动力就业中心等就业服务机构应运而生。这些机构定期或不定期地举行人才交流会，供需双方可面对面地进行商谈，增进了彼此的了解，并缩短了招聘与应聘的时间。根据就业服务机构的性质和服务业务的不同，可分为公共就业服务机构、私营就业服务机构与高级经理人员搜寻公司。

④校园招聘。

校园招聘正在逐步成为酒店喜欢运用的招聘渠道。在我国，校园招聘是招募初级专业人员以及管理人员的一个最重要来源。校园招聘的显著好处就是，酒店能够找到相当数量的具有较高素质的合格申请者；不足之处则是，在校学生缺乏实际工作经历，对工作和职位的期望值高，一旦录用后，容易产生较高的流失率。

⑤网络招聘。

网络招聘是一种新兴的招聘渠道，是酒店通过网络渠道获得应聘人员的资料，从而选拔合格员工的方式。网络招聘的优点是：方便快捷，节省人力物力；不受时间空间的限制；费用便宜。其缺点是比较适合普通岗位招聘，对高层次人才招聘不太适合。酒店通过网络进行招聘时，可用两种方式。一种方式是在酒店网站上建立一个招聘渠道，由酒店自己来进行求职者资料的获取和筛选；另一种方式是在公共招聘网站上进行招聘。

5.1.3　实施招聘

招聘工作的实施就是按照在招聘准备阶段所制订好的招聘计划来开展招聘工作的过程。在实施招聘阶段主要应做好以下几个方面的工作。

1. 发布招聘信息

在招聘准备阶段，酒店人力资源部门应根据岗位需求和任职要求，选择好相应的招聘策略和招聘渠道，并事先撰写好招聘广告。在发布招聘信息这个环节，酒店可以将招聘信息通过多种渠道向社会发布，告知社会公众用人计划和要求，确保有更多符合要求的人员前来应聘。

招聘信息按照发布媒体的不同，可以划分为广播、电视、报纸、杂志和网络等。酒店在发布招聘信息时，一定要注意以下几个问题。

第一，要了解不同媒体在哪些人群中的利用率最高。

第二，选择在某种媒体中的哪家机构发布广告。

第三，酒店应该根据空缺职位的性质（工资待遇、职位层级、权限大小、工资条件等）决定是否再用广告的方式来进行招聘。

2. 搜集应聘人员信息

招聘信息发布之后就会陆续收到应聘者投递过来的简历。个人简历是应聘人员给招聘单位发的一份简要介绍，内容包括：个人基本信息、学习经历、工作经历、自我评价、求职愿望等信息。人力资源部门应根据空缺方位的任职要求来对应聘者的简历进行筛选，初步确定符合用人需求的人选。

3. 人员甄选

人员甄选指的是综合利用心理学、管理学等学科的理论、方法和技术，根据特定岗位的要求，对应聘者的综合素质进行系统的、客观的测量和评价，从而选择适合的应聘者的过程。在酒店员工招聘的过程中，人员甄选是重要的一环。目前，酒店常用的人员甄选方法有：笔试、面试、管理评价中心技术和心理测试等。

①笔试。

笔试主要用于测验应聘者的基本知识、专业知识、管理知识以及综合分析能力、文字表达能力等。笔试的优点在于它花费时间少、效率高、成本低，对报考者知识、技术、能力的考查信度和效度较高，成绩评价比较客观。因此，笔试至今仍是酒店使用频率较高的人才选拔方法。

②面试。

面试是由一个或多个人发起的收集信息和评价应聘者是否具备职位任职资格的对话过程。目前酒店招聘中通常使用结构化面试、情景模拟面试和压力面试三种方法。结构化面试是最常用的一种方法，而非结构化面试一般不单独使用。

一是结构化面试。

一般来说，结构化面试的具体操作步骤有以下 6 步。

第一步，对进入面试的应聘者讲解本次面试的整体计划安排、注意事项、面试现场纪律等。

第二步，以抽签的方式确定应聘者的面试顺序。

第三步，面试开始，由工作人员带领应聘者进入考场，并通知下一名应聘者做好准备。

第四步，每次面试1人。面试程序为：首先，由主考官提问，应聘者根据相关问题进行回答；其次，根据应聘者的回答情况，其他考官可以进行适度的提问；最后，各位考官在评分表上按不同的要素给予应聘者打分。注意，向每个应聘者提出的问题一般以5～7个为宜，时间应控制在30分钟以内。

第五步，面试结束，主考官宣布应聘者退席。考官将手中的"面试评分表"（如表5－2所示）交给记分员，记分员在监督员的监督下统计面试成绩，并填入应聘者面试成绩汇总表。

第六步，记分员、监督员、面试考官依次在面试成绩汇总表上签字，面试结束。

表5－2　面试评分表

姓名		性别		编号	
应聘职位					
评分等级：优秀5分；良好4分；合格3分；不合格2分或1分					
项目	面试评分		评语		
外貌仪表					
礼貌态度					
气质谈吐					
反应灵活性					
自信心					
判断力					
工作知识					
其他知识					
外语能力					
健康状况					
总分合计					
面试意见：推荐（　　）部门（　　）岗位 　　　　　存入人才库（　　） 　　　　　不接受（　　）					
主考人员签名：					

二是情境模拟面试。

情境模拟面试，是设置一定的情境，要求应聘者扮演某一角色并进入角色情境去处理各种事物及各种问题和矛盾。考官通过对应聘者在情境中所表现出来的行为进行观察和记录，以测评其素质潜能，或者看其是否能适应或胜任工作。

三是压力面试。

压力面试的目标是确定应试者将如何对工作上承受的压力做出反应。在典型的压力测试中，考官提出一系列直率的问题，让应聘者明显感到压力的存在，甚至陷入较为尴尬的境地。考官通常寻找应聘者在回答问题时的破绽，在找到破绽后，针对这一薄弱环节进行追问，希望借此使应试者失去镇定。

③管理评价中心技术。

管理评价中心技术是近来新兴的一种选拔高级管理人员和专业人才的人员甄选方法，它采用情境性的测评方法对应聘者的特定行为进行观测和评价。测试人员根据职位需求设置各种不同的模拟工作场景，让应聘者参与，并考查他们的实际行动表现，以此作为人员甄选的依据。

④心理测试。

心理测试是通过一系列的心理学方法来测量应聘者的治理水平和性格特征的一种科学方法。酒店常用的心理测试方法有身体能力测试、人格测试、兴趣测试、成就测试等。

5.1.4　做出录用决策

酒店通过面试、心理测试及其他多种测评方法对相应职位的应聘者进行甄选之后，就得到了关于应聘者的胜任能力的信息。根据这些信息，可以做出初步的录用决策。

录用决策是指对甄选评价过程中产生的信息进行综合评价与分析，确定每一个候选人的素质和能力特点，根据预先设计的人员录用标准进行挑选，选择出最合适的人员的过程。

为了有效地做出员工录用决策，首先，要对相应职位的应聘者的胜任能力进行系统化的评估和比较。例如，对应聘者的胜任能力特征进行描述性评价或打出分数，列举出主要优点与不足，然后对各应聘者进行比较做出挑选决策。在制定人员甄选标准时，对各项胜任能力设定权重是十分必要和有效的方法。只有对各项胜任能力设定权重，才能保证挑选出来的人才是在最重要的胜任能力方面最强的人，而不是能力平平的人。

其次，员工录用标准不要设得太高。有些招聘者总是希望能够招聘到最好的人，他们会对一群应聘者进行比较，选出其中最好的，或者总是不做出决策。其实，这种想法往往是不现实的。事实上，特别优秀的人或许已经远远超出了职位要求，或者在薪酬水平上的要求也会比较高，如果公司提供的薪酬水平无法满足其要求，他可能会另谋高就。

再次，招聘方要尽快做出录用决策。应聘者在找工作时往往不是只对一家用人单位感兴趣，也很可能面临很多选择，越是优秀的人才面临的选择机会越多。如果招聘方迟迟不做出录用决策，那么优秀的人才可能会被其他用人单位雇用。当然，尽快做出决策也不意味着草率决策，而是要根据用人标准做出准确的录用决策。

最后，准备备选人名单。对于一个职位空缺，初步录用的人选可能要多于实际录用的人数。这是因为公司还要对初步录用的人选进行背景调查，与这些人选讨论薪酬水平，因此可能会有一些原因导致招聘方无法录用某些人。

做出录用决策后，人力资源部门应及时给被录用的应聘者发放"员工录用通知书"（如表5－3所示），以便及时留住符合条件的应聘者。

表5-3 员工录用通知书

×××先生/女士：

　　经酒店研究决定，您已被我店录用为正式员工，享受我店正式员工待遇。

　　请您于＿＿＿年＿＿月＿＿日＿＿＿时到我店人力资源部报到。

人力资源部（盖章）

年 月 日

5.1.5 签订劳动合同

劳动合同，是指劳动者与用人单位之间确立劳动关系，明确双方权利和义务的协议。订立和变更劳动合同，应当遵循平等自愿、协商一致的原则，不得违反法律、行政法规的规定。劳动合同依法订立即具有法律约束力，当事人必须履行劳动合同规定的义务。

1. 签订劳动合同应遵守的原则

《劳动合同法》第三条规定，订立劳动合同应当遵守如下原则。

（1）合法原则

劳动合同必须依法以书面形式订立，做到主体合法、内容合法、形式合法、程序合法。只有合法的劳动合同才能产生相应的法律效力。任何一方面不合法的劳动合同，都是无效合同，不受法律承认和保护。

（2）协商一致原则

在合法的前提下，劳动合同的订立必须是劳动者与用人单位双方协商一致的结果，是双方"合意"的表现，不能是单方意思表示的结果。

（3）合同主体地位平等原则

在劳动合同的订立过程中，当事人双方的法律地位是平等的。劳动者与用人单位不因为各自性质的不同而处于不平等地位，任何一方不得对他方进行胁迫或强制命令，严禁用人单位对劳动者横加限制或强迫命令的情况。只有真正做到地位平等，才能使所订立的劳动合同具有公正性。

（4）等价有偿原则

劳动合同明确双方在劳动关系中的地位作用，劳动合同是一种双务有偿合同，劳动者承担和完成用人单位分配的劳动任务，用人单位付给劳动者一定的报酬，并负责劳动者的保险金额。

2. 劳动合同的主要内容

劳动合同的主要内容包括以下几点。

（1）劳动合同期限

法律规定合同期限分为三种：有固定期限，如1年；无固定期限，合同期限没有具体时间约定，只约定终止合同的条件，无特殊情况，这种期限的合同应存续到劳动者达退休年龄；以完成一定的工作为期限。用人单位与劳动者在协商选择合同期限时，应根据双方的实际情况和需要来约定。

（2）工作内容

在这一条款中，双方可以约定工作数量、质量，劳动者的工作岗位等内容。

（3）劳动保护和劳动条件

在这方面可以约定工作时间和休息休假的规定，各项劳动安全与卫生的措施，以及用人单位为不同岗位劳动者提供的劳动、工作的必要条件等。

（4）劳动报酬

可以约定劳动者的标准工资、加班加点工资、奖金、津贴、补贴的数额及支付时间、支付方式等。

（5）劳动纪律

此条款应当将用人单位制定的规章制度约定进来，可采取将内部规章制度印制成册，作为合同附件的形式加以简要约定。

（6）劳动合同终止的条件

此条款一般是在无固定期限的劳动合同中约定，因这类合同没有终止的时限。但其他期限种类的合同也可以约定。须注意的是，双方当事人不得将法律规定的可以解除合同的条件约定为终止合同的条件，以避免出现用人单位应当在解除合同时支付经济补偿金而改为终止合同不予支付经济补偿金的情况。

（7）违反劳动合同的责任

一般约定两种违约责任形式，第一种是一方违约赔偿给对方造成经济损失，即赔偿损失的方式；二是约定违约金的计算方法，采用违约金方式应当注意根据职工一方承受能力来约定具体金额，避免出现显失公平的情形。违约，不是指一般性的违约，而是指严重违约，致使劳动合同无法继续履行，如职工违约离职、单位违法解除劳动者合同等。

5.1.6 办理入职手续

办理入职手续的主要内容有以下4点。

①新员工首先到人力资源部报到，详细填写"员工信息登记表"（如表5-4所示），并提交照片、身份证原件及复印件、学历证明原件及复印件、岗位相关其他资料、与前一工作单位解除劳动关系的证明材料。

②人力资源部专员办理完新员工入职手续后，开具"员工到职通知单"（如表5-5所示）。

③人力资源部安排新员工到所属部门报到，协同部门领导向新员工介绍酒店各办公区域及同事，并协助新员工申领工作牌、工装、办公用品或劳动用具等相关物品。

④人力资源专员在考勤机上设置新员工个人信息，当日开始考勤，并向新员工发放酒店的制度汇编、员工手册等资料，让其对公司有一个初步的认识和了解。

表5-4 员工信息登记表

编号： 填表日期：

姓　　名		性　　别		民　　族		
籍　　贯		出生日期		文化程度		照片
婚姻状况		健康状况		政治面貌		
家庭地址						
户籍地址				家庭电话		

续表

身份证号码			手机号码	
紧急联络人		与本人关系	联系电话	

个人学习（培训）经历	时间（从高中起至今）年/月 — 年/月	学 校/单 位	专业	所获证书

工作经历	起止时间	单位名称	职务	离职原因	证明人
	至				
	至				
	至				
	至				

与原单位解除合同情况（是否有离职证明文件）	
向公司提供的相关附件（复印件）	□身份证 □学历证 □职称证 □其他（注明）

　　本人理解到本表格所要求的信息是非常重要的，在此确认以上提供的信息及提供的附件（复印件）均是真实和准确的，如有虚假信息，本人愿意承担相应责任。本人也同意在劳动合同有效期内，始终遵守酒店工作纪律、商业道德和诚信的原则。如有违反，酒店将有权随时终止相关的雇用合同及追究相应责任。

本人签字：＿＿＿＿＿＿＿＿＿
年　　月　　日

表 5 - 5　员工到职通知单

致：××部门
　　姓名：＿＿＿＿＿＿　　部门：＿＿＿＿＿　　职位：＿＿＿＿＿
　　该员工已于＿＿＿＿年＿月＿日将入职手续办理完毕，特通知你部办理相关手续。

人力资源部经办人：＿＿＿＿＿＿
年　　月　　日

任务5.2　酒店员工培训

任务介绍

酒店员工培训是酒店发展和员工进步的共同需要。酒店从培训中不仅可以提高员工的整体素质，提高劳动生产率，降低损耗和成本，更重要的是可以使顾客获得更周到的服务和更好的产品。

任务目标

1. 了解培训组织结构及其职责。
2. 掌握培训需求的分析与培训形式的确定。
3. 掌握培训计划的制订方法。
4. 掌握培训的实施及培训效果评估。

任务导入

酒店业始终是依靠服务能力——人服务于人而生产发展的。拥有培训有素的员工是企业长期经营成功的关键因素，也是打造酒店核心竞争力的重要手段。美国《管理新闻简报》中发表的一项调查指出，68%的管理者认为由于培训不够而导致的低水平技能正在破坏酒店的竞争力，53%的管理者认为通过培训明显降低了酒店的支出。培训工作是一个系统的过程，在这个过程中酒店企业可以培养员工业务技能、改变员工的工作态度、增进员工处理问题的能力，从而提高酒店企业整体的绩效。

相关知识

员工培训

员工培训是指一定组织为开展业务及培育人才的需要，采用各种方式对员工进行有目的、有计划的培养和训练的管理活动。公开课、内训等均为常见的员工培训及企业培训形式。员工培训可分为员工技能培训和员工素质培训。培训方法有讲授法、视听技术法、讨论法、案例研讨法、角色扮演法、自学法、互动小组法、网络培训法、场景还原法等。

5.2.1　确定培训组织结构及其职责

为了保证酒店培训工作的顺利开展，就必须建立起完善的培训组织结构，并明确各自的工作职责，只有这样，培训工作才能做到实处。结合酒店企业的特点和经营需求，可以建立一个以人力资源部为主、其他部门相互配合的组织结构，具体如图5-1所示。

培训负责部门的主要职责如下。

①编制酒店人力资源开发培训计划和年度培训计划。

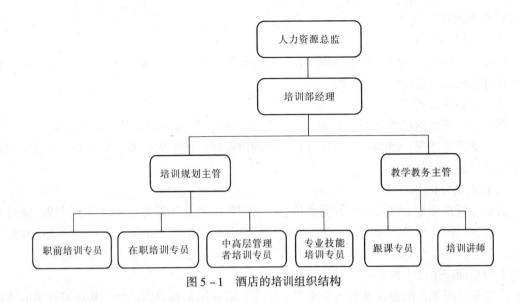

图 5 - 1　酒店的培训组织结构

②酒店培训费用预算的编制与执行控制。

③酒店各类各级人员培训需求调查分析管理。

④外部培训监视的练习与内部培训讲师的管理。

⑤培训课件的规划与组织开发管理。

⑥组织开展员工培训绩效评估工作。

⑦培训项目的组织与工程管理。

⑧培训资料与员工培训档案管理。

5.2.2　分析培训需求

培训需求分析是指在规划和设计具体培训计划之前，由人力资源部门使用各种方法对组织目标及组织成员的知识、技能、态度、观念等内容进行系统的甄别和分析，从而确定是否需要进行培训，并明确培训内容、培训顺序和培训实施时间的过程。

1. 培训需求分析的主要内容

培训需求分析的主要内容由组织分析、人员分析、工作分析和绩效分析四部分组成。

（1）组织分析

组织分析是指系统地检查组织中的各个要素。组织分析的范围比较广泛，包括组织目标、组织的资源、培训的内外部决定因素等。酒店组织分析主要涉及以下几个环节。

①酒店战略分析。

一个组织的经营管理战略会对培训产生重大的影响，培训的战略性角色影响着培训的频率、类型以及培训管理部门的组织形式。对培训寄予厚望的组织会在培训投资和培训频度上高于那些没有培训战略目标的组织。

②营造良好的培训氛围。

诸多调查研究显示，员工和管理者对培训的支持具有十分重要的作用，培训成功与否的关键在于二者对培训活动的参与所持有的态度。得到员工和管理者的支持，无疑为受训者提供了在实际工作中有效运用通过培训得到的知识、技能、行为方式等的良好氛围，反之则会严重影响培训效果。

③酒店资源分析。

确定人力和物力资源是完成培训工作目标的保证，只有在人力、财力和时间上得到充分的保证才能确保酒店培训的有效性。

④酒店环境分析。

明确酒店所处的经营环境、政策环境和社会环境，掌握组织文化、服务质量、客户资料、人员素质等情况，准确找出酒店存在的问题以及问题产生的根源，从而确定酒店培训是否是解决问题的最佳途径。

（2）人员分析

人员分析是确定个体员工是否需要培训、谁需要培训及其需要什么培训的过程。通过对员工目前实际的工作绩效和预期工作绩效的比较来判断是否需要培训。人员分析还应判断受训员工是否做好接受培训的准备，如个人学习能力、学习态度、动机及工作环境问题等，这些都会对培训产生很大的影响。

人员分析所关注的重点是酒店中谁需要培训、需要什么类型的培训，从而能够知道酒店所需要的培训投入和培训项目。

（3）工作分析

工作分析是有关员工具体工作程序以及完成工作所具备的能力、知识和技术的分析。工作分析主要是按照酒店的工作标准和具体工作的任职条件，对各部门、岗位状况进行比较分析，从而在明确工作性质、工作职责的基础上确定标准，并制定履行职责、达到标准的具体素质要求，比如专业知识、技能、能力等。根据要求来判断从事某项工作的员工技能素质与实际工作需求是否相吻合，以此来确定酒店培训和发展需求的具体关系，编制符合实际的培训课程和项目。

（4）绩效分析

绩效分析是针对在岗员工而言的，是实际绩效与预期绩效的差距分析。绩效分析一般通过以下3个步骤来完成。

一是通过评价员工的工作绩效来确定实际工作中是否存在问题。

二是分析问题的来源，是能力问题、态度问题还是工作设计问题。

三是对员工的培训投资和培训收益进行成本收益核算。

通过以上三个步骤，确定绩效差距是由于人员配置不当，还是员工能力欠缺、需要培训所致，在此分析的基础上实施合理的培训。

2. 培训需求分析的步骤

（1）寻找并发现问题

根据对绩效、工作态度、酒店经营现状等方面的观察和分析，可以发现酒店在员工层面和组织层面上所存在的实际问题。

通过归类，员工层面的主要问题有以下几点。

①工作效率下降，不能达到组织要求。

②服务质量下降，出现迟到、旷工、怠工等现象。

③不能适应酒店的变化，对变革产生抵触情绪。

④员工的技能水平无法胜任现有工作，不能适应酒店发展需求，急需培训。

⑤员工急于实现个人职业生涯规划。

通过归类，组织层面所面临的主要问题有以下几点。

①新工作和新标准的出现需要新的技能。

②酒店的发展需要人才培养。

③酒店战略和市场变化。

④客户变化和客户需求变化。

⑤竞争对手的变化。

⑥行业变化。

（2）搜集培训需求信息

找出问题以后，需要对培训需求信息进行搜集。培训需求信息主要来源于高层决策者、部门管理者和员工个人。培训部门可以通过个人申报来了解员工申请培训的理由、依据；使用人力资源考核评估方式，确定培训内容和培训对象；采用档案调查方法，分析员工的现状和历史差距确认培训需求；采用人员测评技术，对酒店人员素质技能进行评估，根据结果确定培训内容和培训对象。其他方法还有员工行为观察法、问卷调查法、面谈法、讨论法、顾问委员会研讨法等，不管是哪一种方法，在收集信息和资料时，一定要保证信息的准确性。

（3）分析数据和信息

搜集培训需求信息只是培训需求分析的前提之一，资料来源范围广、数量大、种类多、关联多。因此要对它们进行分析处理，区分哪些是真正的需求，哪些是假的需求；哪些是普遍需求，哪些是个别需求；哪些是短期需求，哪些是长期需求；哪些是当前需求，哪些是未来需求。找到对培训具有决定影响的关键因素，才能体现出培训需求分析的价值。

（4）确认培训需求

分析搜集来的信息，最终是要得出培训需求的结论，以确定谁需要培训、需要哪些培训、何时培训以及培训的组织方式等。与此同时，还应该开展确定培训目标、制订培训计划、确认培训评估方式、明确培训实施过程等具体工作。在确认培训需求的过程中，要保持与决策层、管理层和受训人员的沟通和联系，以便得到充分的培训需求认同和支持。

5.2.3　确定培训形式

员工培训是酒店人力资源管理工作中的重要内容，因为人是事的动力，人的能量是无穷的，是蕴藏于心中的，只有合理开发，才能为组织创造更多的利益。根据培训需求来选择适合的培训形式会使得员工培训工作取得更好的成效。一般而言，常见的培训形式有以下几种。

1. 直接传授型

直接传授型培训适用于知识类培训，主要包括讲授法、专题讲座法和研讨法等。

（1）讲授法

讲授法是指培训师按照准备好的讲稿系统地向受训者传授知识的方法。它是最基本的培训方法，主要有灌输式讲授、启发式讲授、画龙点睛式讲授三种方式。讲授法的优点：传授内容多，知识比较系统、全面，有利于大面积培养人才；对培训环境要求不高；受训者可利用教室环境相互沟通；也能够向培训师请教疑难问题；员工平均培训费用较低。讲授法的局限性：传授内容多，学员难以完全消化、吸收；单向传授不利于教学双方互动；不能满足学员的个性需求；传授方式较为枯燥单一。

（2）专题讲座法

专题讲座法形式上和课堂教学法基本相同，但在内容上有所差异。课堂教学一般是系统知识的传授，每节课涉及一个专题，接连多次授课；专题讲座是针对某一个专题知识，一般只安排一次培训。这种培训方法适合于管理人员或技术人员了解专业技术发展方向或当前热点问题等。专题讲座法的优点：培训不占用大量的时间，形式比较灵活；可随时满足员工某一方面的培训需求；讲授内容集中于某一专题，培训对象易于加深理解。专题讲座法的局限性：讲座中传授的知识相对集中，内容可能不具备较好的系统性。

（3）研讨法

研讨法是指在培训师的引导下，受训者围绕某一个或几个主题进行交流，相互启发的培训方法。

2. 实践型

实践型培训通过让受训者在实际工作岗位或真实的工作环境中，亲身操作、体验，掌握工作所需的知识、技能的培训方法。适用于从事具体岗位所应具备的能力、技能和管理实务类培训。实践型培训的优点是：经济，受训者边干边学，无须准备教室及培训设施；实用、有效，受训者通过实干来学习，使内容与从事的工作紧密结合，受训者在实践中，能得到关于他们工作行为的反馈和评价。实践法常用方式有工作指导法、工作轮换法、特别任务法。

（1）工作指导法

工作指导法，又称教练法、实习法，是指由一位有经验的工人或直接主管人员在工作岗位上对受训者进行培训的方法。

（2）工作轮换法

工作轮换法是指让受训者在预定时期内变换工作岗位，使其获得不同岗位的工作经验的培训方法。工作轮换法的优点是：能丰富受训者的工作经验，增加对企业工作的了解；使受训者明确自己的长处和弱点，找到适合自己的位置；改善部门间的合作，使管理者能更好地理解相互间的问题。工作轮换法缺点是：工作轮换法鼓励"通才化"，适合于直线管理人员的培训。

（3）特别任务法

特别任务法是指酒店通过为某些员工分派特别任务对其进行培训的方法，常用于管理培训。

3. 参与型

参与型培训通过调动培训对象积极性，让其在培训者与培训对象双方的互动中学习的方法，主要形式有案例研究法、头脑风暴法、模拟训练法、敏感性训练法、管理者训练。

（1）案例研究法

案例研究法是围绕一定的培训目的，把实际中真实的场景加以典型化处理，形成供受训者思考分析和决断的案例，通过独立研究和相互讨论的方式，提高受训者的分析及解决问题的能力的一种培训方法。

（2）头脑风暴法

头脑风暴法是培训对象在培训活动中相互启迪思想、激发创造性思维，它能最大限度地发挥每个参与者的创造能力，提供更多、更好的解决问题的方案。头脑风暴法的关键是要排除思维障碍，消除心理压力，让参加者轻松自由、各抒己见。

（3）模拟训练法

模拟训练法是以工作中的实际情况为基础，将实际工作中可利用的资源、约束条件和工作过程模型化，受训者在假定的工作情境中参与活动，学习从事特定工作的行为和技能，提高其处理问题的能力。

（4）敏感性训练法

敏感性训练法要求受训者在小组中就参加者的个人情感、态度及行为进行坦率、公正的讨论，相互交流对自己的行为的看法，及其引起的情绪反应。敏感性训练法适用于组织发展训练、晋升前的人际关系训练、中青年管理人员的人格塑造训练、新进人员的集体组织训练等。

（5）管理者训练

管理者训练是产业界最为普及的管理人员培训方法。旨在使学员通过系统的学习，深刻地理解管理的基本原理和知识，从而提高他们的管理能力。

4. 态度型

态度型培训主要针对行为调整和心理训练，具体包括角色扮演法和拓展训练法。

（1）角色扮演法

角色扮演法是在一个模拟真实的工作情境中，让受训者身处模拟的日常工作环境之中，并按照他在实际工作中应有的权责来担当与实际工作类似的角色，模拟性地处理工作事务，从而提高处理各种问题的能力。这种方法的精髓在于"以动作和行为作为练习的内容来开发设想"。

（2）拓展训练法

拓展训练法分为场地拓展训练和野外拓展训练。

酒店在开展员工培训的过程中，可以根据既定的培训需求来选择不同的培训形式。恰当的培训形式会使得培训工作事半功倍，取得良好的培训成效。

5.2.4　制订培训计划

1. 培训计划的主要内容

培训计划的具体内容一般包括以下几个方面。

①培训目的。

②培训对象。

③培训内容。

④培训时间与地点。

⑤培训形式。

⑥培训人。

⑦培训组织人。

⑧考评方式。

⑨培训费预算。

2. 培训计划制订的程序

第一步，调查培训需求。

首先，人力资源部或培训部门要征询公司领导对培训工作的想法和要求，并取得他们对培训工作的支持；其次，向各个部门发放培训需求调查表，各部门根据实际需要填写并提交后，由人力资源部门或培训部门对培训需求调查表进行汇总。

第二步，编制培训计划草案，并征求意见。

在公司、部门及个人的培训需求明确后，人力资源部门或培训部门在分析、整合相关培训需求后制订出一个初步的年度培训计划，然后召开各部门负责人会议，通过集体讨论的方式达成共识。

第三步，对培训计划草案进行修改并报上级领导审批。

在对培训计划进行修改的过程中，要考虑计划中每个培训项目的具体细节，必要的话，还可以再与相关部门进行沟通。

5.2.5　实施培训

实施培训是指对制作的培训计划付诸具体行动，并按照既定的培训课程进行授课，包括教授学员如何最佳利用既定的培训资料。

酒店有大量的技术操作性培训课程，最适合采用国际上认可的、具有科学性的"TSFC四步培训法"，具体有以下几点。

①准备（Tell You）：课前准备并告知学员培训的相关知识和技能。

②示范（Show You）：示范和重复实际操作的步骤。

③练习（Follow Me）：学员在培训师指导下对所学知识和技能进行练习。

④检查与跟踪（Check You）：对学员完成的任务进行检查并给予积极支持和及时反馈。

同步案例

年度培训计划的实施

某酒店是一家五星级酒店，经营业绩在当地一直名列前茅，可提到培训计划的制订与实施，培训经理小王却并不感到轻松。

上次，小王花了几个通宵加班加点写了十几张的年度培训计划，内容很周详，受到了老总的表扬。但一年下来，计划中的内容最多只实现了60%，主要原因是酒店经营状况好，员工工作经常与培训计划冲突，时间上无法保证，相关部门也不配合。可近来，一线人员在服务的过程中经常出现差错导致客人的投诉，问题恰恰出在员工缺乏有效的培训上。这下，小王、相关部门经理，连老总都成了"救火队员"，整天忙于处理这些突发事件，小王也不知道到底怎样才能扭转这种被动的局面。

（资料来源：胡友宇《酒店人力资源管理实务》，清华大学出版社，2016年版）

5.2.6　评估培训效果

培训评估为提高培训效果，为员工更好地利用培训资源，为酒店改进培训工作提供了有效途径。当每项培训工作结束后，都应该对培训的效果进行客观评估，进行数据分析和反馈等，以总结经验，改正不足，进一步推进培训工作。对每一项培训工作评估，应该综合考虑以下几个方面：培训内容是否按原计划、原方式顺利完成？受训者实际接受的程度如何？受训者所在岗位和部门的工作有何改进？培训投资与收益的分析结果如何？培训时成功与失败之处有哪些？

一项有效的培训评估，可从以下 4 个方面进行。

1. 反应评估

受训者作为培训的参加者，在培训中和培训后必然会对培训活动形成一些感受、态度及意见，他们的反应可以作为评价培训效果的重要依据。一般反应评估是在培训刚刚结束后，立即对受训者进行了解，及时掌握他们对培训内容、培训方法、培训讲师和培训地点以及时间等方面的反应，完成关于受训者对具体培训科目综合看法的分析。

2. 学习评估

这一评估的目的是确定受训者学到了哪些知识？提高了哪些技能？改进了哪些态度？学习评估的方法有观察受训者按工作角色进行的演练、个人技能表演、笔试和讨论、应变能力测试、演讲等。

3. 行为评估

受训者在培训中获得的知识和技能能够应用于实际工作，能够实现由学习成果向工作能力的转化，是评价培训效果的重要标准。经过培训后，员工的实际工作表现是对培训效果最客观的反映。行为评估就是核查受训者在参加培训后对所学内容的吸收程度，特别是在工作中对所学内容的自觉运用水平。因为很难预测行为变化实际发生的时间，建议行为评估通常在其回到岗位 1~3 个月后进行。评估的行为变量包括工作的积极性、服务的规范性、操作的熟练性、分析解决问题的有效性等。行为评估的方法有：受训者行为观察、受训者的谈话和调查、培训后对受训者上级主管的问卷调查。

4. 结果评估

利用一系列数字化指标，比较研究员工培训对酒店经济效益、服务水平和顾客满意度等方面的影响。培训结果评价的另一个重要内容是，评估培训费用的使用效果，即评估培训对实际酒店目标的影响性质和影响程度。例如，对提高劳动生产率、改进服务质量、提高员工士气、降低缺勤率、降低员工流动率、降低成本、利润增长等方面的影响。

同步案例

敬语缘何招致不悦

一天中午，一位住在某酒店的外国客人到酒店餐厅去吃午饭，走出电梯时，站在电梯口的一位女服务员很有礼貌地向客人点头，并且用英语说："您好，先生。"客人微笑地回道："你好，小姐。"当客人走进餐厅后，引台员说出同样的一句话："您好，先生。"那位客人微笑着点了一下头，没有开口。客人吃好午饭，顺便到酒店的庭院中去散步，当走入内大门时，一位男服务员又是同样的一句："您好，先生。"这时客人下意识地只点了一下头了事。等到客人重新走进内大门时，劈头见面的仍然是那个服务员，"您好，先生"的声音又传进客人的耳中。此时这位客人已感到不耐烦了，默默无语地径直去乘电梯准备回客房休息，恰巧在电梯口又碰见了那位小姐，自然是一成不变的套路："您好，先生。"客人实在不高兴了，装作没有听见，皱起眉头。这位客人在离店时给酒店总经理写了一封投诉信，内容是："……我真不明白你们酒店是怎样培训员工的？在短短的中午时间内，我遇见的几位服务员竟千篇一律地简单重复着一句'您好，先生'，难道不会使用其他语句吗？……"

（资料来源于网络）

任务 5.3   酒店激励管理

任务介绍

酒店激励管理的目的在于调动员工的积极性和创造性，使员工努力去完成酒店所下达的工作任务，以便酒店实现经营管理的目标。酒店企业应明确激励需求，确定激励目标，完善激励机制，并运用科学的激励方法来提升酒店的经营管理效果。

任务目标

1. 掌握激励需求分析。
2. 了解酒店激励目标与激励机制。
3. 掌握激励方法的选择。
4. 掌握激励的实施和监控。
5. 掌握激励效果的评估、反馈与调整。

任务导入

称职的员工必须具备两个基本条件：一是具有做好工作的能力，二是具有做好工作的愿望。员工是否肯干则取决于酒店管理人员能否把员工的工作积极性调动起来。调动员工的工作积极性是酒店管理人员的重要任务。为此，必须增加酒店凝聚力，运用各种切实可行的激励方式来最大限度地调动员工的工作热情。

相关知识

员工激励管理方案总则

第一条   为充分调动员工积极性、主动性，树立其长期为公司服务的意识，增强公司凝聚力，以及对优秀人员的吸引力，特拟定本方案，以对酒店的绩效方案进行补充。

第二条   公司员工激励计划包括：业绩提成奖、优秀员工奖（优秀管理人员奖）、员工外派培训、酒店公益活动、生日会以及其他文体活动、外出旅游奖励、免费进修计划、退休金计划等。

第三条   酒店员工激励经费从酒店每月绩效考核中各部门所得的部门基金中分成所得，每月各部门（除市场销售部外）所得绩效奖金的35%提为酒店员工激励经费，由酒店统一支配，剩余65%的绩效奖金作为部门基金由各部门自行支配。市场销售部门所得的绩效奖金提出20%作为酒店员工激励经费，剩余80%的绩效奖金作为部门基金。

第四条   本方案为指导性方案，具体实施依据具体的单项管理办法，但须在本方案的原则下执行。

第五条   本方案的制订、修改以及单项管理办法的制订均由人力资源部进行。

第六条   本方案及单项管理办法经总经理批准后实施。

5.3.1　激励需求分析

激励一般被解释为引导人们按照预期的方案进行的活动及行为。需要是指人们对某种目标的渴求和欲望，包括基本的需要（各种生理需求如衣、食、住等）和各种高层次需要（如社交、自尊、地位、成就、自我肯定等）。动机是指诱发、活跃、推动并指导和引导行为指向目标的一种内在状态。激励就是影响人们内在需要或动机，从而加强、引导和维持行为的一个反复过程。

酒店是劳动密集型的企业，现代酒店管理通常把人放在管理的中心位置，酒店的生存和发展目标只有通过全体员工的共同努力才能实现。因此，激发广大员工的工作积极性，提高员工士气，是保证酒店生机和活力的客观要求，对酒店管理具有重要意义。激励有利于充分挖掘员工的潜能。美国哈佛大学詹姆斯教授在对员工激励的研究中发现，绝大部分员工为了应付企业指派给他的全部工作，一般只需要付出自己能力的 20% ~ 30%。也就是说，员工为了"保住饭碗"，在工作中所发挥的效能只是其本身能力的很小部分。如果员工收到了有效的激励，则会付出他们全部能力的 80% ~ 90%，由此可知，激励对员工潜在的工作表现和工作能力有相当大的推动力。

另外，酒店中有些员工具有较高的素质和较好的服务技能，但在服务工作中缺乏积极性、主动性和创造性，影响到服务质量，这就是缺乏激励的表现。只有在激励的作用下他们才有可能充分发挥主观能动性和创造性，才能激发他们的工作潜能。通过激励可以调动员工的积极性，促使每位员工自发地、最大限度地发挥潜力，提高服务质量和管理水平，提高员工对酒店的参与感和归属感，增强员工的群体意识，形成团队精神，使员工以高昂的士气为实现酒店的整体目标而努力工作。

激励管理是酒店管理的重要内容之一，是现代酒店人力资源管理的核心内容，激励管理对酒店的重要性主要体现在以下几个方面。

①激励有利于充分发掘员工的潜力。

②激励能够提高劳动效率。

③激励可以提高服务质量。

④激励可以充分调动员工的工作积极性。

5.3.2　确定激励目标和激励机制

1. 激励目标的确定

目标是对行为方向的一种界定，构成人们努力的方向和行动的指南。在现代酒店管理中，目标激励是一个重要的激励手段和内容，目标导向行动，一个目标值较大、振奋人心、令人神往的奋斗目标，具有无可替代的巨大影响力，能够成为人们的精神支柱，可以起到鼓舞和激励的作用。相反，一个目标值和难度较小、没有挑战性的目标，容易使人们目光短浅、裹足不前，缺乏积极性和主动性，起不到应有的激励作用。具体而言，在制订具体的激励目标时要考虑到以下几个方面。

首先，目标值不能太小，要有一定难度和挑战性，所设置的目标的难度要适当。

其次，不要将目标静态化、单一化，而是使其动态化、复合化。不要将目标整体化，而是使其具有可分性。要善于对目标进行层级、阶梯设置，科学区分，准确定位理想目标与现实目标、总目标与分目标、最终目标与阶段性目标、高层次目标与低层次目标、激励目标与行动目标。

最后，目标内容要具体明确，有定量要求，以便于后续的监督和考核工作的开展。

2. 建立健全激励机制

（1）组建一支成熟的领导队伍

酒店组建起一支具有一定素质和高度责任感的领导干部队伍。一个好的领导干部能够适时、准确地建立目标和提出任务，下属就会感到他们的领导者是具有事业心、领导能力和工作魄力的领导者，就会起到榜样的作用，带动员工的工作积极性。

（2）倡导、培育酒店企业内部员工的价值观

酒店作为一个组织，与自然人一样也有其价值观，不同的价值观决定不同的行为方式，即企业文化。企业文化是全体成员经过长期实践积累而成的，对成员的行为具有潜移默化的影响力和约束力。因此，一方面，酒店要在组织内部积极倡导和培育一种公正的价值观，广泛宣传被多数员工认同并共同遵守的行为准则，并以此作为员工评价别人和自己的行为准绳。另一方面，要完善管理制度，从制度上杜绝投机取巧行为，为员工提供公开、公平、公正的竞争环境。

（3）建立制度化的考核分配体系

考核是对员工所实施的一种具体的衡量手段，它是对企业员工工作进行识别、测量和反馈的过程。酒店的考核评估体系应具有以下功能：准确地测评每个员工的工作业绩和行为；明确识别一个员工的优缺点；能够有效地激励员工扬长避短；及时地给予员工以测量结果反馈，使其认识到问题所在；有一个连续性的跟踪记录，以便员工今后的发展。因此，酒店内部要建立制度化的考核分配体系，维持制度的严肃性并按制度兑现，让员工体会到确实是劳有所得，从而坚定挑战下一个目标的信心。

（4）建立酒店内部激励机制纠偏制度

由于酒店内部工作岗位有所不同，员工目标设置和激励标准的选择未免会出现偏差，这种偏差使员工付出与所得不对等，员工对此自然会产生不公平感，长此下去，势必影响员工的工作积极性。因此，酒店人力资源管理部门要随时对执行过程中出现的偏差予以纠正，确保不偏离预设的目标，从而切实发挥实实在在的激励效应。

5.3.3 选择激励方法

根据激励的性质不同，可以把激励方法分为四类：物质激励、成就激励、能力激励和环境激励。

1. 物质激励

物质激励的内容包括工资、奖金和各种公共福利。它是一种最基本的激励手段，因为获得更多的物质利益是普通员工的共同愿望，它决定着员工基本需要的满足情况。同时，员工收入及居住条件的改善，也影响着其社会地位、社会交往，甚至学习、文化娱乐等精神需要的满足情况。

2. 成就激励

随着社会的发展、人们生活水平的提高，越来越多的人在选择工资时已经不仅仅是为了

生存，对知识型员工而言，工作更多的是为了获得一种成就感。所以成就激励是员工激励中一个非常重要的内容，具体包括以下几个方面。

（1）参与激励

在酒店的组织制度上为员工参与管理提供方便，这样更容易激励员工提高工作的主动性。管理者首先要为每个岗位制订详细的岗位职责和权利，让员工参与到制定工作目标的决策中来。在工作中，让员工对自己的工作过程享有较大的决策权。这些都可以达到激励的目的。

（2）荣誉激励

为工作成绩突出的员工颁发荣誉称号，代表着酒店对这些员工工作的认可。让员工知道自己是出类拔萃的，更能激发他们工作的热情。这同时也给其他员工树立了学习的榜样。如现在很多酒店都设有"优秀员工""岗位明星""微笑大使"等奖项，这就是荣誉激励的实际运用。

（3）绩效激励

在绩效考评工作结束后，让员工知道自己的绩效考评结果，有利于员工清醒地认识自己。如果员工清楚酒店对他工作的评价，就会对他产生激励作用。

3. 能力激励

为了让自己将来生存得更好，每个人都有发展自己能力的需求。因此，酒店可通过培训激励和工作内容激励来满足员工这方面的需要。

（1）培训激励

培训激励对青年人尤为有效。通过培训，可以提高员工实现目标的能力，为承担更大的责任、更富挑战性的工作及提升到更重要的岗位创造条件。在许多著名的酒店里，培训已成为一种正式的奖励。

同步案例

香格里拉：关怀员工就是关怀企业

"所以我们特别研究过员工对于职场发展的要素价值排位，很多时候，薪资待遇只是员工愿意留任的条件之一，而且并非是排在第一位的，大多数员工更加看重的是酒店的企业文化和其自身的发展、培训等。"王旭告诉《第一财经日报》。

"香格里拉殷勤好客"培训计划是香格里拉酒店集团奉行的企业文化。集团要求下属商业网点拨出用于培训发展的专项预算，并由总经理亲自负责，确保酒店每年所拨出的专项培训资金可以得到充分利用。2004年，香格里拉酒店管理培训中心正式开幕，该中心针对现有的香格里拉员工以及社会人员设置了一系列培训课程，内容涉及厨艺、餐饮服务、前厅、客房、洗衣、工程以及人力资源管理等诸多方面，所有课程都包括教学部分以及在酒店实际工作中的实习培训。到目前为止，在该培训中心完成培训的学员已经超过770名。

"2005年，我们又推出了独有的营销培训计划——'明星'，这是为了积极创收而设立的培训计划。"香格里拉方面告诉《第一财经日报》，未来4年内，该集团还将投入300万美元用于对各个酒店以及全球销售办事处的2 000名市场销售人员进行"明星"培训。该培训融入了香格里拉企业文化的精神，培训内容涵盖基本营销技巧、谈判技巧、策略销售管理以及营销领导与动机。

同时，香格里拉携手康奈尔网络大学推出了包括人力资源管理、管理本质、殷勤待客等五方面内容的 57 门课程的在线学习，并将在今后五年内向员工提供 3 000 个在线资格。同时，香格里拉还选择了各大重要枢纽地区和主要城市作为培训地点，由集团和外聘的培训人员对员工进行系统培训。2006 年，香格里拉还投入了 100 万元用于中国饭店培训中心发展。

（资料来源于网络）

（2）工作内容激励

用工作本身来激励员工是最有意义的一种激励方式。如果我们能让员工干起最喜欢的工作，就会产生这种激励。酒店管理者应该了解员工的兴趣所在，发挥各自的特长，从而提高效率。另外，酒店管理者还可以让员工自主选择自己的工作。通过这种方式安排的工作，工作效率也会大大提高。

4. 环境激励

（1）政策环境激励

酒店良好的制度、规则等都可以对员工产生激励。这些政策可以保证酒店员工的公平性，而公平是员工的一种重要需要。如果员工认为他在平等、公平的酒店中工作，就会减少由于不公而产生的怨气，提高工作效率。

（2）客观环境激励

酒店的客观环境，如办公环境、办公设备、环境卫生等都可以影响员工的工作情绪。在高档次的环境里工作，员工的工作行为和工作态度都会向"高档次"发展。

5.3.4 实施激励和监控

根据酒店预先选择的激励方法，并结合酒店的实际情况，制订出激励实施的具体计划，并按照具体的实施计划来开展激励工作。在实施激励的过程中一定要注意对员工的行为进行记录和监控，因为只有这样，才能真正地掌握激励实施前与实施后的行为差别，才能判定出激励的具体效用。

在实施激励和监控的过程中，要时刻关注员工的工作态度、工作积极性、工作业绩等方面的变化，这些方面是激励方法实施效果的具体体现，也是评判员工工作业绩的客观资料和主要依据。

5.3.5 激励效果评估

激励效果评估是指运用一定的评价方法、量化指标及评价标准，对激励对象为实现其职能所确定的激励目标的实现程度，及为实现这一目标所安排预算的执行结果所进行的综合性评估。激励效果评估的过程就是将实施激励后的员工工作态度及工作业绩的现状与要求其达到的预期目标进行比对的过程。如果达到了预期的激励目标的要求，酒店企业要按照所采用的激励方法给予员工加薪、职位晋升、颁发荣誉等奖励；反之，则会给予员工减薪、降职等处罚。

5.3.6 反馈与调整

通过激励效果评估可以判断出酒店企业激励目标的选择、激励机制的设计、激励方法的使用是否成功，同时也是对现有激励机制进行修正的参考依据。在这一个步骤中所发现的问题应该回到最初的激励需求分析的环节中进行局部或全面的重新设计和调整，这样整个激励过程也就形成了一个比较有效的循环系统。

任务 5.4　酒店员工绩效考评

任务介绍

酒店员工绩效考评是酒店人力资源管理的重要工作内容，它贯穿于人力资源管理的全过程。定期对酒店员工的工作状况进行有序、公正、科学的考核考评，对酒店人力资源的开发和利用、提高全体员工的素质、发挥员工的工作积极性，有着非常重要的现实意义。

任务目标

1. 掌握员工绩效考评计划的制订。
2. 了解员工绩效考评的技术准备。
3. 掌握员工绩效考评的分析评价。
4. 掌握绩效考核结果的反馈与评估诊断。

任务导入

绩效考核是酒店人力资源管理的基础。酒店每月和每个年度都要做绩效考核，一般由酒店人力资源部制定绩效考核计划与方法，各个业务部门负责人具体组织实施。实施过程中，要坚持公平、公正、公开的原则，制定合理的绩效考核方案，科学设计绩效考核指标，选择适合的绩效考核方法，并做好绩效考核结果的反馈与沟通，只有这样，酒店才能科学、规范、高效地进行绩效考核。

相关知识

绩效考核

说起绩效考核，就要讲一下英国的文官制度。初期，文官晋级主要凭资历，造成工作不分优劣、所有的人一起晋级加薪的局面，结果是冗员充斥，效率低下。1854—1870 年，英国文官制度改革，注重表现、看才能的考核制度开始建立。根据这种考核制度，文官实行按年度逐人逐项进行考核的方法，根据考核结果的优劣，实施奖励与升降。考核制度的实行，充分地调动了英国文官的积极性，从而大大提高了政府行政管理的科学性，增强了政府的廉洁与效能。英国文官考核制度的成功实行为其他国家提供了经验和榜样。美国于 1887 年也正式建立了考核制度，强调文官的任用、加薪和晋级，均以工作考核为依据，论功行赏，称为功绩制。此后，其他国家纷纷借鉴与效仿，形成各种各样的文官考核制度。这种制度有一个共同的特征，即把工作实绩作为考核的最重要的内容，同时对德、能、勤、绩进行全面考察，并根据工作实绩的优劣决定公务员的奖惩和晋升。

西方国家文官制度的实践证明，考核是公务员制度的一项重要内容，是提高政府工作效率的中心环节。各级政府机关通过对国家公务员的考核，有利于依法对公务员进行管理，优胜劣汰，有利于人民群众对公务员必要的监督。

文官制度的成功实施，使得有些企业开始借鉴这种做法，在企业内部实行绩效考核，试图通过考核对员工的表现和实绩进行实事求是的评价，同时也要了解组织成员的能力和工作适应性等方面的情况，并作为奖惩、培训、辞退、职务任用与升降等实施的基础与依据。

5.4.1　制订考核计划

绩效考核计划的制订可分为准备、沟通、审定和确认三个阶段。

1. 绩效考核计划的准备阶段

绩效考核计划通常是通过部门管理人员与员工双向沟通形成的。因此，为了使绩效考核计划取得预期的效果，必须进行充分的准备工作，获取所需要的信息。

（1）酒店的信息

为了使员工的绩效考核计划能够与酒店的较小目标结合在一起，管理者与员工需要就酒店的战略目标和年度经营计划进行沟通，并达成共识。

（2）部门的信息

酒店内各个部门的目标是根据酒店的整体目标逐渐分解而来的。不仅经营的指标可以分解到前厅、客房、餐饮和销售等业务部门，财务部、人力资源部等业务支持性部门的工作目标也与整个酒店的经营目标紧密相连。

（3）员工的个人信息

员工个人作为绩效考核对象，其信息主要有两方面。一是工作描述的信息。在员工的工作描述中，通常规定了员工的主要工作职责，以工作职责为出发点设定工作目标，可以保证个人的工作目标与职位的要求联系起来。在制订绩效考核计划之前，要对工作描述进行回顾，重新思考职位存在的目的，并根据不断变化的环境调整工作描述。二是上一个绩效考核期的考核结果。应根据这一结果设定新的绩效考核周期的目标。如果员工在上一个绩效管理周期内绩效考核合格的话，那么新的绩效考核计划就应该设定新的绩效目标；反之，则需要考虑如何完成那些尚未达成的绩效指标。

2. 绩效考核计划的沟通阶段

绩效考核计划的制订是一个双向沟通的过程，因此沟通阶段也是整个绩效考核计划的核心阶段。在这个阶段，管理人员与员工必须有充分的交流，对员工在本次绩效考核期内的工作目标和计划达成共识。

（1）沟通方式

管理人员可以选择多样化的方式，达到不同的沟通目的。一是员工大会，即在整个酒店范围内召开大会，旨在宣讲以引起全体员工重视。在绩效考核计划制订前召开这样的大会是十分有必要的，它能让全体员工意识到绩效考核与每个员工息息相关，并认识到绩效考核计划的重要性，从而调动绩效考核计划的主体之一——全体员工的积极性。二是小组会议，一般在员工大会之后，由各个部门在内部召开，对相关事项进行集中讨论，有利于不同成员之间的协调配合。三是单独面谈，以便于就绩效考核计划的具体内容进行深入商讨，使绩效考核计划更加切合员工实际情况，更符合可行性的原则。

（2）沟通氛围

管理人员和员工都应该确定一个专门的时间用于绩效考核计划的沟通，并且努力营造良好的沟通氛围。在单独面谈时，管理者切忌高高在上，将自己的意志强加于员工，而应努力使双方保持轻松愉悦的情绪，使员工感受到这是一次友善的、与员工自己密切相关的沟通，而不是令人紧张的领导谈话。管理者应倾听员工的意见和看法，充分调动员工的积极性。在沟通场所的选择上，除了会议室和办公室外，还可选择员工活动室、休息室等非正式场合，但应注意避免其他员工的干扰。

（3）沟通过程

在绩效考核计划沟通时，首先，要对之前所获得的（酒店、部门和员工）信息进行回顾。管理人员和员工都应该知道酒店的要求、发展方向以及与讨论的具体工作职责有关系和有意义的其他信息，包括酒店的战略目标和年度经营计划、部门的目标、员工的工作描述和上一个绩效考核期内的考核结果等，以明确沟通的目的。其次，将绩效考核计划的目标具体化。对酒店期望员工达到的目标进行具体的描述，并将每个目标与工作或结果联系起来，明确规定完成工作的时限、拥有的权力和可调配的资源；了解员工在达到目标的过程中可能遇到的困难、障碍以及酒店可提供的帮助，尽可能在计划制订时就做出充分准备。再次，制订衡量标准。绩效考核标准是衡量员工是否达到目标的标尺，应做到具体、客观和方便度量，它通常回答"什么时候""怎么样""谁满意"等问题。绩效考核计划的目标设定越具体，绩效衡量标准就会与目标越相近。

（4）沟通结果

这一阶段，沟通的结果是指达成的关于绩效的契约，或者说协议。管理人员要对员工的参与表示感谢，并激励员工按照绩效考核计划设定的目标努力。同时要安排制作相关文档，并解决遗留问题。

3. 绩效考核计划的审定和确认

在制订绩效考核计划的过程中，对计划的审定和确认是最后一个步骤。员工要回答绩效考核的相关问题，这些问题包括：员工在本绩效期内的工作职责是什么？员工在本绩效期内所要完成的工作目标是什么？如何判断员工的工作目标完成得怎么样？员工应该在什么时候完成这些工作目标？各项工作职责以及工作目标的权重如何？哪些是最重要的，哪些是其次重要的，哪些是次要的？员工的工作绩效好坏对整个企业或特定的部门有什么影响？员工在完成工作时可以拥有哪些权力？可以得到哪些资源？员工在达到目标的过程中会遇到哪些困难和障碍？管理人员可以为员工提供哪些支持和帮助？员工在绩效期内会得到哪些培训？在员工开展工作的过程中，如何获得有关他们工作情况的信息？在绩效考核期间，管理人员将如何与员工进行沟通？

5.4.2　进行技术准备

进行绩效考核常用的技术方法有以下几点。

1. 等级评估法

等级评估法是绩效考评中常用的一种方法。根据工作分析，将被考评岗位的工作内容划分为相互独立的几个模块，在每个模块中用明确的语言描述完成该模块工作需要达到的工作标准。同时，将标准分为几个等级选项，如"优、良、合格、不合格"等，考评人根据被考评人的实际工作表现，对每个模块的完成情况进行评估。总成绩便为该员工的考评成绩。

2. 目标考评法

目标考评法是根据被考评人完成工作目标的情况来进行考核的一种绩效考评方式。在开始工作之前，考评人和被考评人应该对需要完成的工作内容、时间期限、考评的标准达成一致。在时间期限结束时，考评人根据被考评人的工作状况及原先制订的考评标准来进行考评。目标考评法适合于企业中实行目标管理的项目。

3. 序列比较法

序列比较法是对相同职务员工进行考核的一种方法。在考评之前，首先要确定考评的模块，但是不确定要达到的工作标准。将相同职务的所有员工在同一考评模块中进行比较，根据他们的工作状况排列顺序，工作较好的排名在前，工作较差的排名在后。最后，将每位员工几个模块的排序数字相加，就是该员工的考评结果。总数越小，绩效考评成绩越好。

4. 相对比较法

与序列比较法相仿，它也是对相同职务员工进行考核的一种方法。所不同的是，它是对员工进行两两比较，任何两位员工都要进行一次比较。两名员工比较之后，工作较好的员工记"1"，工作较差的员工记"0"。所有的员工相互比较完毕后，将每个人的成绩进行相加，总数越大，绩效考评的成绩越好。与序列比较法相比，相对比较法每次比较的员工不宜过多，范围在五至十名即可。

5. 小组评价法

小组评价法是指由两名以上熟悉该员工工作的经理，组成评价小组进行绩效考评的方法。小组评价法的优点是操作简单，省时省力；缺点是容易使评价标准模糊，主观性强。为了提高小组评价的可靠性，在进行小组评价之前，应该向员工公布考评的内容、依据和标准。在评价结束后，要向员工讲明评价的结果。在使用小组评价法时，最好和员工个人评价结合进行。当小组评价和个人评价结果差距较大时，为了防止考评偏差，评价小组成员应该首先了解员工的具体工作表现和工作业绩，然后再做出评价决定。

6. 重要事件法

重要事件法是考评人在平时注意收集被考评人的"重要事件"。这里的"重要事件"是指被考评人的优秀表现和不良表现，对这些表现要形成书面记录。对普通的工作行为则不必进行记录。根据这些书面记录进行整理和分析，最终形成考评结果。该考评方法一般不单独使用。

7. 评语法

评语法是指由考评人撰写一段评语来对被考评人进行评价的一种方法。评语的内容包括被考评人的工作业绩、工作表现、优缺点和需努力的方向。评语法在我国应用得非常广泛。由于该考评方法主观性强，最好不要单独使用。

总之，酒店在进行绩效考核工作时，可根据酒店的实际情况、员工自身的素质条件、组织环境等多方面因素来选择适合的绩效考核方法技术。

5.4.3 做出分析评价

绩效考核工作结束以后，将考核的原始资料进行回收，然后对这些原始资料进行统计分析，把每位被考评者的个人情况统计出来，对某些应当进行加权处理的项目、资料按要求认真处理，形成员工个人的考评档案。最后，在个人基础上，分门别类地汇总全体员工的各种评价考评情况，以做比较参考。

5.4.4 考核结果反馈

整个考评工作结束后，酒店人力资源部门应对考评的结果进行考评，从各方面搜集信息，以获取人们对考评工作在组织准备、实施过程、效果反应等方面的意见和要求，为今后不断改进考评工作创造条件。

有效的员工绩效考核，是酒店人力资源管理部门全面掌握整个酒店员工基本情况、制订工作计划、进行人事决策、开发人力资源等各项工作的客观基础，是人力资源管理部门正常运行和管理的保证。

考评结果不仅用于人事决策，而且是对员工进行激励和培训的标准。不将考评结果反馈给被评的员工，考评也就失去其重要的激励、奖惩与培训的功能。反馈的方式主要是面谈，其内容一般包括考评成绩、优点和不足、今后的发展方向和希望，以及对考评本身的看法和意见。

5.4.5 绩效考评结果评估诊断

在酒店的绩效考评工作结束后，要进行绩效考评工作的总结工作，其主要目的是针对绩效考评结果进行评估诊断，找出酒店企业在经营管理过程中存在的不足之处。绩效考评结果评估诊断主要包括以下几个方面的内容。

1. 对企业绩效管理制度的诊断

如现行的绩效管理制度在执行的过程中，哪些条款得到了落实，哪些条款遇到了障碍难以贯彻，绩效管理制度存在着哪些明显的不科学、不合理、不现实的地方需要修改调整等。

2. 对企业绩效管理体系的诊断

如流程绩效管理体系在运行中存在着哪些问题，各个子系统之间健全完善的程度如何，各子系统相互协调配合的情况如何，目前亟待解决的问题是什么，等等。

3. 对绩效考评指标和标准体系的诊断

如绩效考评指标与评价标准体系是否全面完整、科学合理、切实可行，有哪些指标和标准需要修改调整等。

4. 对考评者全面、全过程的诊断

如在执行绩效管理的规章制度以及实施考评的各个环节中，有哪些成功的经验可以推广，有哪些问题亟待解决，考评者自身的职业品质、管理素质、专业技能存在哪些不足，有哪些亟待提高等。

5. 对被考评者全面、全过程的诊断

如在企业绩效管理的各项活动中，员工持有何种态度，通过参与绩效管理活动，员工有何转变，在实际工作中取得何种成果，职业品质和素养有哪些提高等。

酒店要重视在绩效考评结果评估诊断过程中所发现的问题，要针对具体问题制订出改进措施，并认真执行和落实，才能不断提高酒店的经营效果，调动员工的工作积极性。

同步案例

全面质量综合考核

1996 年初，广州三寓宾馆刘总向全店下达了任务和目标。3 月底，为了解各部门落实任务的具体情况，酒店组成了 4 个考核小组，在总经理和党委书记的带领下，对第一季度 14 个部门的各项工作进行了为期两天的全面质量综合考核。

考核小组立刻活跃在酒店的各个角落。其中一个组来到娱乐部，先是召开座谈会，听取部门经理介绍前3个月的情况，查看了有关记录和客人投诉，接着便是现场考评。

每位考核小组人员手中都有一份"三寓宾馆娱乐部全面质量综合考核评分表"。一位考评员走进投影室，检查墙壁和角落的卫生情况，满意地在评分表上写上5分，然后让服务员操作电器设备，检查其功能是否完好无损、安全有效。看到投影质量不错，图像清晰明亮，于是他在实际得分一栏又写上3分。这两个项目的得分都是满分。

接着是检查桌球室。考评员摸了一下桌腿，果然一尘不染，表层平滑光亮，桌球营业场所十分整洁，按要求又得了满分5分。考评员正要检查另一个项目时，进来两位客人要打桌球，服务员连忙礼貌接待。考评员在一旁偷偷看手表。从开始接待直到一切准备就绪，开台时间总共为52秒，不到规定的1分钟。于是他在"操作规范标准"这个大栏目下的"桌球开台"这一栏内填上3分，又是一个满分！

考评员在娱乐部里又任意抽查两名服务员，进行现场考核，考核内容主要是应变能力。考评员故意设计了几道难题，看服务员如何应答。两名才上岗不久的年轻服务员居然以十分灵活、巧妙的办法应答，既体现了宾客至上的服务宗旨，又保证了酒店的利益。考评员又给了一个满分。

对娱乐部的全面质量考核还在继续进行，另外几个考评小组分别在饮食部、客房部、营业部等部门一一考核，连后台的办公室、人事部、财务部以及质检部本身都需接受考评。

（资料来源：蒋一骊，《酒店管理180例》，东方出版中心，1998年版）

实践训练

分析题
1. 酒店如何实施招聘工作？
2. 签订劳动合同时应遵循哪些原则？
3. 如何进行培训需求分析？
4. 常用的激励方法有哪些？
5. 如何制订绩效考评计划？

酒店商品部和客房部管理

酒店商品部和客房部管理是酒店管理的重要内容。本模块主要介绍酒店商品部人员岗位职责、柜台售货、商品导购、商品卫生等规范管理和客房卫生、客房设备用品规范管理等工作内容，为学生奠定酒店商品部和客房部管理的理论基础。

※ 知识目标

1. 掌握酒店商品部人员岗位职责。
2. 掌握柜台售货、商品导购、商品卫生等规范管理。
3. 掌握酒店客房卫生管理的基本内容。
4. 掌握客房设备用品规范管理。

※ 能力目标

1. 能够根据客户需求进行柜台售货、商品导购工作的实施。
2. 能够就商品部人员岗位职责开展工作。
3. 能够根据目标来进行规范客房卫生管理工作。
4. 能够运用规范来对客房设备用品进行有效推销。

任务6.1 商品部管理

商品部经理的岗位职责、营业部经理的岗位职责和营业员的岗位职责以及采购员的岗位职责都是商品部人员岗位职责的重要内容。

任务目标

1. 了解商品部经理的岗位职责。
2. 掌握营业部经理的岗位职责。
3. 掌握营业员的岗位职责。
4. 掌握采购员的岗位职责。

任务导入

商品部的工作内容主要是部门衔接工作和部门既定工作。部门衔接工作主要是衔接销售部、设计部、计划品控部、生产部、企划部和财务部。商品部既定工作主要有终端信息收集管理、销售数据分析、商品管理、生产管理和物流管理等内容。

相关知识

酒店商品部

酒店商品部是向客人提供商品及相应服务的部门，其宗旨在于通过一流的商品与服务，为客人营造最佳的购物环境，满足顾客的购物需求。

职能概述：

①满足客人对商品及购物服务的需要。

②合理使用资金，加速商品周转，开源节流，提高经济效益。

③加强商品部财产物资管理，做到账、卡、物相符。

商品部组织架构如图6-1所示。

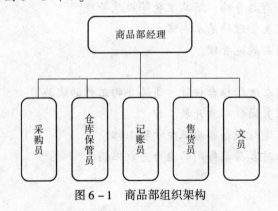

图6-1　商品部组织架构

6.1.1　商品部人员岗位职责

1. 商品部经理岗位职责

（1）工作策划

①负责对商品部的工作进行全面的策划和决策。

②根据酒店的客情和营销状况、市场情况、商品销售规律和特点制订商品部的营销计划。

（2）业务沟通

①了解和掌握市场行情和商业信息，了解同类酒店商场及其他商业部门的市场动态、物价情况、销售情况；经常与营业、采购等经理进行业务研究和信息沟通，在营销活动中争取主动。

②帮助商品的营销、采购、仓库保管员进行业务沟通，掌握销售、库存、采购商品的情况，做到既不积压又不脱销，保证商品营销正常。

（3）业务洽谈

①根据商品的营销情况进行业务洽谈，特别是大宗的、重要的商品，应签订营销协议。在平等互利的原则下，友好地进行商业往来。

②保持与客户的密切联系。无论对主动上门来还是走出去进行业务联系的单位和个人，都要以礼相待，讲究商业信誉，使商品销售有一个稳定的货源基础。

（4）督导和检查

①巡视和检查营业员在商品销售活动中的仪容仪表、礼节礼貌、销售技巧等工作情况，进行必要的督导。

②巡视和检查营业中的商品陈列、商品质地和卫生状况是否符合规定。

③检查商品的销售状况，了解畅销与滞销商品的情况，及时进行营销指导。

④检查商品的采购情况，了解采购商品的品质、数量、规格、进价等情况。

⑤检查采购人员在进行采购活动中与客户的关系，是否讲信誉，有无违法乱纪现象。

⑥检查商品运输情况，了解提运是否及时准确，运输过程中有无损坏。

⑦检查商品进仓是否与进货单、提运单相符，对有差错的要及时进行查对和处理。

⑧检查仓库管理情况，是否存放整齐、清洁美观，有无霉坏，是否账物相符、账卡相符。

⑨检查仓库的防火情况和有否被盗的现象。

⑩审阅营销报告及各部门的工作报告。

⑪做好员工培训工作，不断提高员工素质。

⑫向总经理报告工作。

2. 营业部经理岗位职责

（1）业务策划和沟通

①根据酒店下达的营业指标及本部的营销情况、市场行情进行营销策划。

②根据本部商品的销售情况，与业务部、储运部进行业务沟通，将畅销或滞销商品和消费者的需求情况提供给业务部，以便适时采购适销对路的商品。

（2）工作督导与检查

①检查营业前各柜台的准备工作，如柜台的清洁、商品的整理和陈列等情况。

②检查售货员在营销活动中是否热情有礼地接待宾客，是否积极主动地向客人介绍和推荐商品。

③收市时检查售货员是否结好账款，贵重物品是否收藏保管好，卫生是否搞好，下班是否关好灯、锁好门。

④检查商品的盘点情况、每天的营销情况，审阅营业报表。

⑤做好员工培训工作，不断提高员工素质。

⑥向商品部经理报告工作。

3. 营业员岗位职责

①工作前要穿好工作服和佩戴好工作牌。

②上班时不迟到、不早退、不无故请假，没有特殊情况不能随便调班、工休。需要调班、工休时经主管以上领导批准。不擅离工作岗位，需要离开时，做好离岗登记方能离开岗位。

③要热情待客、礼貌服务，主动介绍商品，做到面带微笑、有问必答。无顾客时要整理商品，使其整洁美观。

④对顾客提出的批评或建议要虚心接受，不与顾客顶撞、争吵。

⑤站立姿势要端正，不准在柜台聊天、嬉笑、打闹。

⑥不准在柜台内会客、办私事。当班时间不准购买自己经营的商品。

⑦不准在柜台或仓库内吸烟、吃东西、看书、睡觉、聊天等。

⑧全柜人员要团结一致、齐心协力把各项工作做好。

⑨自觉做好柜台内外的环境卫生和商品卫生。

⑩不准把私人的包、钱带进柜台。

⑪严禁私套外汇券和外币，不准收客人小费及故意多收费。

⑫不得拿用商品。

⑬交接班时应做到：交接清楚，货款相符，签名负责。

⑭不准提前更衣下班或提早关门停止售货。

⑮下班时，关断一切电源，锁好保险柜和门窗，做好防火、防盗工作。

4. 采购员岗位职责

①了解和掌握新采购商品的名称、型号、规格、特点、品牌、产地、进价、售价、行情和销售等情况。

②了解和掌握市场信息、商业行情及同行的营销情报，掌握本酒店的客情状况、商品销售的特点和规律，并据此进行采购和进货，以使商品适销对路。

③按计划进货，做到既不积压又不脱销。

④在进行大宗商品订购时，必须有经理和财会人员一起参加洽谈，应签订协议后再严格按协议执行，讲究信誉。

⑤要与供货单位保持良好的贸易关系。

⑥讲究商业道德，不索贿受贿，遵纪守法。

6.1.2 柜台售货规范管理

酒店商品销售是满足消费、提高商场经济效益的关键，其销售过程一般包含售前准备、柜台售货、售后服务和结账四个环节。售货服务是商品销售的中心环节，由招呼客人、了解需要、展示商品、帮助挑选、主动介绍、开票结算、包扎付货一系列小环节组成一个连续而完整的过程。

1. 接待客人

客人走向前厅时，售货人员面带微笑，主动问好，热情迎接客人，态度和蔼，语言亲切、规范。询问客人需求分寸掌握适当，善于分析客人心理，主动介绍商品，回答客人询问耐心、周到。

2. 介绍商品

客人要购买或挑选、观看某种商品，及时拿取、展示商品，轻拿轻放，动作规范。一边展示，一边介绍商品。展示商品要耐心细致，介绍商品性能、特点、价格、商标和使用方法应准确得体，实事求是。介绍连带商品要耐心周到。客人挑选商品，百拿不厌；客人询问商品，有问必答。在商品介绍、展示服务中，能够取得客人的信任，激发客人的购买欲望。

3. 检验商品

对需要检查质量的商品，当场检验，试调试用，操作准确熟练。对需要试穿试用的商品，针对客人需求，准确选择规格、尺寸。应保证试穿试用场所舒适，主动当好参谋，客人满意后再办出售手续。对需要计量的商品，计量器具准确，应当面计量，操作规范，令客人放心。

4. 成交送客

客人购买商品后，包装好、收款交货时，要向客人表示祝贺。客人离去，应主动告别，以礼貌语言表示谢意，并欢迎客人再次光临。对没有购买商品的客人，同样应热情礼貌，主动告别，给客人留下愉快的购买体验。

6.1.3　商品导购规范管理

1. 导购服务

客人来到商场门口时，面带微笑，亲切迎接。大方、自然地引导客人进入商场浏览观看商品。常客、贵宾能称呼姓名，照顾周到。客人购买商品离开商场时，应主动表示祝贺，告别客人，并欢迎再次光临。客人询问有关商品种类、质量、价格、商标等，回答主动、准确，有问必答。

2. 协调配合

导购人员日常应注意商场客人购物动态和商品安全，与前厅售货员和收款员配合密切。堆存商品、货架商品紊乱时主动协助整理。发现可疑现象或人员进入商场，要提高警惕。遇有特殊情况或不法分子作案，应通知安保部人员及时、妥善处理。

6.1.4　商品部卫生规范管理

1. 商品卫生

商品前厅、货架、橱窗内各种商品每日除尘。不同性质的商品分区摆放，不同种类的商品分类陈列。商品表面始终保持清洁，无灰尘、积土。商品货价标签面对顾客，字迹清楚，表面清洁无污渍。食品采用防尘措施，包装物采用消毒食品袋。各种商品无过期、变质、变味、互相串味等现象发生。

2. 员工卫生

男售货员不留长发；女售货员化淡妆，不留长指甲，发型美观大方。平时勤洗澡、洗发，身上无异味；上岗前不食异味食品。员工每半年体检一次，持健康证上岗。患有传染性疾病的员工不得上岗服务。

3. 操作卫生

商场服务员上岗前先洗手。正式售货前整理好各种台秤、计算器、包装物。出售食品和水果时，服务员不要用手直接拿取食品，坚持使用托盘、夹子或售货小铲。服务过程中不挠头、摸脸。包装物坚持采用清洁消毒物品，整个服务过程坚持卫生操作规程。

4. 设备卫生

商品前厅、货架、橱窗、收款台及其设备每日擦拭，保持表面光洁明亮，无灰尘和污渍。计量器具每日擦拭，光洁明亮，无污渍，度量准确。

5. 场所卫生

商场卫生每日彻底清扫1次。售货场所客人活动地区设卫生人员，随时流动清扫，使地面清洁、光亮，无废纸、杂物、垃圾，边角无卫生死角；天花板、墙面无蛛网灰尘，无掉皮和污渍；玻璃、门窗光洁明亮无污迹。

任务6.2　酒店客房部规范管理

任务介绍

酒店客房部工作的主要内容有酒店客房卫生规范管理、客房设备用品摆设规则、客房设施设备及其清洁保养等。

任务目标

1. 掌握酒店客房卫生规范管理。
2. 掌握客房设备用品摆设规则。
3. 熟悉客房设施设备及其清洁保养。

任务导入

商品部的工作内容主要是酒店客房部卫生规范管理。整洁的房间、优雅的环境能使客人心情舒畅、轻松愉快，因此服务员必须按时、按服务标准认真高效地清扫客房。

相关知识

酒店客房部

客房部是负责管理客房事务，为客人提供住宿、休息和综合服务等项目，并负责客房及管辖区域的清洁卫生和维护保养工作。

职能概述：

①客房部是酒店的基本设施和向客人提供住宿的物质承担者，是构成酒店的主体之一。

②客房部是酒店经济收入的主要来源之一。酒店的经济收入主要来源于客房收入、饮食收入和综合服务设施收入。客房消耗低，创利率高，是酒店利润的主要来源，同时也是带动其他部门经营活动的枢纽。

③客房服务质量是酒店服务质量的重要标志之一。客房服务质量包括客房设备和服务水

平。客房服务质量的高低是衡量酒店"价"与"值"是否相符的主要依据。

客房部组织架构图如图6-2所示。

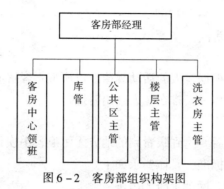

图6-2　客房部组织构架图

6.2.1　客房卫生规范管理

客房的清洁程度是客人入住酒店最关心的问题之一，同时也是客人选择酒店的标准之一。整洁的房间、优雅的环境能使客人心情舒畅、轻松愉快，因此服务员必须按时、按服务标准认真高效地清扫客房。

清扫客房时，有些项目是每天都要进行的工作，如整理床铺、擦写字台等；有些项目则是隔一段时间才进行的工作，如翻转褥垫、换床罩、除污、维修等，其间隔有的是周期性的，有的则是不定期的，视具体情况而定。

1. 客房清扫要求

客房状况不同，清扫的要求也有所不同。一般来说，对于短暂没人居住但随时可供出租的空房，服务员只需要进行简单清扫或小扫除；对于有客人入住的住客房间以及客人刚刚结账离店、尚未清扫的走客房间，需要进行一般性清扫或中扫除；对于那些长住客人离店后的客房以及将有重要客人光临的客房，则要进行彻底清扫或大扫除。清扫客房时，如床上或椅子上有衣物，要用衣架挂起，放入衣橱中；如有印刷品或书报等物随处放置，应把它们整理好，放于桌子或架上；将杯子里没有喝完的饮料倒入马桶，用水冲去；清洁烟灰缸时要熄灭烟头，但不能把烟灰倒入马桶内。

2. 客房清扫顺序

为了提高客房利用率和服务质量，客房清扫要根据实际情况，按一定的先后次序进行。酒店客房的清扫顺序在淡季和旺季是不同的。

（1）淡季清扫顺序

①总台指示要尽快打扫的房间。

②门上挂有"快速打扫"牌的房间。

③走客房间。

④将有重要客人光临的客房。

⑤其他客房。

⑥空房。

（2）旺季清扫顺序

①总台指示要尽快打扫的房间。

②空房。空房可以在几分钟内打扫完毕，以便尽快交由总台出租。

③走客房间。旺季时应优先打扫，以便总台能及时出租，迎接下一位客人的到来。

④门上挂有"快速打扫"牌的房间。

⑤将有重要客人光临的房间。

⑥其他住客房间。

以上客房清扫顺序还应根据客人的活动规律加以调整。客房清扫以不打扰客人或尽量少打扰客人为原则，因此，应尽量安排在客人外出时进行。

3. 客房卫生标准

总的来讲，客房清扫之后要达到眼看到的地方无污痕，手摸到的地方无灰尘，设备用品无病毒，空气清新无异味的标准，具体要求如下。

①天花板墙角无蜘蛛网，墙纸干净无污迹。

②地毯（地面）干净无杂物。

③楼面整洁无害虫。

④玻璃、灯具明亮无积尘。

⑤布草洁白无破烂。

⑥茶具、杯具消毒无痕迹。

⑦铜器、银器光亮无锈污。

⑧家具设备整洁无残缺。

⑨卫生间清洁无异味。

4. 客房清扫前的准备

①服务员上班后，应换好工作服，带上姓名牌，梳理好头发，女服务员可适当化妆。

②听取楼层领班的工作安排，领取客房服务员工作值日表。房间设备若有损坏，地毯、墙面若有污迹，应报告台班或领班，并在工作日报表上详细注明。

③领取房间钥匙。服务员拿到一把钥匙就可以打开他所负责清扫客房的所有房门。为了楼层客房的安全，领取钥匙时一定要做好记录。客房钥匙不得随便交给他人，不能带回家，特别是通匙，更要注意，上下班必须交代清楚。

④准备客房补充用品。客房每天的毛巾、浴巾、床单、枕套、桌布等物品需用量很大，应该有一定数量的库存以备急需。上述物品的比例最好是使用的床位和卫生间的5倍，即客房一套、洗衣房一套、楼面备用一套、仓库一套、周转一套，但现在许多酒店只有3套左右。另外，客房的提供品如香皂、卫生纸、毛巾、杯子、袋子、擦鞋布及其他物品也存于客房部，以便随用随取。

5. 客房清扫步骤

1）走客房的清扫

对当天结账离店客人房间的清扫，就是走客房的清扫。走客房清扫的程序有以下几点。

（1）入房之前

一般酒店都禁止员工在某一时间以前在走廊上讲话，更不许大声喧哗，就算有必要，也只能轻声地讲，门上有"请勿打扰"字牌时不能进房。如住客到中午或下午甚至黄昏仍未离房，应向主管报告，下班前需交代清楚，或采取某些措施。进房前一定要先按门铃，或用手指轻敲房门，就是空房也应如此，防止房内有客。

（2）进入客房

①缓缓地把门推开，把"正在清洁"牌挂于门锁把手上，房门打开，至工作结束为止。打开电灯，检查有无故障。

②把小垫毯放在卫生间门口的地毯上，清洁篮（或清洁小桶）放在卫生间云石台面一侧。

③把窗帘、窗纱拉开，使室内光线充足，以便于清扫。

④打开窗户约5分钟，让房间空气流通。

（3）清洁整理

①放水冲掉马桶内的污物，接着用清洁剂喷洒面盆、浴缸、马桶。然后撤走客人用过的面巾、方巾、浴巾、脚巾。按次序检查衣柜、组合柜的抽屉，遗留物品应在第一时间交给前台，想方设法尽快交还给客人，并在卫生日报表上做好记录。用房间垃圾桶收垃圾，如果烟灰缸的烟头还没有熄灭，必须熄灭后方可倒进垃圾桶，以免引起火灾。撤掉用过的杯具、加床或餐具。清理床铺，将用过的床单撤走，放入清洁车一端的布草袋里。

②按照酒店规定的铺床程序将床铺好。铺好的床应平整、对称、挺括、美观。

③床铺好以后，应先打扫卫生间，以便留一定的时间，等因铺床而扬起的灰尘落下后再用抹布除尘。

（4）抹布擦拭

①从门外门铃开始抹起至门框、门的内外，并注意门把手和门后安全图的抹拭。

②按顺（或逆）时针方向，从上到下把房间的家具、物品抹一遍，注意家具的底部及边角位均要抹到。在抹尘时要注意下列事项。

一是注意区别干、湿抹布的使用。如对镜子、灯具、电视机等设备、物品应用干布抹拭，家具软面料上的灰尘要用专门的除尘器具，墙纸上的灰尘切忌用混抹布抹拭。

二是检查房内电器设备。在抹尘的过程中，如发现客房内的家具及设备有损坏，要及时通知工程部来修理，不可延误，否则会影响房间的销售。

除了擦干以外，房内设施、设备如有污迹或不光滑，还要借助于抛光剂、洗涤剂等对家具进行抛光和洗涤。

（5）补充用品

①补充卫生间内的用品，按统一要求摆放整齐。面巾纸、卷纸要折角，既美观又方便宾客使用。

②补充房内物品，均需按酒店要求规定摆放整齐。

③房间物品的补充要根据酒店规定的品种数量及摆放要求补足、放好，注意商标面对客人。

（6）自我检查

房间清扫完毕，客房服务员应回顾一下房间，看打扫得是否干净，物品是否齐全，摆放是否符合要求，清洁用品或工具有否留下。最后，还须检查窗帘、窗纱是否拉上，空调开关是否拨到适当位置。

（7）清扫完毕

①将房内的灯全部熄灭。

②退出房间并将房门轻轻关上，取回"正在清洁"牌。

③登记进、离房的时间和做房的内容。

2）住客房的清扫

由于住客房是客人仍然使用的房间，所以在清扫时有些地方要特别注意。服务时面带微笑，服装整洁，仪表大方，注意个人卫生。

（1）客人在房间时

①应礼貌地问好，询问客人是否可以清洁房间。

②操作时动作要轻，不要与客人长谈。

③若遇到有来访客人，应询问是否继续进行清洁工作。

④清洁完毕，应询问客人是否有其他吩咐，然后向客人行礼出房间，轻轻地关上房门。

（2）客人中途回房时

在清洁工作中，遇到客人回房时，要主动向客人打招呼问好，征求客人意见是否继续打扫，如未获允许应立即离开，待客人外出后再继续清扫。

（3）房间电话铃响时

房间电话是客人主要的通信工具，使用权属于客人，为了避免误会和不必要的麻烦，在清洁过程中，如电话铃响了也不要去接听。

（4）损坏客人的物品时

清扫住客房时应该小心谨慎，不要随意移动客人的物品，必要时应轻拿轻放，清扫完毕要放回原位。万一不小心损坏了客人的物品，应如实向主管反映，并主动向客人赔礼道歉。如属贵重物品，应有主管陪同前往，并征求客人的意见；若对方要求赔偿时，应根据具体情况，由客房部出面给予赔偿。

（5）注意事项

清扫住客房时还应注意以下事项。

①客人的文件、书报等不要随便合上，不要移动位置，更不准翻看。

②除放在垃圾桶里的东西外，其他物品不能丢掉。

③不要触摸客人的手机、手提电脑、钱包以及手表、戒指等贵重物品。但搭在椅子上或乱堆在床上的衣服（包括睡衣、内衣、外套等）要替客人用衣架挂好放进衣柜。

④查看一下客人是否有待洗衣物。清扫住客房时，要查看一下客人是否有待洗衣物。如有，要仔细审核洗衣单上填写的内容和所交付的衣服，然后将这些衣物装进洗衣袋，放在房门口（或清洁车上），等待集中起来送交洗衣房清洗。

⑤对于长住房，清扫时应注意客人物品的摆放习惯。

⑥离开房间时，关门动作要轻。

3）空房清扫

空房是客人离开酒店后已经清扫过但尚未出租的房间，清扫时一般只需抹拭家具、检查各类用品是否齐全即可。

①在房门锁上挂"正在清洁"牌。

②拿一湿一干抹布清洁家具。

③卫生间地面冲水排异味，马桶放水，清除卫生间浮尘，淋浴水阀隔两三天应放锈水一次，并注意清洗抹干。

④检查房间设备情况，天花板有无蜘蛛网、地面有无蚊虫，把空调调至适当位置，熄灯

关门，取回"正在清洁"标牌。

6. 清扫客房时应注意的事项

①敲门时，要注意声音大小适中，不可过急和力度过大。有些性急的服务员往往敲一下门就进房，还有的从门缝往里瞅，这些都是不礼貌、没有修养的表现。另外，假如客人在房间，需要问明客人现在是否可以整理房间，征得客人同意后方可开始做房。

②整理房间时，要将房门开着，直到工作完毕。假如风大不宜开门，可以在门上挂"正在清洁"字牌。

③不得使用客房内设施。服务员不得使用房内厕所，不得接听客人电话，也不得使用客房内电话。

④清洁卫生间时，应专备一条脚垫。服务员清理卫生间时进出频繁，卫生间门前的地毯特别容易潮湿、沾污、发霉，日久天长，这一部位较室内其他部位会提前损坏，破坏客房地毯的整体美观。因此，服务员在清扫客房时应带上一小块脚踏垫，工作时将其铺在卫生间门前，工作后收起带出客房。

⑤清洁客房用的抹布应分开使用。客房清扫使用的抹布必须是专用的，且干湿分开；清洁马桶用的抹布要与其他抹布分开。应根据不同的用途选用不同颜色、规格的抹布，以防止抹布的交叉使用。用过后的抹布最好由洗衣房洗涤消毒，以保证清洁工作的高质量。

⑥不能随便处理房内"垃圾"。清理房内垃圾时，要将垃圾、废物倒在指定地点，清洁完毕后将卫生工具、用品放到指定地点，不得乱堆乱放。

⑦浴帘要通风透气。浴帘易长霉斑点，给人一种不洁之感。因此，应适当地展开浴帘，让其通风透气。方法是将浴帘朝浴缸尾部方向较松散地展开（与卫生间门的宽度相当）。

⑧设备的电镀部位要完全擦干。在打扫卫生间时，服务员必须要用干抹布（绝不能用湿布）将卫生间洁具特别是电镀部位的水迹擦干，否则电镀部位很快就会失去光泽，甚至留下深色的斑块，有的还会生锈。

⑨不得将撤换下来的脏布草当抹布使用。清扫卫生间时一定要注意卫生，绝对不能为了方便而把毛巾、脚巾、浴巾或枕巾、床单等撤换下来的脏布草当抹布使用，擦拭浴缸、马桶、洗脸池甚至客房内的水杯。

⑩对负责的卫生区域除按规定进行清洁外，还要做到及时清理杂物，随脏随扫，保持最佳的环境卫生。

⑪注意做好房间检查工作。服务员在做客房卫生时，特别要做好房间的检查工作，如有报表，应立即照填。要注意该房前晚有无人住，房内是否有什么东西丢失了；房客人数很重要，加床要加收租金，不可遗漏；留意有意逃账的客人，提防有人以假行李充阔而骗住骗食。

6.2.2 客房设备与用品摆设规则

1. 标准房间摆设

（1）房门

①门的正面上三分之一部分的正中间装房号牌。

②门的背面上三分之一部分的正中间装消防走火示意图一张。消防走火示意图用有机玻璃、铜板或不锈钢板制作。

③门背铜把手上挂"请勿打扰"和"请打扫卫生"的牌子。

④门的正中央装防盗眼（猫眼）。

⑤门背铜把手上方装防盗链，链头钩挂在卡位上。

⑥正面门框的一侧墙安装呼叫铃开关及"请勿打扰"指示灯。

（2）衣柜

①挂衣横杆上备置有店徽的衣架。

②横杆上方有放物架，架上可放叠好的棉被或备用毛毯和开夜床后收叠整齐的床罩。

③化妆台下面放置叠放好的洗衣袋、小购物袋、大购物袋，袋的数目按床位数计，每位各一个，每个洗衣袋放上干、湿洗衣单各一份。有的酒店将袋放在化妆台的抽屉里。

（3）组合柜（化妆台、冰箱柜、行李架）

①化妆台的一头放电视机，一头放台灯。电视机也可以放在特制的电视机台几上。

②化妆台的中间放文具夹。

③化妆台下中间放琴凳，一侧放垃圾桶。

④化妆台的抽屉里放擦鞋布或纸两块，针线包两个。

⑤电冰箱放在冰箱柜里，冰箱里放各种罐装软饮料及一个冰水瓶。冰箱柜的上方设小酒吧，放各种小包装的酒类，吧前放饮料及酒类价目牌。

（4）咖啡桌

①咖啡桌面放冷水杯（带封套）两个，热水瓶一个，有盖茶杯两个，烟灰盅、茶叶盒各一个。这些物品最好放在漆盘或不锈钢盘里，热水瓶摆在中间，水杯与茶杯以热水瓶为中心呈"八"字形向外摆，茶叶盒、烟灰盅成"一"字形与热水瓶垂直摆放。这些物品中，凡有酒店标志的都要求其向着客人。茶叶盒里放红茶、绿茶各两包；烟灰盅的右上角放火柴盒，店徽向上。

②扶手椅摆放在咖啡桌两边，不要靠墙。

（5）灯

①双床房的床头灯装在床头柜上方的两边，单床房视床及床头柜的位置而定。

②夜灯一个装在床头柜下，一个（筒灯）装在房间通道天花板的正中间。

③落地灯摆在咖啡桌后边。

（6）床头柜

①床头灯开关装在床头柜两边，向里，一边装夜灯、电视机、"请勿打扰"开关，一边装音响音量调节及选台调节钮。

②床头柜面一边放电话机，一边放烟灰盅。

③酒店电话指南一份（中英文印刷）放在电话机下面。电话簿一本、电话记录便条纸一本放在柜面一侧，电话本在下，记录纸上放圆珠笔一支。

（7）床（所配用品按单床计）

①枕头（连套）两个。

②床单一张。

③软垫保护垫一张。

④毛毯一张。

⑤毛毯托布一张。

（8）工艺品（画）

①题材有人物、花鸟、山水等。

②类别有国画、漆画、水印版画、油画、陶瓷挂盘等。

③装饰位置：一般装饰在床头上方墙面或卫生间墙面上。

（9）绿化

床附近或墙的一角摆放绿化植物一盆，或在梳妆台上放置小盆景，在卫生间化妆台上插一枝鲜花等。

2. 大床客房摆设

大床客房的设备、物品的摆放规格与标准房间一致。由于大床的两边都设有床头柜。因此电话机、酒店电话指南、电话簿、烟灰盅（连火柴）等均按标准房间的规格放在有电开关及音响的柜面上及柜子里。

3. 双连客房摆设

设备用品的摆设规格同标准客房。

（1）卧室

套房卧室设备用品的摆放规格与标准房间相同。

（2）客厅

①门的设计同标准房间。

②房间的一边放一套沙发，一长两短；长沙发的前边摆一个玻璃面茶几；茶几上放烟灰盅一个；盅的一角摆火柴盒，店徽向上。

③房间的另一头摆一张小圆台，圆台两边摆扶手椅，摆放要对称。

④墙面的一边摆长条台或柜一个，面上放彩色电视机一部、台灯一盏、花瓶一个。

⑤墙的一角摆落地灯一盏，另一角（靠门边）摆鲜花一盆。

4. 标准客房卫生间摆设

（1）化妆台

①两个带封套的漱口杯并列斜放在一边台角，两个带封套盒的浴帽并列斜放在杯前，与杯平行。

②洗浴液和洗发液各两瓶或两包一字形排列斜放在另一边台角。

③小香皂两块放在香皂碟里，香皂碟摆在洗浴液和洗发液前的中间。

④若有化妆品，并列摆在右手边台面上。

⑤上述物品若是用漆盘或藤篮盛放的，应整齐地排放在漆盘或藤篮里。

⑥大香皂一块摆放在浴盆正面墙上的皂盒内。

（2）四巾（面巾、方巾、浴巾、地巾）

①面巾两条，三折成长条形，店徽向外，并列挂在化妆台上方的毛巾挂杆上，面巾下沿平齐。

②方巾两条、三折成长方形，店徽向外，平放在台面上。

③浴巾两条，三折成长方形，店徽向外，并列平放在浴盆架上。

④地巾一条，全打开，平铺在浴盆外边沿上，店徽向外。

（3）面巾纸及卫生卷纸

①卫生纸两卷，一卷打开包装纸放进马桶边墙上的纸架盒里，拉出纸端折成梯形露出压

在盒盖下；另一卷放在马桶盖上。

②面巾纸装进毛巾挂杆下墙面的纸巾盒里，打开封口，拉一张纸巾折成梯形露出盒封口外。

（4）清洁袋、浴帘和垃圾桶

①女宾清洁袋袋口向右，标志向上，放在马桶水箱盖面的中间、卫生卷纸下。

②浴帘一张挂在浴帘杆上，拉到一端，下部吊在浴盆外。

③垃圾桶一个放在化妆台下一侧的墙边，桶外沿与梳妆台平行。

5. 客房设备与用品管理

（1）客房设备与用品

客房设备与用品主要包括以下5类。

①电器和机械设备。包括空调、音响、电视机、电冰箱、传真机等。

②家具设备。如床、写字台、沙发、衣柜等。

③清洁设备。如吸尘器、饮水机、洗衣机、烘干机等。

④房内客用品。客房免费赠品、客房用品（包括床单等布草、衣架、烟茶具等）以及宾客租借用品（熨斗、熨衣板）等。

⑤建筑修饰品。如地毯、墙纸、地面材料等。

以上内容基本上可分为两大类：客房设备和清洁设备。加强对客房设施设备的管理，对于提高客房服务质量、降低客房经营成本和费用具有重要意义。

（2）客房设备与用品管理的任务

客房楼层应设服务间；用品管理制度健全，内容具体明确；各种用品集中管理，分类存放，领取、发放、补充、更新、登记手续规范，责任明确，并定期统计各类用品消耗；无丢失、损坏等岗位责任事故发生。

（3）客房设备与用品管理的方法

①编制客房设备与用品采购计划。

客房部要根据实际工作需要，及时做好要求增加设备与用品的计划，报酒店采购部门采购所需的各种设备与用品，以保证客房经营活动的正常进行。客房设备与用品的选择应遵循以下基本原则。

一是协调性。同一等级、同一类型的客房，其照明、安全、电器、冷暖空调设备、家具用具、卫生间设备等，在造型、规格、型号、质地、色彩上应统一、配套。各种设备安装位置合理，突出室内分区功能，整体布局协调美观。

二是实用性。应选择使用简便、不易损坏的设备，此外，还要考虑其清洁、保养和维修是否方便。

三是安全性。如客房电器要有自我保护装置，家具、饰物具有阻燃性。

四是经济性。客房用品质量根据酒店和客房等级规格确定。质量优良，美观适用，同酒店星级标准相适应。

②清洁设备。

清洁设备在一定程度上决定着客房部清洁保养的工作能力和效果。清洁设备的选择除了应遵循以上基本原则以外，还应特别注意以下要点：安全可靠、操作方便、易于保养、使用寿命长、噪声小。

（4）客房设备与用品的审查、领用和登记编号

设备与用品购进以后，客房管理人员必须严格审查。同时，设立设备与用品保管员，具体负责设备与用品的分配、领用和保管工作。保管员应建立设备登记簿，将领用的设备按进货时的发票编号分类注册，记录品种、规格、型号、数量、价值以及分配到哪个部门、班组。低值易耗品中要分类注册，凡来库房领取物品都要登记使用单位一本账，以便控制物品的使用情况。

（5）分级归口管理

客房设备与用品应实行分级归口管理，专人负责，将设备与用品管理同部门、班组的岗位职责结合起来，在确保服务质量的情况下，实行节约有奖、浪费惩罚的奖惩措施。客房设备的日常管理和使用必须实行分级归口管理。分级就是根据客房部门管理制度，分清这些设备是由部门、班组或个人中的哪一级负责管理。归口是按业务性质，将物品与设备使用部门管理。分级归口管理使客房设备的管理有专门的部门和个人负责，从而将管理落到实处。

对客房设备分级归口管理的关键是：一要账面落实，各级各口管理的物品与设备数量、品种、价值量要一清二楚，有案可查；二要完善岗位责任制、维修保养制和安全技术操作制等规章制度；三是要和经济利益挂起钩来。

（6）客房设备与用品的日常保管和使用

客房设备与用品分级归口管理以后，班组和部门要设立设备与用品管理员。班组管理员在客房部的领导下，与服务员一起共同负责本班组或部门的设备与用品的日常管理和使用。班组管理员一般由班组长兼任。设备与用品的使用过程中，班组管理员要定期和客房设备与用品保管员核对，发现问题及时解决。客房设备与用品的日常使用中，要特别注意严格遵守维修保养制度，使各种设施设备的完好率趋于100%（不低于98%）。客房设备的使用中要努力防止事故发生，一旦发生事故，要立即通知工程部及时修理或采取措施，使设备尽快恢复使用。发生事故时，如果是由于员工玩忽职守所致，要严肃处理；如果是由于客人原因造成的，必要时应要求客人赔偿。

（7）建立设备档案

设备档案主要有客房装修资料（客房家具、地毯、建筑装饰和卫生间材料等）和机器设备档案。内容包括设施设备的名称、购买日期、生产厂家、价格、维修记录（时间、项目、费用等）。这是对设施设备进行采购和管理的依据。

6.2.3　客房设施设备及其清洁保养

客房设施设备的保养主要在于平时的清洁和计划保养工作能够按规定的操作程序和有关要求进行。

1. 门窗装饰与保养

选用耐磨、抗裂、耐用、防擦伤材料，经过阻燃处理，表面光洁、明亮、色彩柔和。玻璃宽大，有装饰窗帘和幕帘，且阻燃性能良好。门窗无缝隙，遮阳保温效果好；开启方便，无杂音，手感轻松自如。

在开、关门窗时，平时应养成轻开轻关的习惯，这样不仅可以延长门窗的使用寿命，还能减少干扰，保持客房及楼层的安静。此外，雷雨天以及刮大风时，应关好客房窗户，以免雨水溅入客房，或因大风刮坏窗玻璃。

2. 墙面装饰与保养

墙面满贴高档墙纸或墙布，耐用、防污、防磨损，色彩、图案美观舒适，易于保洁，无开裂、起皮、掉皮现象发生。墙面有壁毯或壁画装饰，安装位置合理，协调美观，尺寸与装饰效果与客房等相适应。

清洁墙纸时，应用比较平的软布拭抹，如有油污，可用汽油、松节油或不易燃的干洗液擦去，小块油迹可用白色吸墨水纸压住，用熨斗熨烫几分钟就能去除。如发现墙壁潮湿、天花板漏水现象，应及时报工程部维修，以免墙壁发霉、墙皮脱落、房间漫水。

3. 地毯保养

客房内地毯一般有两种：一种是羊毛地毯，另一种是化纤地毯。铺设地毯的一般要求是色彩简洁明快，质地柔软，耐用、耐磨。羊毛地毯高雅华贵，但造价很高，故一般只铺设在豪华客房。而化纤地毯则有易洗涤、色彩丰富和价格低廉的特点，为我国大多数酒店所使用。

一般说来，酒店应每年清洗一次地毯。清洗地毯的方法有两种，即干洗和湿洗。干洗方法是将清洁剂均匀地洒在地毯上，然后用长柄刷将清洁剂刷进地毯里。过一小时后用吸尘器彻底吸尘，地毯即被清洗干净。另一种方法是水洗（湿洗）。水洗时先将清洁剂溶于水中，然后使用喷水器均匀地将溶液喷洒于地毯表面，再用毛刷刷洗，用抽水机吸去水分，等地毯完全干了以后，再彻底吸尘。

另外，清洁客房地毯时要注意在卫生间门口放置尘垫，防止污物进入地毯组织。

4. 空调设备安装与保养

采用中央空调或分离式空调，安装位置要合理，外形美观，性能良好。室温可随意调节，开启自如。中央空调由专人负责操作管理，集中并按季节供应冷、热风，各房间有送风口，设有"强、中、弱、停"四个档次，可按需要调节。要定期清洁鼓风机和导管，每隔2～3个月清洗一次进风过滤网，以保证通风流畅。电机轴承传动部分要定期加注润滑油。

分离式空调有窗式、壁式、吊挂式和立柜式等多种安放形式，但其基本功能可分为制冷和制冷并制热两用两种类型。

分离式空调在使用时要注意不能让水滴到开关上，以免发生漏电，造成触电事故；在使用中如发出异常声音，应关闭电源，通知工程部进行检查修理。

5. 照明设备的选择与保养

客房照明设备主要指门灯、顶灯、台灯、吊灯、床头灯等。各种灯具的选择要合理，造型美观，安装位置适当，具有装饰效果，插头处线路隐蔽。床头柜上有灯具控制开关，可自由调节亮度。室内灯光照明光线柔和，具有舒适、恬静的温馨气氛。照明设备的保养首先是电源周围要防潮，插座要牢固，以防跑电漏电。擦拭灯具，尤其是灯泡、灯管时要断电，且只能用干布擦。

6. 电器设备保养

酒店中电话、电视、电冰箱摆放位置合理，与室内功能分区协调，始终处于正常运转状态。

（1）电冰箱

三星级以上酒店通常在客房内放有电冰箱，以方便客人。电冰箱应放在通风干燥、温度适中的地方，一般来说，其背面应距离墙壁 10 厘米以上，以保证空气自然对流，使电冰箱能够更好地散热。切忌电冰箱放在靠近暖气管、有热源或阳光直射或易受水浸、发潮的地方。冰箱面机械部分温度较高，切勿让电源线贴近，此时电线应卷起使用。电冰箱的门封胶边尤其是门下部的胶边是容易弄脏的部位，要注意经常擦拭，保持清洁。当冰箱门溅上水或弄污时，应及时用干布抹干，以免金属件生锈。在使用电冰箱的过程中，要注意定期清理内部，以免积存污物，滋生细菌。

（2）电视机

电视机要避免放在光线直射的位置，切忌暴晒，否则会使显像管加速老化，机壳开裂。此外电视机也不能放在潮湿的地方，要防止酸、碱气体侵蚀，引起金属件生锈，产生接触不良等问题。因此，在雨季，最好每天通电使用一段时间，利用工作时机器自身散发的热量驱潮。使用电视机时还要注意其使用电压与供电电压是否相符，特别是有些进口电视机的使用电压是 110 伏，因此不能直接用 220 伏电压插座，以免烧坏机器。清扫客房时，每天应用干布擦去电视机外壳上的灰尘，并定期用软毛刷清除机内灰尘。此外，电视机长期不用时，最好用布罩罩住，以免灰尘落入，影响收看效果。最后，电视机还应尽量避免经常搬动，以减少各种意外事故的发生。

（3）电话

每天用干布擦净电话机表面的灰尘，话筒每周用酒精消毒一次。

7. 卫生设备保养

客房卫生间面积不小于 4 平方米，天花板、墙面、地面铺满瓷砖、大理石等，地砖光洁明亮，地面防滑、防潮，隐蔽处有地漏。墙角机械通风良好，换气量不低于 $30m^3/h$。洗漱台采用大理石或水磨石台面，墙上满嵌横镜，宽大、舒适、明亮。抽水马桶、浴盆分区设置。高档客房淋浴与浴盆分隔。卫生间照明充足，有 110 伏和 220 伏电源插座。

卫生设备要勤擦洗。擦洗脸盆、浴缸、马桶等设施时，既要使其清洁，又要防止破坏其表面光泽，因此，一般选用中性清洁剂。切记不能用强酸或强碱清洁剂，这种性质的清洁剂不但会破坏瓷面光泽，对釉质造成损伤，还会腐蚀下水管道。如果使用新一代洗涤剂，有的需要浸泡 10 分钟方能生效，因此，必要时应修改客房清扫程序。

实践训练

分析题

1. 如何理解商品部经理岗位职责？
2. 采购员岗位职责包括哪些内容？
3. 商品导购规范管理的内容有哪些？
4. 客房卫生标准有哪些具体要求？
5. 客房设备与用品的选择应遵循的原则有哪些？

酒店服务质量管理

对酒店服务质量管理的基本认知是酒店管理者的基本条件。本模块主要介绍酒店服务质量管理的基础知识。通过学习能够掌握酒店服务质量管理体系的建立等基本内容，使学生对酒店的服务质量管理有一个基本的了解。

※ 知识目标

1. 了解酒店服务质量的构成。
2. 了解酒店服务质量的管理方法。
3. 掌握酒店服务技巧及顾客投诉处理。

※ 能力目标

1. 能够制订酒店质量管理计划。
2. 提高在特定业务中分析问题与决策应对的能力。

任务 7.1　建立酒店服务质量管理体系

服务质量是酒店经营管理的生命线。如何加强酒店服务质量管理，创建服务精品，营造核心竞争优势，使酒店在激烈的市场竞争中处于领先地位，是许多酒店业内人士一直关心的话题。

任务目标

1. 了解酒店服务质量的概念。
2. 熟悉酒店服务质量管理体系文件的编制方法。
3. 掌握酒店服务质量的构成。

任务导入

随着生活质量的提高，消费者对酒店服务的质量水平有了更高的要求。酒店的服务质量作为酒店管理的一个重要组成部分，成为决定酒店业生存和发展的关键因素。酒店服务尺度、环境要素、设施设备、区位条件等服务质量的核心要素，构建了酒店服务质量管理体系。

同步案例

全面质量管理的典范——里兹·卡尔顿

里兹·卡尔顿饭店管理公司是一家闻名世界的饭店管理公司，其主要业务是在全世界开发与经营豪华饭店。总部设在美国亚特兰大。

里兹·卡尔顿公司的创始人西泽·里兹被称为世界豪华饭店之父。他于 1898 年 6 月与具有"厨师之王，王之厨师"美誉的 August Ausgofier 一起创立了里兹饭店，开创了豪华饭店经营之先河。里兹饭店豪华的设施、精致而正宗的法餐以及优雅的上流社会服务方式，将整个欧洲带入一个新的饭店发展时期。随后里兹于 1902 年在法国创立了里兹·卡尔顿管理公司，由它负责里兹饭店特许经营权的销售业务，后被美国人购买。与其他国际性饭店管理公司相比，里兹·卡尔顿饭店管理公司虽然规模不大，但是它管理的饭店却以最完美的服务、最奢华的设施、最精美的饮食与最高档的价格成了饭店中的精品。

一、全面质量管理黄金标准

1. 信条：使顾客得到真实的关怀和舒适是最高使命。
2. 格言：我们是为女士和绅士提供服务的女士和绅士。
3. 里兹饭店将其服务程序概括为直观的三步曲，它们是：
（1）热情和真诚地问候宾客，如果可能的话，做到使用宾客的名字问候。
（2）对客人的需求做出预期和积极满足宾客的需要。
（3）亲切地送别、热情地说再见，如果可能的话，做到使用宾客的名字向宾客道别。

二、全面质量管理的指导方针

质量管理始于公司总裁、首席经营执行官与其他 13 位高级经理，无论总经理还是普通员工都要积极参与服务质量的改进。高层管理者要确保每一个员工都投身于这一过程，要把服务质量放在饭店经营的第一位。

高层管理人员组成了公司的指导委员会和高级质量管理小组。他们每周会晤一次，审核产品和服务的质量措施，宾客满意情况，市场增长率，发展、组织指示，利润和竞争情况等，要将四分之一的时间用于与质量管理有关的事务，并制定两项策略来保证丽兹饭店市场质量领先者的地位。

第一项质量策略就是"新成员饭店质量保证项目"，即高层管理者确保每一个新成员饭店的产品和服务都必须满足集团顾客的期望。这一项目始于一个叫"7天倒计时"的活动，高层经理亲自教授新员工，所有的新员工都必须参加这项活动，公司总裁向员工们解释公司的宗旨与原则，并强调100%满足顾客的需求。100%满足顾客的需求是里兹·卡尔顿高层管理人员对质量的承诺。具体来说，公司遵循下列五条指导方针。

1. 对质量承担责任。
2. 关注顾客的满意度。
3. 评估组织的文化。
4. 授权给员工和小组。
5. 衡量质量管理的成就。

里兹·卡尔顿管理公司通过对质量的严格管理取得了成功。那枚由西泽·里兹先生亲手设计的徽章走向了世界。徽章上由象征着财源的狮子头与英国皇家标记皇冠组合而成的图案，代表着里兹·卡尔顿的胜利越来越多地出现在我们的生活中。

相关知识

酒店的服务质量

所谓酒店质量其核心内容即是酒店的服务质量。酒店的服务质量同时也是所有酒店管理者日常管理的核心部分。随着人们生活水平的不断提升，大家对酒店服务的要求也越来越高。同时，酒店为了更好地吸引顾客、提高其自身竞争力也必须不断思考其质量提高的途径和方法，而且这也是获得良好经济效益和社会效益的一种方式。

7.1.1　酒店服务质量的含义

酒店服务质量是指酒店以其所拥有的设施设备为依托，为宾客所提供的服务在使用价值上适合和满足宾客物质和精神需要的属性。酒店服务质量实际上是对酒店所提供服务的使用价值的管理。酒店所提供的使用价值适合和满足宾客需要程度的高低，体现了酒店服务质量的优劣。

酒店向宾客提供的服务通常是由酒店的设施设备、实物产品、劳务服务的使用价值共同组成。从整体上说，酒店所提供的服务带有无形的特点，但局部上具体服务的使用价值又带有有形的特点。因此，酒店服务质量实际上包括有形产品质量和无形产品质量两个方面，有形产品质量是无形产品质量的凭借和依托，无形产品质量是有形产品质量的完善和延伸，两者相辅相成，构成完善的酒店服务质量内容。

狭义上的酒店服务质量指酒店服务的质量，它纯粹是由服务员的服务劳动所提供的，不包括提供的实物形态的使用价值。

广义上的酒店服务质量，即设施设备、服务产品、实物产品、环境氛围和安全卫生等内容的质量。

我们这里说的服务质量指广义的服务质量，即酒店以其所拥有的设施设备为依托为宾客所提供的优质服务使用价值的大小。从本质上讲，即酒店产品的使用价值满足消费者需求的程度。满足消费者需求的程度越高，服务质量越好；反之越差。

7.1.2　酒店服务质量的构成

酒店服务质量主要体现在以下几个方面。

1. 设备设施质量

酒店的设备设施是酒店为宾客提供服务的依托，设备设施的配置及其运转状态的好坏是酒店服务质量的重要内容。可以说，酒店是通过有效的利用服务设施为宾客提供服务的一种组织。设备设施质量的具体表现形式有完善的服务项目设置、完好的设施设备、舒适的设施设备。

2. 食品质量

餐饮食品是酒店唯一自己生产或加工的实物产品，餐饮质量也是酒店服务质量的一个重要标志。餐饮食品质量主要包括菜肴质量、菜肴特色、菜肴花色品种。

3. 劳务质量

劳务质量是酒店服务质量的根本内容。酒店劳务质量涉及面广，主要包括以下几个方面。

（1）服务态度

服务态度是提高服务质量的基础。它取决于服务人员的主动性、灵活性、积极性和创造精神，取决于服务人员的素质、职业道德和对服务工作的热爱程度。服务人员的脸色、眼神和动作都是服务态度的具体表现。

（2）服务技巧

服务技巧是提高服务质量的技术保证，它取决于服务人员的技术知识和专业技术水平。酒店服务员在为宾客提供服务时总要采用一定的操作方法和作业技能。服务技巧就是对这些操作方法和作业技能在不同场合、不同时间、根据不同对象具体情况加以灵活恰当地运用，以取得最佳服务效果。

（3）服务方式

服务方式是指酒店采用什么形式和方法为宾客提供服务，其核心是如何方便宾客，使宾客感到舒适、安全、方便。酒店服务质量管理必须结合酒店服务项目的特点，认真研究服务方式，如宾客订房方式、接待方式、餐厅销售方式等。

（4）服务效率

服务效率是服务工作的时间概念，是提供各种服务的时限。服务效率的基本含义是服务的准时性和实时性。

（5）礼节礼貌

礼节礼貌反映了酒店的文明程度和文化修养，体现了酒店员工对宾客的基本态度，要求服务员衣装整洁、举止端庄以及待客谦恭有礼貌等。

4. 环境氛围质量

酒店的环境氛围由酒店的环境装饰、服务设施的布局、灯光音响、室内温度的适宜程度等构成。这种布局对客人的情绪影响很大，它能影响客人是否再次来酒店下榻。因此，酒店应该注重整洁、美观、安全、有秩序等环境氛围。

5. 安全卫生质量

安全是客人的第一需要，保证每一位客人的生命和财产安全是服务质量的重要环节。酒店在环境上应为客人营造一种安全的气氛，给客人以心理上的安全感。清洁卫生也是酒店业务工作中的重点和服务质量的重要内容。

同步案例

行李员也能提高餐厅的服务质量

一位在某五星级商务饭店入住数日的客人，偶尔在电梯里碰到进店时送他进房间的行李员小李。小李问他这几天对饭店的服务是否满意，客人直率地表示，饭店各部门的服务比较好，只是对中餐厅的某道菜不太满意。当晚这位客人再来中餐厅时，中餐厅经理专门准备了这道菜请客人免费品尝。原来，客人说者无心，但行李员小田听者有意，当客人离开后，他马上打电话将此事告知了中餐厅经理，经理表示一定要使客人满意。当客人明白了事情的原委后，真诚地说："这件小事充分体现出贵饭店员工的素质及对客人负责的程度。"几天后，这位客人的秘书打来预订电话，将下半年该公司即将召开的三天研讨会及100多间客房的生意均放在了该饭店。

7.1.3　酒店服务质量管理体系的认证程序

建立酒店服务质量管理体系是酒店质量管理的重要内容。目前酒店质量管理体系认证一般采用的是ISO 9000质量管理体系认证。ISO 9000系列标准的指导思想，是通过提供一个通用的质量管理体系标准，帮助企业建立健全的质量管理体系，进一步提高企业的质量意识和质量保证能力，增强企业素质，适应市场需要，使企业在日趋激烈的市场竞争中处于不败之地。

质量管理体系认证一般分为以下几个程序。

①组织准备阶段。

②调查分析阶段。

③编制质量管理体系文件。

④酒店质量管理体系的建立。

⑤质量管理体系的运行。

要使所建立的酒店质量管理体系能真正发挥其实际效能，并持续地保持体系的有效性和不断优化，就必须注重建立高素质的员工队伍，自觉执行体系程序，并建立有效的运营机制。

7.1.4　酒店服务质量管理体系的编制

由于酒店服务产品的特殊性，也给把握服务产品的质量带来了一系列的问题。所以，要不断地提高服务产品质量，就需要有系统而完善的服务质量管理体系。建设完善的服务质量管理体系主要应从以下几方面入手。

1. 明确而清晰的工作标准

常言道"不以规矩，不成方圆"，在酒店服务的各个岗位，都要有明确而清晰的标准。同时，标准制订出来以后，还需要实践，在实践中检验这种标准是否合适。标准制订是以满足客人需求为前提的，而客人的需求又是不断变化的，所以，标准需要不断地完善、修正。并且，要让每个岗位的员工熟悉并能熟练操作，达到工作标准。

2. 制度建设

制度管理向来都是最有效的管理手段之一。因此，酒店的每个部门都必须有科学而有效的制度，也要组织员工学习这些制度，以让员工在工作中明白自己的原则、把握工作的方向。制度的制订除了约束员工外，主要目的还是推动员工的积极性，提高工作效率，因此，制度一定要科学才会更有严谨性和说服性。制度的有效性是指制度在执行过程中真正地落到了实处，达到了制订制度的根本目的，做到了奖优罚劣，一视同仁。作为管理人员更应做好表率，以身作则。

3. 酒店队伍建设

（1）提倡团队精神

当各种标准、制度确定以后，除了严格要求员工保质、保量地完成工作外，团队精神也是服务质量的关键。在酒店服务中各个部门、各个岗位都是不可分割的整体，对客人来说，他面对是饭店，而不是某个部门、某个人。我们提供给客人的服务产品是成品，而不是零件。因此，团队协作也是为客人提供优质服务的关键。作为酒店管理人员应注意培养员工的团队协作精神。

（2）有效的培训

饭店是一个历史悠久而又全新的行业，饭店从业人员必须具有较高的素质、较宽的知识面、文雅的谈吐及整齐的仪表等。从业人员的素质将直接影响服务质量的好坏。一次对客服务的好坏，就可影响宾客对整个饭店的印象，因此，行之有效的培训是服务质量的关键。培训可从以下几个方面着手。

①思想意识的教育。

要经常对员工进行思想教育，使员工树立正确的职业观，使从业人员真心实意地热爱自己的本职工作。

②技能技巧的培训。

员工的服务技能是服务质量的保证，随着客人需求的变化、新设备的应用、新式菜品的推出等，员工每天都将面临新的挑战，这就要求每一个员工都有较高的素质和较全面的业务知识。为适应这种变化，培训也就成了一种日常活动。这种培训可利用一切机会，班前会、工作中或者是专题的培训等。总之，在培训过程中，应该结合实际工作需要并且要有明确的目的和手段及考核的办法，要使员工每天都在进步，在工作中做出成绩。而且，这种培训是一个长期的、循环的过程，应该长期坚持，日积月累。

4. 硬件建设

各个岗位，各个部门都需通过一定的设备工具，实现对宾客的优质服务。因此，设施设备的完好与保养也是部门工作中的一个重要内容。

5. 全面的监督检查制度

各部门的工作需要在监督、检查中结合实际去不断发现问题、改进工作方法，这样才能达到更好的服务效果，向宾客提供更优质的服务产品，酒店也才能不断地前进、不断地发展。

同步案例

酒店的七级质量控制

1. 总经理的重点检查。

2. 值班经理（值班管理人员）全面检查。值班经理作为当日服务质量的总负责人，履行服务质量管理的职责。检查重点内容在次日早会上通报。

3. 部门经理（总监）的日常检查。部门经理（总监）对自己所辖范围内的各项工作质量负有直接的管理责任，各项检查必须制度化、表单化。

4. 质检人员的每日检查。质检人员除了日常检查、掌握酒店质量状况外，应在专项检查、动态检查上下功夫，寻找典型案例，发现深层问题，体现专业水平。

5. 全体员工的自我检查。酒店必须培养员工自我检查的意识和习惯，并要采取行之有效的形式和方法，激发全体员工参与质量管理的积极性。

6. 安保人员的夜间巡查。夜间往往是酒店安全和质量问题的多发期。安保部的夜间巡查内容要形成质检日报，第二天发送总经理办公室。

7. 客人的最终检查。只有客人认可的服务，才是最有价值的服务。其途径主要有：一是宾客意见表；二是每日大堂副理日报记录、值班经理记录所归纳的客人对于服务质量的有效意见；三是不定时地邀请客人暗访，对于整个酒店或某个服务区域进行客观、实事求是的评价。

×××酒店质量管理组织结构

一、酒店质量管理委员会

为切实有效地做好酒店服务质量的管理工作，酒店成立质量管理委员会（简称质管委）全面指导酒店的质量管理工作。以强化基础工作，力争预前控制为目标，健全质量管理组织结构。

1. 质量管理委员会概述

为了有效地指导酒店服务质量管理，使酒店的服务质量达到五星级的品质，酒店成立质量管理委员会。质检部作为质量管理委员会的执行机构，在总经理的指导下展开全面质量管理工作。并设专人对酒店的环境、设施设备、服务项目及服务水平进行检查。

2. 质量管理委员会的组成

酒店质量管理委员会由酒店总经理、常务副总经理、分管副总经理、酒店管理顾问、质检部，经高层办公会议讨论确定的其他人员组成。执行主任由质检部经理担任。

3. 质量管理委员会的主要职能

(1) 每月召开酒店的质量管理分析会，编发《酒店质量分析报告》。

(2) 确定酒店的质量目标。

(3) 审视酒店质量管理的效果。

(4) 确定酒店质量的控制措施。

(5) 完善《服务质量评审细则》。

(6) 评审和检查酒店服务质量情况，督导酒店服务质量的提高，以达到公司所制订的质量标准。

(7) 组织群众性质量管理活动。

根据部门的管理要求，建立部门质量检查小组，并在酒店质量管理委员会的指导下展开工作。

二、酒店质检部工作职责

(1) 质检部作为质量管理委员会的执行机构，负责全面检查和评审酒店的工作质量情况，督导各部门管理质量、服务质量和卫生质量的整改、落实、提高。

（2）实行质检员轮值制度，每月编制《质检员轮值表》。质检员按轮值表值班，按要求对各部门进行质量检查，认真填写《质检日报表》，并于当日 20：30（夜查于次日上午 8：30）前将表交到质检部。行政总值、大堂副理、安保部经理（主管）每日检查。

（3）建立并实施三级督导检查系统，采用常规检查、抽查、专项检查、夜查和暗查的方式，每天按酒店统一质量标准进行检查。检查结果随时通报总经理、人力资源部及相关部门经理（总监），同时记入《质检日报表》。

（4）每日收集和整理《客人意见反馈表》《值班记录表》。对反映的问题进行分析，提出相关整改意见，第二天早晨在行政早会上提出，确定整改意见后，向相关部门下发《整改通知书》，并跟进落实整改事宜。

（5）每月进行一次全面检查，每月月底进行一月质检汇总、评审、QC 分析会议。

（6）每周一期《质检周报》，内容包括 5 点。①员工奖惩明细。②宾客投诉处理情况。③发现问题、行政早会议定事项、总经理交办工作的完成情况。④员工投诉处理情况。⑤QC 分析。

（7）建立、健全酒店质检和督导检查档案，采用科学管理手段，按日、周、月建立数据档案，对质量方面的重大事故拟出专题案例报告，上报酒店质量管理委员会，部分案例需作为培训资料交人力资源部存案。

（8）质管委主任职责：全面统筹酒店的质量管理工作，审批质检报告，裁决质检投诉，裁定连带责任。

（9）质检经理职责。①对总经理负责，主持质检部日常工作，制订质检实施细则，确保酒店质检制度按计划实施。②编制每月质检员轮值表，检查质检员工作质量。对每天发现的质量问题做出处理，重大问题及时向总经理汇报。③在每天行政例会上公布昨天的质检情况。④编写质检周报，审核所有质量报表和报告。⑤主持召开每月 QC 分析会。

（10）质检专员职责。①每日收集和整理《质检日报表》《客人意见反馈表》《值班记录表》并及时交质检执行主任。②向相关部门下发《整改通知书》，并跟进落实整改事宜。③统计每月质检奖励和扣罚情况，列表交质检经理审核。④做好质管委的文秘工作，包括通知召开会议、会议记录、日常文件的收发、起草质检周报等。

（11）轮值质检员职责。尽职尽责，严格按规定对各部门进行质量检查，对现场发现的问题要及时向所属部门负责人反映，并提出质检意见。每天按规定填写《质检日报表》，按时交到质检部。

×××公司质量管理检查内容实施细则

检查内容分为员工的仪容仪表、遵纪守规、礼貌待客、卫生保洁、服务管理、消防安全等各项。每次检查可有侧重点，对其中一项进行专项检查。

一、员工的仪容仪表、遵纪守规

（1）工作服清洁挺括，皮鞋擦亮，布鞋干净，工作服上饰物清洁干净，鞋、服无破损。

（2）穿着统一工作制服上岗，系好领带、领花，显露出的衬衣、袜子等要整洁规范。

（3）端正佩戴胸章、员工牌，保持无涂抹、无破损。

（4）男服务员不留长发、不留怪发型、不蓄胡须；女服务员不留长指甲和披肩发，发式简洁。

（5）上岗期间不化浓妆，不佩戴耳环、项链、手镯等，不涂抹指甲油和使用气味过浓香水。

（6）上班前不饮酒、不吃异味食品。

（7）工作期间不串岗、离岗，不违规调班。

（8）工作期间不打私人电话，打工作电话时讲话简明扼要，并应注重礼节礼貌。

（9）工作期间精力集中，不看书报杂志，不听收、录音机，不看电视，不做任何与工作无关的事情。

二、礼貌待客

（1）见客面带笑容、态度和蔼、讲话亲切。

（2）尊重客人及其风俗习惯，不准讥讽宾客，不准议论客人、嘲笑和模仿客人动作。

（3）严禁使用直接否定语，对客人答话做到简明客气，严禁不负责任地回答。

（4）收到来函、电传要立即传递给客人，严禁私自拆阅信函文件。

（5）对客人委托办的事项，做到情况明、手续清、速度快、无差错，对客人的不当要求应婉言拒绝。

（6）对客人服务做到端庄大方、礼貌周到、规范标准、主动热情、安全高效。

（7）工作时严禁使用、观玩客人物品，不准翻阅客人文件资料。

（8）对客人遗物如数如实上缴，部门派人专管，独立存放，以备认领，并做好存领登记。

三、卫生保洁

1. 大堂卫生

①三面（地、墙、顶）及各物器件表面无脏污迹、蛛网。

②灯光照明良好。

③堂内空气清新，无异味、无蚊虫。

④各墙底角不积污，无卫生死角。

⑤花草、植物清洁鲜活，无凋萎。

⑥各工作台面整洁、不脏乱。

2. 客房卫生

①须按部门规范程序进入客房和清扫整理、配备物品。

②不同质地物品应用不同质地抹布擦拭，严禁把客用布草当抹布。

③客房门铃清脆悠扬，门锁紧固好用，安全门挂坚固灵活，内窥门镜清晰，门号清楚，门上消防安全通道示意图正确，同时整扇门应干净无尘。

④所有灯具都明亮好用，无安全隐患。

⑤衣柜门推拉自如，衣柜内完好，衣架和相应布草齐全。

⑥地毯吸尘干净，无污损。

⑦床具应完好、牢靠、洁净，床上布草要绝对干净，没有污脏点、毛发，床垫定期翻转，保证客人的舒适。

⑧床头柜外表整洁无尘，烟灰缸干净，火柴满装。

⑨电话非常灵敏好用，电话目录、服务指南配齐且准确无误。

⑩所有家具、电器、装饰画皆须擦拭得光亮整洁，并且使用无碍、方便。

⑪窗帘拉绳、滑钩要齐全、好用，窗帘干净、无破损，镜面玻璃窗均应洁净光亮、安全

有效。

⑫废纸屑筒内、外要无尘。

⑬服务夹内的客用文印品应齐全。

⑭墙壁、天花板应整洁、无尘、无污迹。

⑮客房的房门要安全，门面要洁净。

⑯）冰柜内配备的食物饮品不可过期。

3. 卫生间卫生

①卫生间门要洁净安全。

②梳妆台洁净，无毛发、水点。

③沐浴布草齐全、干净、舒适、完好。

④卫生间低值易耗品齐全、干净。

⑤浴缸要洁净、无毛发，沐浴喷头正常好用，下水管道通畅，浴缸扶手牢靠安全。

⑥镜面洁净光亮、无水迹和污迹。

⑦恭桶消毒干净、无臭味。

⑧电器用插口安全、好用，电话洁净好用。

⑨照明光亮、灯具洁净。

⑩墙面洁净、无水迹。

4. 餐厅卫生

①按照不同的餐饮类别要求相应的摆台。

②桌上花草要新鲜，口布洁净、造型美观。

③餐桌上所有用具都须卫生、完好（完好率97%以上）。

④台布洁净无破损，且平整，桌椅洁净、无破损。

⑤餐厅桌椅完好，摆放整齐。餐厅布局合理，给人以明亮舒适感。

⑥餐厅内空气清新，无杂乱物品，地面清洁。

⑦门窗玻璃明亮，墙面墙顶无灰迹、蜘蛛网，无残损，无涂画。

⑧饰物、灯具完好清洁。

⑨餐厅不许有虫蝇等"四害"。

5. 厨房卫生

①所有厨房人员，皆按照岗位着装和个人卫生要求上岗。

②未清洗、选摘的食品不准放在案板或菜墩上（水台间例外），案板生熟分开。

③各类厨具（墩、案、刀、勺、叉、锅、盆、盘、铲等）经清洗消毒后才能使用。

④厨具用后须清擦干净，妥善归位存放。

⑤排烟、排气口（道）无油污，下水管畅通，垃圾随有随处理，不积存，不过夜，归放妥当。

⑥待用食品（特别是加工好的食品应保鲜）存放妥善，严防污染、串味、变质；小料（酱、醋、味精、蒜茸、盐、椒面等）新鲜，容器保持清洁，用过后加盖。

⑦灶台不积油污、残渣，橱架整齐、清洁，冰柜应经常除霜，定期清理，其内物品生熟分开。

⑧餐（酒、饮料、茶）具卫生消毒，要按卫生防疫部门的规定和程序进行。

⑨餐、杯具的抹布必须专用，严禁用其他抹布代替。

⑩餐、杯具清洗消毒后，要达到表面光、内外净，手感涩，干燥无水迹。

6. 厅堂卫生

①各工作间，大小厅堂空气清新、无异味。

②物品摆放错落有致，一切物品清洁，无私人用品。

③墙面光洁，无涂画，不张贴非健康或反动字画。

④无烟灰、无杂物，室内四面光、六面净、设备完好、窗明几净，花盆无残枝败叶。

7. KTV卫生参照客房与餐厅标准

8. 康体中心卫生标准

①客用布草一客一换。

②包厢门应干净、无尘、无破损。

③所有灯具完好，茶几、柜门无破损。

④包厢及大厅躺椅洁净无污点。

⑤烟灰缸干净、无烟头纸屑。

⑥器具、用具摆放整齐。

⑦玻璃、镜子明亮，无水迹、无污点。

⑧梳妆台洁净无污点。

⑨卫生间无烟头、纸屑等杂物。

⑩易耗品全部备齐，并能及时补充。

⑪墙面、墙顶无灰迹、无涂画。

⑫包厢、大厅空气清新、无异味。

⑬电器用插口安全、好用。

⑭后勤各部门（工程、保安、财务、销售等）按常规要求进行检查。

四、服务、管理

①各类制度、规定等管理方法和服务程序、方法应科学合理、行之有效，方便宾客、易于操作。

②服务项目、内容简洁明了，与实际情况相符。

③管理过程中出现问题应及时反馈、上报、落实，解决问题及时、高效。

五、消防安全

①无危险，无隐患。

②严格遵循各项消防、安全条例规定。

六、工程维修

①部门对工程维修项目须及时报修，并严格按照酒店规定的报修程序进行。

②工程部门接报后，应按维修项目说明要求，分轻重缓急予以逐项解决，若因技术、人员或配件原因一时无法解决的，须主动向报修部门反馈说明，协调解决。

七、物料采购

①部门所需物料报买应及时。

②采购及时，并严格按申购说明书进行采购，保证质量符合采购要求，若因客观困难，应主动向申购部门反馈说明，并协调解决。

任务 7.2 酒店质量管理

任务介绍

本任务主要介绍酒店质量管理的内容与分析、管理方法，运用所学理论与实务知识研究相关案例，培养和提高在特定业务情景中分析问题与决策应对的能力。

任务目标

1. 掌握酒店质量管理的内涵。
2. 掌握 ABC 分析法、因果分析法的内容。
3. 掌握 PDCA 循环工作法的内容。

任务导入

酒店企业想要保障自身长远稳定发展，就必须从市场环境出发，从消费者需求出发，提升酒店服务质量。随着酒店业之间的竞争越来越激烈，应加强酒店全面质量管理，提高全面服务质量水平，提升酒店核心竞争力。本节在明晰酒店全面服务质量管理概念的基础上，提出全面质量管理的原则，介绍了 PDCA 循环工作法以及在酒店业全面服务质量管理过程中的应用方法。

同步案例

假日酒店的质量管理

凯蒙·威尔逊是世界知名酒店集团假日公司的老板，在他执掌的 30 多年里，假日公司由一个声誉低下、设施简陋的汽车旅馆逐步变成了一个受一般大众喜爱的家外之家。为什么该企业能在几十年时间里从一个仅有几家路边汽车旅馆的假日公司发展成世界上最大的酒店集团呢？究其原因，其中之一就在于酒店实施了严格的质量管理。酒店严格的质量管理与它的成功不无关系。

为了保持全球每一家假日酒店服务标准的统一，假日酒店编印了《假日酒店标准手册》，其中对假日酒店的建造、室内设施和服务规程都做了详细的规定，任何规定非经总部批准不得更改。如假日酒店的客房，必须有一个写字台、一张双人床、两把安乐椅，床头上有两只 100 瓦的灯，要有一台电视机和一本《圣经》。《假日酒店标准手册》甚至对香皂的重量和火柴的规格都有具体的要求。

此外，为了保证《假日酒店标准手册》中的各项规定很好地实施，假日公司还采取了其他的措施。自 20 世纪 70 年代初开始，假日酒店就有一支由 40 人组成的专职调查队，每年对所属酒店进行 4 次抽查。抽查的项目有 500 多项，满分 1 000 分。如果抽查得分不到 850 分者，予以警告，并限定在 3 个月内进行改正。第二次检查时对上次指出但仍未改正的毛病加倍罚分，同时再给一定的时间改正。如果仍不能在规定时间内达到标准，对公司所拥有的酒店就解雇经理，对特许经营的酒店就将情况报告给公司特许经营持有者的机构，即国际假日酒店协会，由它发布收回酒店标志并从假日酒店系除名的决定。

相关知识

　　在20世纪80年代，小到电子表、大到汽车的日本产品纷纷涌进美国，美国本土工业面临着强烈的冲击。面对这种情况，美国商业部前部长马尔科姆·波多里奇（Malcolm Baldrige）先生召集了几十位经济专家、管理学家和企业家进行研究，以寻找出路。在充分研究的基础上，他们向美国国会提出了设立"美国国家质量奖"的建议。"美国国家质量奖"每年只授予3家具有卓越成就、不同凡响的企业。为表彰波多里奇在促进国家质量管理的改进和提高上做出的杰出贡献，美国国会通过了国家质量改进法案，创立了以他名字命名的国家质量奖。里兹·卡尔顿酒店集团公司获得过服务业和权威消费者组织颁发的几乎所有大奖，同时也是第一个并且是唯一一个曾两次获得美国商务部颁发的"美国国家质量奖"的酒店集团。

　　以质量求生存，以质量求信誉，以质量赢得市场，以质量赢得效益，服务质量是酒店的命。质量就是效益，酒店服务质量好、收益多，社会整体效果好。可以说，现代酒店的竞争归根结底是服务质量的竞争，服务质量决定酒店经营的成败。

7.2.1　酒店质量管理概述

　　随着全球竞争的不断加剧，质量管理越来越成为所有组织管理工作的重点。酒店质量管理原则就是为建立酒店质量管理体系而提出的总体要求和原则。ISO/TC176/SC2/WG15结合ISO 9000标准2000年改版制订工作的需要，通过广泛的顾客调查制订了质量管理八项原则。

　　酒店质量管理八大原则具体如下。

　　①以酒店顾客为关注焦点。

　　②领导作用。

　　③全员参与。

　　④过程方法。

　　⑤管理的系统方法。

　　⑥持续改进。

　　⑦依据事实进行决策。

　　⑧与供方互利的关系。

7.2.2　酒店的全面质量管理

　　全面质量管理（Total Quality Control，TQC）是从酒店系统的角度出发，把酒店作为一个整体，从酒店服务的全方位、全过程、全人员、全方法、全效益入手，以提供最优服务的目的。全面质量管理是针对传统的事后检查而言的，它强调一切以预防为主的方针，把酒店服务作为一个整体，以控制服务过程而提供最佳服务为目标，其主要内容包括以下3点。

1. 全方位的管理

　　酒店服务质量的含义不光是指直接为顾客提供的各种服务，还包括影响到服务质量的其他工作质量。

2. 全过程的质量管理

酒店服务质量管理应从服务阶段的质量管理扩大到酒店服务预备阶段的质量管理和服务后阶段的质量管理。

3. 全员参加的质量管理

酒店的服务质量是酒店职工素质、服务技术素质、管理素质和领导素质的综合反映。

7.2.3　酒店质量分析方法

1. ABC 分析法

ABC 分析法是意大利经济学家帕累托分析社会人口和社会财富的占有关系时采用的方法。美国质量管理学家朱兰把这一方法运用于质量管理。它是根据事物在技术或经济方面的主要特征进行分类排队，分清重点和一般，从而有区别地确定管理方式的一种分析方法。由于它把被分析的对象分成 A、B、C 三类，所以又称为 ABC 分析法。运用 ABC 分析法，可以找出酒店存在的主要质量问题。

（1）ABC 分析法的概念

ABC 分析法以"关键的是少数，次要的是多数"这一原理为基本思想，通过对影响酒店质量诸方面因素的分析，以质量问题的个数和质量问题发生的频率为两个相关的标志，进行定量分析。先计算出每个质量问题在质量问题总体中所占的比重，然后按照一定的标准把质量问题分为 A、B、C 三类，一边找出对酒店质量影响较大的关键性问题，并把它纳入酒店当前的 PDCA 循环中去，从而实现有效的质量管理。这样既保证解决重点质量问题，又照顾到一般质量问题。

在 ABC 分析法的分析图中，帕累托曲线有两个纵坐标，一个横坐标，几个长方形，一条曲线，如图 7-1 所示。左边纵坐标表示频数，右边纵坐标表示频率，以百分数表示；横坐标表示影响质量的各项因素，按影响大小从左向右排列；曲线表示各种影响因素大小的累计百分数。一般地，将曲线的累计频率分为三级，与之对应的因素分为三类：

A 类因素，发生频率为 70% ~80%，是主要影响因素。

B 类因素，发生频率为 10% ~20%，是次要影响因素。

C 类因素，发生频率为 0 ~10%，是一般影响因素。

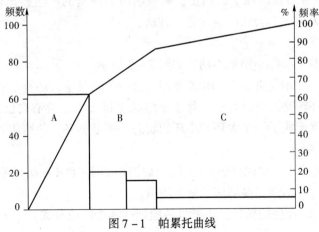

图 7-1　帕累托曲线

（2）ABC 分析法的程序

用 ABC 分析法分析酒店质量问题程序共分三个步骤。

①确定关于酒店质量问题信息的收集方式。

②把收集到的有关质量问题的信息进行分类。

③进行分析，找出主要质量问题。

2. 因果分析法

用 ABC 分析法虽然找出了酒店的主要质量问题，但是却不知道这些质量问题是怎样产生的。对产生这些质量问题的原因有必要进行进一步的分析。因果分析法是分析质量问题产生原因的简单而有效的方法。

（1）因果分析法的概念

因果分析法是利用因果分析图对产生质量问题的原因进行分析的图解法。因为因果分析图图形同鱼骨、树枝，因此又称为鱼骨图、树枝图。

因果分析图对影响质量的各种因素之间的关系进行整理分析，并且把原因与结果之间的关系用带箭头的线段表示出来，如图 7 - 2 所示。

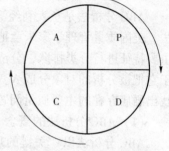

图 7 - 2　因果分析图

（2）因果分析法的程序

①确定要分析的质量问题，即通过 ABC 分析法找出 A 类质量问题。

②发动酒店全体管理人员和员工共同分析，寻找 A 类质量问题产生的原因。

7.2.4　酒店质量管理方法

1. PDCA 循环工作法

PDCA 循环是由美国质量管理专家戴明整理完善并首先提出的，所以又称"戴明环"，它体现了全面质量管理的思想方法和工作步骤。PDCA 循环代表计划 Plan（提出饭店在一定时期内服务质量活动的主要任务与目标，并制定相应的标准）、执行 Do（提出完成计划的各项具体措施并予以落实）、检查 Check（包括自查、互查、抽查与暗查等多种方式）和处理 Action（对发现的服务质量问题予以纠正，对饭店服务质量的改进提出建议）。这是管理的逻辑程序，现已成为国际上公认的科学管理方法。

（1）PDCA 的特点

①大环要按照四个阶段不停地转动，如图 7 - 3 所示。

②大环套小环，互相促进。在 PDCA 循环的每一个阶段里，还有小的 PDCA 循环，并且小环一定要跟随大环转动。也就是说，每个小组甚至每个人都要有自己的 PDCA 工作体系。这样全酒店的工作就形成了一个大环套小环的状态，不断循环，使酒店的各项工作不停地循环前进，如图 7 - 4 所示。

③PDCA 循环每转动一次就要提高一步，就像爬楼梯。PDCA 循环不但要周而复始地转动，而且要不断上升，不断提高酒店的服务质量。

④PDCA 循环是综合性的循环，不能机械地把这四个阶段分离。

（2）工作程序

①计划阶段。

第一步，分析服务质量现状。

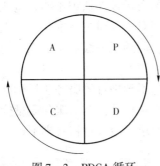

图 7-3 PDCA 循环

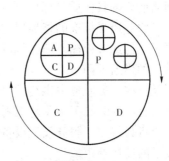

图 7-4 多层次的 PDCA 循环

第二步，分析产生质量问题的原因。

第三步，找出影响质量问题的主要原因。

第四步，提出解决质量问题的质量管理计划。

②实施阶段。

第五步，酒店管理者组织有关部门或班组以及员工具体地实施质量管理计划所规定的目标。

③检查阶段。

第六步，酒店管理者认真、仔细地检查计划的实施效果，并与计划目标进行对比分析，看是否存在质量差异。

④处理阶段。

第七步，总结成功的管理经验使之标准化，或编入服务规程，或形成管理制度加以推广应用。同时，吸取失败的教训，继续本轮 PDCA 循环。

第八步，没有解决的问题，自动转入下一循环的第一步，并开始新一轮的 PDCA 循环。

（3）实施 PDCA 的注意事项

PDCA 循环工作法的四个阶段缺一不可。只计划而没有实施，计划就是一纸空文；有计划、有实施，但没有检查，就无法得知实施的结果与计划是否存在差距和有多大差距；若计划、实施、检查俱全，但没有处理，则不但已取得的成果不能巩固，失败的教训不能吸收，发生的问题还会再次重复，如此，服务质量就难以提高。

2. 服务过程的质量管理

酒店服务的过程包括服务前、服务中和服务后三个阶段，它不仅是面对客人所进行的服务，而且还包括服务前所做的准备工作以及服务后的一切善后工作，这三个阶段的工作构成了一个不可分割的整体。服务过程的质量管理对服务质量的提高至关重要。

（1）服务质量的差距分析

差距分析是 20 世纪 80 年代末出现的一种用于寻找产生服务质量问题的根源、改善服务质量途径的基本方法。该方法认为，酒店服务质量差距来自以下五个方面。

①服务质量的认识差距。

这些差距主要是因为酒店管理者对客人需求与服务质量预期的错误理解造成的。要克服管理层的认识差距，最有效的办法是多做调查研究，以便能够不断加深和拓展对客人的需求与爱好的了解与认识。

②服务质量的标准差距。

这是由酒店制订的具体质量标准与管理层对员工的质量预期认识不吻合造成的。主要原因有：酒店制订服务质量标准的指导思想有误；管理层对服务质量标准化工作重视不够；服务质量标准要求太低或者模糊不清；标准制订太具体，制约了一线员工的主观能动性。

③服务质量的供给差距。

供给差距是指在酒店服务中供给的服务质量水平达不到制订的服务质量标准。造成这种差距的主要原因有：一线员工不了解或者不认可酒店服务标准，新的服务质量标准违背了人们的价值观念与行为习惯，服务设施设备达不到标准要求，服务过程管理不善。

④服务质量的传播差距。

传播差距指酒店向市场提供的信息与质量允诺和酒店实际能够提供的服务质量之间的差距。要消除这种差距，应该对酒店的各种承诺进行控制与管理，而不是脱离酒店实际对客人进行不切实际的许诺。

⑤服务质量的感知差距。

这一差距主要是由客人对质量的预期与实际感知不同所致。

（2）服务质量的过程管理

①准备阶段的质量管理。

酒店服务质量管理工作始自各部门在客人来店之前做好物质与精神方面的充分准备。重点应该检查两方面的工作：一是要求每个服务人员精神饱满，思想集中，穿着整洁，规范操作；二是应该事先了解客人的生活习惯，以便提供有针对性的服务。

②接待阶段的质量管理。

这一阶段的质量管理工作是服务全过程质量管理的关键环节。主要应做如下两方面的工作：加强酒店服务现场管理，特别是关键岗位与环节要进行重点控制；要充分利用酒店质量信息反馈搜集有关信息，找出质量问题产生的原因，制定进一步改进的措施。

③结束阶段的质量管理。

这是酒店服务质量管理的最后环节，主要内容包括：主动向客人征求意见；及时结账；客人离开酒店时，应主动告别；如果客人有物品遗忘应该想方设法送还。

任务 7.3　酒店质量控制

任务介绍

质量控制是一个酒店质量计划能否正常执行的关键，其应该是全过程、全方面的质量控制。要求各级质量管理人员在执行质量计划及标准时及时发现偏差并调整，以保证酒店达到预定质量要求。

任务目标

1. 掌握质量控制的方法。
2. 掌握质量控制的过程。

任务导入

　　酒店业是我国发展速度最快的行业，市场前景广阔，但竞争也日趋激烈。而竞争的实质就是服务质量的竞争，酒店服务质量的高低将直接决定顾客的选择与购买，从而影响酒店的经营成果。在硬件趋同的今天，酒店要发展自己的特色，关键举措就是不断提高和完善自身的服务质量。所以，有必要建立一个能够客观、系统地评价酒店服务质量的体系，同时配备相应的酒店质量控制职能。

同步案例

这是谁的责任？

　　佳节刚过，南方某宾馆的迎宾楼失去了往日的喧哗，寂静的大厅，半天也看不到一位来宾的身影。客房管理员 A 紧锁着眉头，考虑着节后的工作安排。突然她喜上眉梢，拿着电话筒与管理员 B 通话：目前客源较少，何不趁此机会安排员工休息。管理员 B 说："刚休了7 天，再连着休，会不会太接近？而以后的 20 几天没休息日，员工会不会太辛苦？"管理员A 说："没关系，反正现在客源少，闲着也是闲着。"两人商定后，就着手安排各楼层员工轮休。不到中旬，轮休的员工陆续到岗，紧接着客源渐好，会议一个接着一个，整个迎客楼又恢复了昔日的热闹，员工们为南来北往的宾客提供着优质的服务。

　　紧张的工作夜以继日地度过了十几天，正在管理员 A 为自己的"英明决策"感到沾沾自喜时，问题出现了。下午四点服务员小陈突然胃痛；晚上交接班时，小李的母亲心绞痛住院；小黄的腿在装开水时不慎烫伤。面对接二连三突然出现的问题，管理员 A 似乎有点乱了方寸。怎么办？姜到底是老的辣，管理员 A 以这个月的休息日已全部休息完毕为由，家中有事、生病的员工，要休息就请假，而请一天的病、事假，所扣的工资、奖金是一笔可观的数目。面对这样的决定，小黄请了病假，小陈、小李只好克服各自的困难，仍然坚持上班。第二天中午，管理员 B 接到客人的口头投诉：被投诉的是三楼的小李及四楼的小陈，原因均是面无笑容，对客不热情。管理员 B 在与管理员 A 交接班时，转达了客人对小李、小陈的投诉，管理员 A 听后，陷入沉思。

　　美国有个著名管理学家叫戴明，在分析客人投诉时，他有一条理论，可以名之曰："85～15"模式。意思是说，客人的一般投诉中，真正造成投诉的原因，员工责任往只占15%～20%，其余 80%以上多是程序上、管理上或其他的原因。换言之，大部分原因在于酒店的管理。从上述事例可以看出，被投诉的虽然是小陈、小李，但实际问题出在管理上。在管理规章制订及执行的过程中，难免会出现各种意外状况，所以酒店质量管理要注重全过程的控制。

　　控制职能是管理者要对组织的运行状况加以监督，通过控制可发现当初的计划与实际的偏差，采取有利的行动纠正偏差，保证计划的实行，确保原来的目标得以实现。

7.3.1　酒店质量控制的含义与必要性

1. 酒店质量控制的含义

　　酒店质量控制是管理人员接受相关的市场信息和内部信息，按决策目标和核定的标准对酒店经营活动进行监督、调节、检查、分析和校正，使之不发生偏差而依照正常的轨道进行，以达到预期目的的管理活动。

质量控制的基本要求是使酒店实际的业务经营活动能和决策计划相一致。

2. 酒店质量控制的必要性

质量控制对于任何酒店都是必要的。在现代管理系统中，人、财、物等要素的组合关系是多种多样的，组织关系错综复杂，随机因素很多。酒店处在这样一个十分复杂的系统中，要想实现既定的目标，执行为此而拟定的计划，不进行控制工作是不可想象的。

酒店主要向客人提供服务这种无形产品，其生产方式主要是手工劳动而不是大机器生产，不存在或基本不存在机器对人的制约性。制约人的劳动过程、制约业务活动的进行要靠酒店的质量控制。要消除酒店服务经营过程中的各种不稳定因素，也必须依靠质量控制。

7.3.2 酒店质量控制的基本过程

1. 确立质量控制标准

标准是指从许多可变的紊乱工作中，订立有秩序及可以共同遵守的衡量尺度。标准是控制的必要条件，因为事先决定的工作指南具有公平、实用、纪律、合理等特点。在评价工作表现时，标准是度量和比较的基础。

质量控制标准设立的原则有以下 3 点。

①根据酒店经营计划制定考核标准。

②质量控制标准应具体、详细。

③确定质量控制活动的具体对象。

2. 评定活动成效

如果有了合理的质量控制标准，又有了能确切评定下属人员实际工作情况的手段，还需要及时收集适用的和可靠的信息，并将其传递到对某项工作负责而且有权采取校正措施的主管人员手中。管理人员大部分都没有直接参与基层的具体工作，所以若要知道工作的进展情况，必须经常做系统的检查，或收集下属的工作报告。

管理人员在进行测量活动时，他们在时间及精神上的负担会受以下 3 个因素的影响。

①下属员工的素质和工作技能。

②管理人员的领导能力。

③工作的性质及环境。

3. 差异分析

酒店的计划与控制，是一个整体的两个方面。没有计划，无从控制；没有控制，计划便流于空洞及无意义。具体来说，并不是每一个事项都应予以监督，在正常情况下，工作预算与实际进度应相差不远，管理人员通常只将下属的工作报告收集后，与既定的标准做概括性比较，若没有什么特别事故，便不再理会。只有在发现有差异的情况出现及影响严重时，管理人员才对有关资料做深入研究和分析，找出问题的所在。这种管理方法称为例外管理原则。

4. 纠正偏差

纠正实际执行中的偏差可看作是整个管理工作的一部分，也是质量控制与其他管理职能的结合点。纠正偏差包含两个过程。

①找出发生偏差的原因。如果对造成偏差的原因分析判断不准确，纠正措施就会是无的放矢，不可能奏效。

②纠正性的调整。只有采取了必要的纠正措施之后，控制才是有效的。

7.3.3　酒店质量控制的基本原则

要使质量控制收到实效，酒店管理者应坚持以下原则。

①质量控制应反应计划要求。

②控制关键点。关键点应是一定时期酒店经营中的重要环节和薄弱因素、关键服务部位、需要加强控制和监督的关键服务质量特征。

③控制变化趋势。如有统计数字表明，一家酒店的销售收入较去年增长5%，但这种低速增长却预示着一种相反的趋势。因为当年旅游业和本地餐饮消费需求都有大幅增长，主要竞争者的餐饮销售收入增长了10%，这表明该酒店的相对市场地位实际在下降，该酒店正步入一个停滞和低速增长的时期。

④酒店质量控制应具有灵活性。酒店经营所处的外部环境是千变万化的，酒店的服务对象是消费需求、心理特征、个性迥异的消费者，酒店服务控制就更应有一定的灵活性，使酒店的质量控制在计划出现失常或不可预测的情况时保持有效性，实现控制系统的灵活性。

7.3.4　酒店质量控制的基本类型和基本方法

根据纠正措施的作用环节不同，把酒店质量控制工作分为现场控制、反馈控制和前馈控制三类。

①现场控制。

这类质量控制的纠正措施是作用在正在进行的计划执行过程。它是一种主要为基层主管人员所采用的控制方法。它是控制工作的基础，一个主管人员的管理水平和领导能力常常通过这种工作表现出来。

②反馈控制。

反馈控制是质量控制工作的主要方式，它既可以用来控制酒店经营活动的最终结果，也可以用来控制酒店经营的中间结果，如酒店服务质量、酒吧酒水的贮存等，后者称为局部反馈。

③前馈控制。

前馈控制就是分析影响当前经营的各种因素和扰动量，在不利因素发生作用之前，通过及时采取纠正措施，消除它们的不利影响。它是控制原因，而不是控制结果。

以上三种控制既是酒店质量控制的类型，也是酒店质量控制的方法。总之，酒店质量控制是多层次的，是酒店管理职能的重要组成部分。

实践训练

分析题

1. 如何理解酒店服务质量的构成？
2. 酒店质量分析方法包括哪些？
3. 简述酒店全面质量管理的内容。
4. PDCA循环工作法的四个特点分别是什么？如何理解？
5. 酒店质量控制的基本过程包括哪些？

酒店信息和工程管理

计算机信息规范管理和工程管理是酒店经营管理的重要内容。本模块主要介绍 Intranet 基础知识、Intranet 在酒店中的应用、计算机操作人员岗位职责、酒店管理信息系统设计案例和酒店设备规范管理、酒店设备采购与安装、酒店设备使用和维修、酒店工程部岗位职责等内容。通过学习，学生能够掌握计算机信息规范管理和工程管理等工作内容，为学生奠定酒店经营管理的理论基础。

※ **知识目标**

1. 掌握 Intranet 基础知识。
2. 掌握 Intranet 在酒店中的应用。
3. 掌握计算机操作人员岗位职责的基本内容。
4. 掌握设备管理的基本内容。

※ **能力目标**

1. 能够把 Intranet 基础知识应用在酒店管理实践中。
2. 能够掌握计算机操作人员岗位职责。
3. 能够熟悉酒店管理信息系统设计案例。

任务8.1 计算机信息规范管理

任务介绍

熟练掌握 Intranet 基础知识、Intranet 在酒店中的应用、计算机操作人员岗位职责等内容。

任务目标

1. 掌握 Intranet 基础知识。
2. 了解 Intranet 在酒店中的应用。
3. 掌握计算机操作人员岗位职责。

任务导入

随着社会服务行业的发展，酒店越来越多地使用管理软件来管理整个酒店。酒店信息系统应该包括基本的住宿信息管理、住宿预订管理、入住退房管理、消费记账等相关的信息管理。所以，整个酒店信息系统分为两个部分，即后台的数据库管理维护和前台的操作。后台的数据库管理能保证系统各项功能的正常运行，前台的操作能给酒店客户提供尽可能方便快捷的服务。

相关知识

无人酒店悄然兴起

手机开房，刷脸入住，从预订到退房全程智能操作，无人服务，也无须等待。从2018年开始，无人酒店这种科幻感十足的新型酒店在北京、成都等地悄然兴起，并迅速成为年轻人出行住宿的新时尚。作为走在科技与时尚前列的一线城市，深圳当然也是无人酒店的必争之地。这不，前不久乐易住无人智慧酒店就在深圳落户了，并于三月中下旬进入试营业。

乐易住还是国内首个真正意义上实现从服务到环境全线智能化的无人智慧酒店。它倡导"用科技服务生活，让生活充满自由"的理念，相比传统酒店，大大简化了住宿流程。住客从订房、登记入住到离店，全程通过手机App、智能设备即可自助完成，无须接触任何工作人员，省去很多烦琐的手续，整个过程就像回到自己家一样自由自在。

与此同时，乐易住还通过先进的客房智能控制系统，实现了室内家居设施全方位的智能感应和操作。通过携程、飞猪或手机 App 及微信订房后，人脸识别自助办理入住，手机一键开门，进房后灯光、电视、空调自动开启；当系统感应到住客已进入休息或睡觉状态，将自动关闭照明灯光、电视降音，空调调整为最适宜温度。这些以前在科幻片中才有的智能场景，在乐易住已可体验。

8.1.1 Intranet 基础知识

1. 企业内部网 Intranet

Internet 是国际互联网络；Intranet 是企业内部网络，两者组织形式虽然不同，但都是采用 TCP/IP 协议。所以，Intranet 完全可以利用与 Internet 相同的技术和信息处理手段，它包含了几乎所有 Internet 上的信息应用功能，如 WWW 信息浏览、公告牌、发布新闻、电子邮件等。企业员工既是信息的使用者，又是信息的提供者，人人可以参与企业的管理。

Intranet 是采用 Internet 技术，在企业或机构内部所建立的专用网络系统，以 Web 为核心，构成统一的信息交换平台。Intranet 可以提供 Web 出版、信息交换、目录管理、电子邮件文件管理、打印和网络管理等多种服务，还可以连接到 Internet 上。目前，各个网络公司都推出了集成化的解决方案，利用企业和机构现有的网络系统和硬件环境，将其升级到 Internet。

建立 Intranet 可以充分利用当前的硬件资源，将企业内部不同类型的网络有机地联系在一起。Intranet 具有可伸缩性，首先建立一个规模较小的网络模型，然后逐步扩展。目前组建 Intranet 操作系统有 WindowsNT、Internetware、UNLX 等。

Intranet 通过在路由器上运行防火墙软件，挂接到 Internet 上，确实，在企业内部可以直接访问 Internet 上的信息。由于防火墙的隔离作用，Intranet 可防止黑客通过 Internet 渗入企业内部，窃取企业内部机密。因而，有人称其为，建立在防火墙内部的 Intranet。国际上不断推出智能化的路由器和软件，用于提高防火墙的可靠性。随着技术的不断进步，Intranet 将更加成熟，更加安全可靠，应用更加广泛。

2. Intranet 的信息服务特点

在企业内部网上建立 Web 服务器，制作企业内部 Web 主页，可以非常方便地获取信息。在企业内部可通过各种计算机平台访问 Internet 的 Web 系统；采用客户机/服务器工作方式，可以实行分布式计算战略，共享系统的硬件和软件资源；可以充分利用现有的各种信息资源，如数据库、文字处理软件和其他软件等，并扩展到多媒体技术的应用。

在 Web 基础上建立新设的管理信息系统。一个现代化企业需要管理的信息有两种，即结构化信息（如各种数据库系统产生的信息）和非结构化信息（如大量的文字资料、图片、声音、图像等）。据统计，前者占信息总量的20%，而后者占80%。传统的管理信息系统只能管理和提供结构化信息，因而应用程度有限。而新崛起的基于 Internet 的 Web 技术能够将文字、图形、图像、声音、影像等多媒体信息集成在一起，通过浏览器实现信息查询，大大提高了企业内部的通信能力和信息交换能力。企业可通过 Internet 发布新闻，进行销售服务，提高工作群体的生产力；充分利用集体的智慧，促进内部信息交流；进行员工培训和数据库开发，新型的管理信息系统将起到不可缺少的作用。Intranet 建立可以帮助企业协调内部的信息交流，提高企业的生产力和工作效率。

Intranet 使企业内部信息交流更加畅通。在市场监管的驱动下，企业的经营、计划、政策不断地随着市场变化而变化，需要经常调整。企业内部的信息也需要随之及时更新；有的信息必须及时传递到上至董事会、总经理，下至每个员工；有的信息需要在几个特定的部门内传递。信息的传递有多种实现方法。如通过 Intranet 可以修改企业内部信息主页和部门信息主页内容，公司员工只要查询信息主页，就能获得最新信息；在 Intranet 发布新闻，通过分发电子邮件的形式，使个人或部门获得信息；采用群体软件，如 LotuSNotes，实现企业公文处理自动化和无纸化，提高办公自动化水平；利用电子邮件的功能，任何员工都可以在企业内部网上发送和接收电子邮件，员工对企业提出的合理化建议、管理意见能够及时反映到各级部门，便于上下级、员工之间的信息交流；利用"电子公告牌"张贴通知，可以节省许多中间环节。

企业内部有许多信息文件，如产品介绍、技术资料，员工手册等，过去采用印刷的形式从文件的制作、修改、印刷到最后的分发，周期长，费用高，更新不及时。在 Internet 系统下，可以越过其中的一些环节，所有文件信息内容都通过网络流通，信息使用者手上的始终是最新的信息。而且由于采用的无纸化出版形式，节省了印刷费和文件更新的费用。

在企业内部建立信息主页，是促使越来越多的企业采用 Intranet 的另一个因素，它的应用完全支持分布式计算战略。这时 WWW 系统可以被看作连接各个部门信息系统的工具，分布在各个部门的信息系统是整个系统的"信息次页"。企业的信息主页起着协调各个部门的信息主页、协调访问各种数据库和其他外部资源的作用。

由于 Intranet 能连接到 Internet，其本身就是一个接入网络。因此，对外可以提供各种信息服务，如制作广告、发布产品信息，使企业进入全球大市场。

8.1.2 Intranet 在酒店中的应用

1. 酒店对 Intranet 的信息需求

酒店需要 Intranet 这一点是肯定的，这不仅体现在酒店经营管理、广告宣传、获得信息等方面，而且还表现在服务接待方面。

我国的旅游形式也在向着多形式、多渠道方面发展。由前些年单纯观光旅游发展到观光、商务、会议等多种形式，其中商务旅游、会议旅游的比重不断增加。如何为商务和会议旅游提供更好的服务，是目前各个酒店需要重视的课题。新建酒店因为充分考虑到这方面的基础设施建设，老企业应积极计划和改造，以适应 Intranet 的需要。

在商务旅游中，从事经济活动是重点，这些活动主要包括洽谈商贸业务、投资意向考察、临时或长期派驻管理人员、走访客户和寻求合作伙伴、视察和指导所属企业工作等。商务旅游主要集中在经济发达地区，人员包括总裁、经理、经贸人员和工程技术人员等。会议旅游包括参加各种商业性质的贸易展览会、产品发布会，各种国际学术研讨会，各种组织机构举办的大小会议等；人员有商人、专家学者、政府官员、运动员、新闻工作者和工程技术人员等。与其他旅游形式相比，商务旅游和会议旅游对酒店设施、服务方式、消费模式需求有所不同。商务旅游客人非常注重效率和信息的交流。会议旅游客人对会议场所规模、展示手段、媒体能力的要求非常高。

为了促进商务旅游和会议旅游，酒店应提供一流的服务，做好接待工作。服务接待是酒店的软件，在此基础上还应具备相应的硬件条件，提供一流的硬件设施，尤其是提高通信设施的技术水平，有一流的媒体传输手段。这里所谓的通信设施不仅仅是指电话，而是代表具有多媒体技术的信息传输设备和能力。这是一种技术含量很高的硬件建设。

商务旅游和会议旅游的信息服务仅凭传统的电话是不能做到的。目前最有效的手段就是采用 Intranet 技术。为了适应商务旅游和会议旅游的需要，酒店要提供现代化办公场所、会议场地和 Internet 信息交换设施，提供连通 Internet 计算机硬件和各种办公自动化软件、多媒体演示设备和通信设备，甚至多媒体娱乐设备，以满足因商务旅游的需要。"将 Internet 送入客房"，将是建设商务型酒店所追求的目标。

2. Intranet 在酒店的应用前景

在 Internet 大潮的影响下，世界上 95% 以上的企业都计划进入国际互联网络，酒店服务也是势在必行。尤其是在商务旅游和会议旅游形势的推动下，如何为广大客户提供一流的信息服务，是酒店应注意研究的课题。对于高星级酒店来说，进入 Internet 必然能强烈地吸引高层次的客人，这也是酒店提高自身实力和竞争力的标志。Intranet 为酒店带来了新的机遇，也带来新的挑战。

对于现有酒店，可以在原有通信设施的基础上逐步进行改造。首先是建立专门的 Intranet 计算机中心，客人可以用计算机上网；改造会议厅的设备，添置联网和媒体演示设备，供会议使用。然后，将 Intranet 送入客房，让客人在客房内就可以直接使用 Intranet 进行通信。目前，有的酒店使用一种称为 Web 的装置（机顶接收盒），用房间的电视机作为显示器，直接接入 Intranet，可以进入站点浏览，但是没有电子邮件的发送和接收功能。

新建的高星级酒店从规划设计阶段就应当将"Intranet 送入客房"作为目标考虑，这样比建成之后再去改造要好得多。

酒店要在 Intranet 上介绍企业情况、发布信息，则应当注册自己的域名，提供信息服务。在 WWW 环境下，则需要建立 Web 信息页，拥有自己的 Web 主页。用户通过主页可以访问到更多的信息。在此基础上建立其他信息服务系统，如预订系统，客人通过 Intranet 就可直接预订客房。

3. HTML 语言

在 Intranet 上，WWW 信息服务系统是今后发展的主流方向。WWW 采用超文本形式构成全球性的超媒体系统，超文本用来构成 Web 的页面，文本用超文本标识语言 HTML 编写，工作于客户机服务器方式。WWW 服务器存放超文本和有关信息文档，运行服务器程序，在客户上运行 WWW 浏览器应用程序，在 WWW 浏览器和 WWW 服务器之间执行超文本传输协议 HTP。

HTP 是基于 TCP 之上的用于分布式协作超媒体信息系统的通信协议，它不仅要保证正确传送超文本文档，还必须能够确定传送文档中的哪部分以及哪部分先显示。

HTML 与高级算法语言不同，面向信息的呈现设有数据处理和计算能力（可以嵌入网络编程语言 Java 编写的应用程序得以实现和扩充），语法结构也完全不同，所有命令都采用标记符方式，表示某种操作和处理，从功能上讲，非常类似于排版语言，语法结构为：

< HTML 标记符 > 或 < HTML 标记符 > 文本 </HTML 标记符 >

所有标记符都用尖括弧括起来。大部分标记符是成对出现的，部分标记符可以不成对，即起始符和结束符可以不成对，如分段标记 <P> 和分行标记 < BR >。

8.1.3 计算机操作人员岗位职责

1. 计算机室主管岗位职责

（1）业务培训

①组织对计算机操作人员、前台收银员的技术培训，考评员工工作质量和工作效率。

②结合计算机、收银机操作过程中出现的各类问题，组织制订相应的注意事项和操作规程。

③更多地掌握计算机新技术，参加有关计算机的学术活动，不断提高自己的业务能力，以适应计算机应用领域的迅速扩展，更好地为酒店服务。

（2）硬件维修

①负责酒店计算机设备、收银设备的管理和维修，及时组织排除各设备出现的故障，修理更换损坏的零件。

②负责酒店计算机设备、收银设备的日常保养，定期检查、清洁各设备及线路，防止尘埃、虫鼠的损害，确保各设备正常运行，以保证酒店营业的需要。

③对酒店计算机设备的更新换代及技术引进提出可行性建议，并负责组织实施。

（3）软件维护

①处理计算机系统、收银机在使用过程中出现的故障，确保运算数据的正确性和系统正常运行的可靠性。

②按计算机使用部门的要求，逐步实行自编软件，修改、扩充、完善计算。

③扩大计算机应用范围，为各部门装置计算机，开发设计管理程序。

④管理计算机室内部事务，包括员工工作的安排、调配、检查、落实等。负责协调各方面的关系，带动计算机室人员形成团结敬业、积极向上的精神风貌。

⑤完成总经理临时交办的其他工作。

2. 计算机室操作员岗位职责

①掌握计算机的使用原理，具有熟练的操作技能。

②负责酒店各种内部文件的打印，协助做好文件和指示的传送工作。

③保管好各种计算机设备和用品，不可擅自交给他人使用，保持设备的正常运作，减少误差，节约用料。

④打印文件须经总经理室批准，善于鉴别文件类型。

⑤遵守保密制度，不得泄露文件内容。

⑥不断提高工作水平，及时完成打印工作，加强检查、校对，将错误率降到最低限度。

任务8.2　酒店工程部规范管理

任务介绍

酒店工程部的规范管理特别重要。设施设备的完好程度直接影响到服务质量，如果客房茶桶堵塞、空调失灵、电器损坏，即使服务态度再好，提高服务质量也只是一句空话。同样，餐厅服务员尽管笑脸相迎，但总是断水断电、桌椅残破，提高服务质量也是不可能的。

任务目标

1. 掌握酒店设备规范管理。

2. 了解酒店设备采购与安装。

3. 掌握酒店设备使用和维修。

4. 掌握酒店工程部岗位职责。

任务导入 ///

酒店工程部能够做到有效管理，随时保持设施完好，保证各种设备设施正常运转，充分发挥设备设施效能，节约酒店运营成本，对提高酒店服务质量和经济效益具有重要意义。

相关知识 ///

×××酒店设备运行管理制度

1. 设备维修程序

1.1 设备需要维修，使用部门如实填报报修单，部门负责人签字后送工程部。

1.2 急需维修时，使用部门也可直接电话通知工程部。

1.3 工程部接报修单或电话后应在5分钟内及时派工，维修人员到达现场后，凭报修单进行维修。特殊情况可先维修，然后补报修单。

1.4 修复后使用部门应在报修单上签字认可。

1.5 无法修复时，维修工应将无法修复的原因写在报修单上，签字并送工程部负责人手中。

1.6 工程部负责人根据情况，属零配件问题的，可按程序填报申报表；属技术原因无法修复的，在2~4小时内报主管总经理。

1.7 关于现场维修时应注意的礼仪，按《维修服务规范》执行。

2. 公共部位巡查检修

对于几个部门共同使用且较难界定由谁负责的公共部位设施设备，工程部派人进行巡查检修。每周一次，做好记录，一般故障由巡查员现场修复，重大故障由巡查员汇报当班负责人后安排检修。

3. 客房巡查检修

可将客房易损项目制成表格，由工程部派人每周一次协助客房部巡查检修，对较大故障或需要更换配件的日常维修项目仍由客房部填写报修单。

4. 大型成套设备的计划检修

设备的计划检修是保证设备运行的主要手段，但在安排设备的检修时应注意到酒店的设备运行特点，尽量减少对客人的影响和带来的不便。

8.2.1 酒店设备规范管理

设备的正确使用和维护，在很大程度上决定了酒店各种设备的完好程度，并能延长设备的使用寿命，各种设备如果得不到正确的使用和维护保养，将造成设备的故障率提高，而这些设备的故障往往影响到酒店的经营和酒店成本的控制。改变这种状态的关键在于每个员工都正确使用和精心维护所使用的设备，减少设备故障，减少设备的应急维修量。工程部则应着重做好重要设备的计划维修，以使酒店的设备实现科学化管理。

设备的使用应实行岗位责任制，核心思想是"谁使用，谁负责"。凡有固定人员操作的设备，该员工即为该设备的负责人；由工人操作的设备，则该部门领班（或指定的一人）为设备的负责人；设备的负责人必须对设备的完好负责。设备的负责人必须掌握设备的正确使用方法和维护方法，能发现设备的异常情况；负责设备故障时的报修；负责在其他员工使用该设备时，对他们进行培训。

1. 设备管理机构设置

各酒店根据自己的情况，可以选择设备管理的组织机构模式。常见的有如下几种。

（1）按专业系统设置

这种设置是按专业技术门类不同划分的组织模式。

由于酒店在建造时是按专业系统来划分的，因此在酒店竣工验收时也往往按专业系统进行。工程部组织机构按专业系统设置，对接管者来说比较容易发现一些设备上的不合理现象和施工遗留问题，也能较快熟悉酒店的各种设备和系统，这对参加施工过程的管理者来说更为有利。

在这种组织机构中，各专业组有自己的专业负责人或主管工程师负责本专业的设备管理和维修工作。这种模式的优点是专业技术力量集中，有利于对复杂程度高的设备进行维修，也有利于专业队伍管理和技术水平的提高。缺点是一种设备常常需要两个专业技术人员合作，因此人员配置必然增加，且不同工种属不同专业班组管理，增加了横向协调和调配的难度。所以采用这种模式必须强调专业之间的配合，在订立岗位责任制时，要求分工明确。这种模式一般适用于较大的酒店。

（2）按设备所在区域设置

这是一种按设备的系统组成和部门分布来划分的组织模式。

这种模式的优点是在制订出明确的区域和系统责任界限规定之后，更容易使设备管理和维修的责任分明，在具体工作中有利于不同专业工种之间的相互配合和相互学习；同时由于各区域部门都有维修组，能及时与服务需要配合，便于检查，方便部门业务管理。缺点是维修力量分散，遇有较大工程时就显得力量薄弱，且经常发生"大事干不了，调配关口多"的现象，再则是不利于专业化水平的提高。

（3）按管理和检修分别设置

这是一种把设备运行管理机构和设备维护、检修机构分设的模式。

根据设备管理工作的特点，可以把酒店设备管理组织机构分为设备运行管理、设备日常维修和计划维修三个部分。这种设置的特点是把设备运行与检修分开。检修中又把设备的日常维修与预防性计划检修分开，这样两方面的工作重点明确，有充分的力量对设备进行计划维修，有利于提高设备日常运行的完好率和维修计划的落实，提高了设备的使用寿命，减少了维修费用。但这种模式要求每个班组的成员要由各种不同工种混合编组，维修人员必须一专多能。日常维修人员要能够在自己负责的日常维修责任区域内采用不同专业工种的技术处理各种技术问题，取得较高的效率。而计划检修组要有较高的技术水平和在一定时期内完成较大检修项目的能力。如果计划检修组的技术力量较强，那么除了承担本酒店设备检修任务外，还可以承担外单位委托项目的检修工程。采用这种模式除大型酒店（800间客房以上）外，一般酒店不易具备条件。

（4）按设备不同类型设置

这是一种与把设备分为一次设备和二次设备相适应的组织方式。

这种管理模式的特点是把发电、变电、锅炉水泵系统、空调机组动力等能源供给设备集中为一次设备，由动能技术组负责，确保酒店用电、用水、用气等源头供应正常。把酒店内为客人提供服务和生产用的设备，包括照明线路、音响、电视、洗衣设备、计算机、客房卫生设备、餐厅制冷、健身娱乐等集中为二次设备由日常服务技术组负责。这种管理模式对于能源管理较为方便。动力能源技术组是供给动力、供给能源的机构，又是控制能源使用以及考核能源使用状况的机构。在酒店日常营业中，如果能源供应跟不上，那是能源组的责任；如果有能源而前台设备设施不能保持完好运行，那是维修组的责任，各司其职，相互配合。

（5）按设备运行，维护、综合管理设置

这是目前我国酒店采用较多的一种机构设置方式。

许多酒店的工程部大都分为两部分，第一部分是设备运行值班，第二部分是维修保养。这种机构设置方式仅注重设备的使用和维修。但是，根据设备综合管理的要求，工程部还必须承担对设备运行全过程进行综合管理的职责。因此，酒店工程部组织机构应包括运行值班、维护修理和综合管理三大部分。

设备运行值班是指动力动能设备系统的运行操作和值班，主要工作是搞好设备的日常保养，巡回检查设备的运行情况，监视、记录系统的运行状态，处理一般设备故障。设备运行值班的任务是要确保设备的正常运行，为酒店经营提供良好的物质基础。维护修理分计划维修和应急维修，是对设备产生有形磨损后的补偿，以减少故障，延长设备的寿命。综合管理的任务是制订各项计划并组织实施，制订和完善各项规章制度，搞好资产管理和节约能源工作，还要经常对工作进行检查、考核和评比。

2. 工程技术人员的配备

工程部配备多少员工取决于酒店的规模，以 300 间客房为例可计算如下。

（1）按可供出租客房算

每 100 间可供出租客房需配备 3.1 个技术人员，那么所需技术人员数为：

$300 \times 3.1/100 = 9.3$（人），约为 10 人；技术人员与工人数为 1:2，那么工程部共需工人数为 20 人。

（2）按出租客房数算

每 100 出租客房需配备 4.2 个技术人员，假设该酒店的客房出租率是 85%，那么所需技术人员数为：$0.85 \times 300 \times 4.2/100 = 10.71$（人），约为 11 人；按技术人员与工人的比例计算，该工程部需要 33 人。

（3）按客房总数算

有些酒店把工程部人数算为客房总数的 10%，按照上面的例子，具有 300 间客房的酒店其工程部所需员工数为：$300 \times 10\% = 30$（人）。

现代化酒店服务项目增多，设备设施也越来越多，按上述公式计算的工程部人员显然不够，各酒店可视自身情况适当增减。

3. 工程部岗位责任制

酒店设备管理组织机构是一种管理的框架，在选定了管理框架之后，我们需根据机构特点和工作要求进一步设置具体的岗位。岗位的合理设置是酒店设备管理部门完成任务的保证。各工作岗位要根据其岗位的具体情况制订岗位责任制。

1）岗位设置原则

岗位设置是组织机构发挥管理效能的重要保障，因此，岗位设置只能从管理和工作的实际需要出发。岗位设置的原则有以下 2 点。

（1）因事设岗

酒店的设备管理部门必须因事设岗，避免因人设岗。如果是因人设岗，管理就缺乏主动权，难以管理。

（2）一专多能

酒店的设备管理和维修不可能像厂矿那样专业化程度强、分工很细以及人员配备那么多。因此，酒店设备部门的技术人员既要熟练掌握所在岗位的专业知识技能，又要熟悉或一般性掌握相近和相关专业的知识和技能，这样就要求设岗时必考虑一专多能，避免分工过细。因为分工过细必然出现人员编制的扩大，还会出现相互依赖、效率低下的现象。

2）各级岗位职责

（1）工程部经理职责（有关设备管理方面）

①贯彻执行酒店总经理的指示，负责工程部的全面工作，直接对总经理负责。

②有高度的责任感和事业心，认真钻研技术，讲求质量，做到精益求精。

③负责酒店工程维修和技术工作的组织、指导及管理工作。负责酒店设备设施的安装验收、安全运行、维修保养和房屋维修等管理工作。

④制订设施更新、改造工程计划，抓好技术革新、技术改造工作，并组织实施。同时，积极落实对外承包工程项目，努力完成工作指标。

⑤审查编制设备维修计划及设备的月、季、年度保养计划，并做好督促检查、落实工作。

⑥负责对工程部所有人员的调度和管辖。配合人事部门做好设备使用操作面的技术培训工作，调动和发挥部门员工的积极性，并按有关制度做好考核、考勤及奖惩工作。

⑦制订各种设备的操作规程，坚持员工未经培训合格不能上岗的原则，以确保设备的安全运行，促进设备管理、设施保养的标准化、程序化和规范化。

⑧深入现场，及时掌握人员和设备的状况，坚持每天现场巡查重点设备运行状况及公共场所的动力设施，发现问题及时解决。

⑨与各部门之间密切配合、相互沟通，并深入了解下属管理人员和员工的思想状况，及时纠正不良倾向。经常对下属进行职业道德、酒店竞争意识方面的教育，培养员工的工作责任感。

⑩每天记录设备的运作情况及工程维修、保养状况，提交总经理。

⑪督导执行酒店节水节电措施，发挥设备最大效率，降低成本，完成费用。

⑫负责防火、防风、防雨工作，保证酒店的安全及工作的正常运行。

（2）工程部副经理职责

①工程部经理不在时，履行部门经理的一切职责，当好部门经理的助手。

②制订下属主管、领班工作班次表、工作计划及工作进程表。

③负责制订每天工作分项及任务下达项目单，督促所属员工完成当日的各项工作。

④每天检查下属人员完成日间工作情况。

⑤确保每件设施设备能够正常发挥其功能作用，维修后能使设备达到规定的标准。

⑥协助督导外聘人员的工程进度及应该达到的工作质量标准。

⑦确保酒店工程管道各种滤网能够按时更换。

⑧审批、检查各部件所需原材料的标准规格，以保证各项工程的及时完成。

⑨检查、建议有关工程部或客房的设备维修及更换。

⑩完成总工程师和工程部经理交办的其他工作。

（3）班组长（领班）

①负责一个专业技术班的全面工作。负责对本班员工的考勤、考绩工作，根据本班员工的技术水平实施奖励。

②负责各业务部门之间、各班组之间的业务联系。

③负责制订本班组所负责设备的维修保养计划，并按计划落实工作。

④负责本班组责任范围内设备的增加、更改、更迁的可行性分析研究及实施。

⑤负责向技术业务部门工程师报告工作。

（4）技术工人

酒店设备管理部门最基层的员工就是各种技术工人。根据工种的不同，各岗位的职责也有所不同。这里只列举几例。

①配电工。

值班电工要树立高度的责任心，熟练掌握酒店供电方式、状态、线路走向及所管辖设备的原理、技术性能和操作规程，并不断提高技术水平。

严格保持各开关状态和模拟盘相一致，不经领导批准，值班人员不得随意更改设备的运行方式。

密切监视设备运行情况，定时巡视电器设备，并准确抄录各项数据，填好各类报表，确保电力系统正常运行。

值班人员对来人来电报修要及时登记并赶赴现场修理，工作结束后做好工时和材料的统计工作，并要求使用方签字。

在气候突变的环境下，要加强对设备的特别巡逻，发生事故时要保持冷静，按照操作规程及时排除故障，并按规则要求做好记录。

值班人员违反工作规则或因失职影响营业或损坏设备，要追究当事人的责任。

任何闲杂人等不得进入配电室。参观配电室或在配电室执行检修安装工作，须得到工程部负责人的批准，并要进行登记。

②空调工。

上班期间，全体空调工听从值班班长的调度和工作指令，在领班的指导下完成任务，对动力设备领班负责。

了解设备的运行情况，根据外界天气变化及时进行调节，确保系统正常运行，并做好运行记录。

坚持巡检制度，每班要定时对外界及各空调区域的温度、相对湿度进行监测。

检查中发现异常现象及故障要及时排除，如一时处理不了，要在做好补救措施的同时上报主管。

每班都要监视水温、水压、气压以及有无溢漏情况，如遇下雨或消防排水，要注意排水系统的运作，以免水浸设备。

按中央空调及其设备运行周期定期做好计划大修、中修或小修；每年中央空调使用期过后都要进行必要的检修；接到报修任务后，要立即赴现场进行处理，必要时连夜抢修。

值班人员必须掌握设备的技术状况，发现问题妥善处理，搞好中央空调系统和通风系统设备的日常保养和检修，并做好工作日记。

中央空调运行人员要勤巡查、勤调节，保持中央空调温度的稳定，并做好节能工作。

③电梯工。

电梯工接班后，应按规定时间和路线对电梯进行检查，内容包括机房，各内呼、外呼，楼层指示灯，电梯乘搭舒适感，厅门、桥厢门、桥厢照明、桥厢装修、风扇以及质量记录表中的所有项目。

为了更有效地对电梯进行日常维护保养，实行电梯的维护保养包干责任制，即将人员分成若干组，每组负责若干部电梯的日常维护保养，内容包括电梯的整流器、控制屏、主机、桥厢及桥厢顶、导轨、厅门及门轨、井道及井道设施等。

除了日常对电梯进行巡检和实行包干责任制以外，还应进行月度和年度安全检查，按升降机试验记录逐项进行检查和试验，并做好试验的详细记录。

④水暖维修工。

水暖维修工应刻苦钻研专业技术。熟悉、掌握各种管道的分布、走向及操作规程，判断故障准确，处理及时，保证水、气畅通。

坚持巡检制度，有计划地对各种水暖系统运行情况进行认真检查，掌握该系统及其设备的运行状况，做好巡检记录。

持证上岗。定期做好各种运行设备的维修保养工作，对巡检中发现的问题要立即处理，消除隐患。

严格执行交接班制度，值班人员对该系统的设备运行情况交代清楚。

对于维修设备、工具及各种易损件要建账保管，做到物账相符，保证维修现场的清洁卫生。

⑤维修电工。

维修电工应做好机械的日常维修保养工作。

制定机械维修保养计划，并按计划做好三级保养（月度、季度、年度）。

对酒店大型关键机械设备，如柴油机、空气压缩机、水泵、大型洗衣机、大型通风设备、厨房设备等。每班必须重点检查的内容有：水位、油位、压力是否正常；各种设备有否漏油、漏水、堵塞的地方；各机械设备的浊度是否正常；机械运转是否正常，是否有异常响声或振动。

保证机械设备的正常运行，提高机械设备的工作效率，降低损耗。

做好技术改造和革新工作，延长机械设备的使用寿命，并注意节能工作。做好每天的工作日记和工作报表。

⑥制冷工。

认真执行酒店有关规章制度，按时完成部门经理及领班交办的各项任务。

严格执行操作规程及保养规程，负责制冷设备的安全运行、日常维护、小故障排除和当班异常现象的处理，操作技术要求精益求精。

严格按照规定的时间间隔巡视设备的运行状况，详细、准确地记录运行数据。定期检查、鉴定制冷设备系统的安全保护装置，如安全阀、压力表等。

严格执行氨操作程序，确保安全。按技术要求存放和保管氨瓶，并备有专门库房。

负责所管理设备及其周围场地的整洁。

4. 设备管理规章制度

酒店设备管理部门所制订的各项规章制度必须符合国家规定的各项有关法规，并有利于酒店设备的正常运行，酒店全体员工必须共同遵守。

5. 工程部员工管理制度

（1）规章制度

工程部全体员工不仅要遵守酒店的规定，同时也要遵守工程部特殊的规章制度。工程部员工要遵守以下规定。

①每位员工上下班时，都要从员工大门进出酒店，同时要遵守打卡制度。

②员工在岗工作时间，必须佩戴工作名签，注意保持良好的仪表仪容。

③员工在进入各自工作区工作时，严禁携带烟和火柴，更不准在工作区吸烟。

④员工在岗工作时，严禁看书或翻阅报纸及杂志，同时不准带任何个人进入酒店和工程部工作责任区。

⑤在岗员工要有明确的责任意识，出现问题造成重大影响或损失严重者，按员工手册中的有关规定处理。

⑥服从领导，听从指挥，严格执行各项操作规程和规章制度。每项工程，包括平时的维修保养均要按规定的程序进行，不准违章作业。

⑦携带物品离开酒店，要经工程部经理办公室检查，得到允许并有工程部经理的签字方能带出酒店。

⑧工程部所属员工均要服从紧急工程或紧急事故的临时调遣，这是由工程部的工作性质决定的。

⑨员工因病、因事或其他事宜不能前来上班，要事先告知工程部经理办公室。

⑩每天工作结束，员工要严格按交接班制度交班，填写工作日报表交给领班。

⑪搞好团结协作。

⑫搞好环境卫生。

（2）值班制度

①酒店工程部实行值班运行管理制度，设立工程部值班班次运行时间表，每月由工程师将下月的值班人员名单列出，于月底下发执行。

②各操作室或工作间的检修记录、值班记录每周一送部门经理审阅，周三退回，并存档备查。

③值班人员必须坚守岗位，不得擅自离岗脱岗。应按规定定时巡查设备运行情况，如脱离岗位巡查、抄表时，要告知另一值班人员。

④值班人员接到维修报告要立即赶赴现场，不得延误。

⑤值班人员在当班或抢修结束后，必须在值班记录或抢修记录上签名，以明确责任。

⑥发现设备故障，值班人员无法处理时，要立即报告部门领导和主管经理，组织力量及时抢修。

⑦凡员工调换班次或请假，均需提前一天提出申请，经本部经理批准后方生效，否则按

无故旷工处理。

⑧值班人员不得利用值班电话擅自打外线，以确保值班电话使用畅通。

⑨早、午、晚及夜间，所有运行设备值班机房必须有人值班。

（3）交接班制度

①交班人员须做好交班前的准备，接班人员须提前15分钟到岗接班。

②交班人员要将设备运转情况、未完成事宜以及需下班接着做的工作做好记录与交接。

③接班人员要查看交接记录，听取上一班人员关于设备运行情况的汇报。

④检查仪表、工具，并在交接班记录表上签名，查看设备运行情况。

⑤出现下列情况不得交班：

经理未到或未经主管同意指定合适的代班人员时。

设备故障影响运行或影响营业时。

接班人员有醉酒或其他神志不清现象而找不到其他接班人员时。

⑥交接班时检查出的问题由交班者负责。

⑦交接班时未检查出事故，但在接班后又发现了事故，由接班人员负责处理。

⑧出现事故正在处理时禁止交接班，待事故处理完毕后方可交接班。

（4）工作报告制度

①下列情况必须报告。

主要设备非正常操作的开停。

主要设备除正常操作外的调整。

设备发生故障或停机检修。

零部件改造、代替或加工修理。

操作人员短时间暂离岗位和维修人员的工作地点。

②下列情况必须报告主管。

重点设备除正常操作外的调整和采用新的运行方式。

主要设备发生故障或停机检修和系统故障及检修。

领用工具、备件、材料（低值易耗品除外）、加班、换班、补件、病假和外协联系。

③下列情况须报告主管经理和总经理。

重点设备发生故障或停机检修以及影响营业的设备故障或施工。

系统运行方式有较大改变，重点设备主要零部件改变，系统及设备增改工程及外协施工。

系统及主要设备技术改造或移位安装，领班以上人员岗位调整及重大组织结构调整，部门领导和主管换班。

（5）锅炉系统工作制度

①负责锅炉的日常管理。

②值班人员重点检查项目有以下几点。

检查燃料是否足够。

检查油库温度是否正常。

检查锅炉的水位控制器是否正常，与水处理工一起进行排污工作。

检查水泵运转情况是否正常。

检查电机温度是否正常。

③制订三级保养（月度、季度、年度）计划，并按计划做好保养工作。

④搞好技术革新，做好节能工作。

⑤制订《锅炉设备安全操作规程》并按要求操作。

⑥制订紧急停炉安全措施。

⑦注意防火、防爆、防意外事故发生。

⑧写好值班日记及工作日报表。

⑨搞好锅炉房的清洁卫生工作，保持其整洁。

（6）设备维修手续制度

①设备需要维修的，设备使用部门要填写报修单。

②报修单一式三联，报修部门、工程部、维修班组各一份。

③维修班组接到维修单后，根据报修内容和其重要程度填写开工日期和估计工时，并分派维修工人检修。

④班组收到维修工人送回的报修单后，要核实耗用的材料和实用工时，将报修单汇总后交工程部。

⑤工程部接到各班组交回的第三联报修单后，应和第二联核销，存入员工档案，作为每月评奖的依据。

⑥维修工人完成维修工作，需经报修部门签字认可。

⑦核销报修单时如发现缺漏，应追查原因。

⑧一时完不成的项目，应通知使用部门预计完成的具体时间。

（7）工具及物品的领用及管理制度

①酒店工程部物品的领用要按计划、实用数和审批手续办理，维修人员需要填写领用单，写明物品名称、数量、日期并签名，经本班组组长签字后交工程部经理审批。

②领用单经库房人员认可后，方可领取所需的维修材料或工具。

③库房工作人员应每周统计各班组的消耗并将资料存档。

④物料用品应勤领少储，防止积压和浪费。

⑤物品及工具的保养应由领用人负责；专用工具由专人使用，不用的工具由保管员负责保管，贵重工具、仪器、仪表由主管负责人保管。

⑥有关工种所需的个人工具，必须填写工具登记卡；若工具损坏需换，要以旧换新；若工具遗失，需填写工具遗失表，由遗失者照价赔偿。

⑦有关工种需配专用设备和专用工具，要建卡登记，分工保管，责任到人，并定时核对，做到物账相符。

⑧工具和设备要随用随借，并履行借用手续，按时归还。工程部物品不准借给其他部门，特殊情况需办理工具借用手续，经部门领导同意后方可借出，若有损坏或遗失，应视具体情况赔偿。

（8）清洁卫生制度

①认真执行清洁卫生制度，工作间及维修现场要随时清理，杂物必须送到指定地点的垃圾箱内，保持工作场所的整洁。

②机房、工作间、操作室、小仓库的材料、工具，用具、茶杯等要摆放整齐有序，不得

乱堆乱放。

③衣帽、工作鞋等要放在个人的更衣箱内。

④卫生包干区域地面不得有积水、杂物，不准随地乱扔杂物、烟头，乱倒茶叶等。

⑤各工种维修人员要随时清洁设备上的油污油垢，并注意不要将杂物、砂石、水泥等倒进排水沟或下水道内，以防堵塞。

⑥工程部所有维修人员仪容、着装要整洁，工作中要注意卫生，交接班中要进行卫生互检互查。

⑦每周要进行大清扫一次，保持室内外环境整洁，卫生达标。

（9）设备事故处理制度

①设备一旦发生事故，影响客人的正常生活和活动时，必须马上启用紧急备用设备，采取应急措施挽回损失和影响，并保护现场，及时上报。

②有关领导及有关人员要立即赴现场检查、分析、记录，及时做出处理。

③事故发生后，有关人员要将设备事故报告单送交有关领导，由工程部和相关部门领导解决。

④对于事故责任者，酒店要查明原因。根据规定，视情节轻重给予必要的经济处罚和行政处分；如果已触犯刑律，则按法律程序处理。

⑤事故的事后处理要做到四不放过：

事故原因不查清不放过。

缺乏切实有效的防范措施不放过。

缺乏常备不懈的应急措施不放过。

事故责任人和员工未受到教育不放过。

8.2.2　酒店设备采购与安装

1. 设备采购

1）设备选型的要素

设备选型的重点是要考虑设备的经济性、适用性、可靠性、节能性与方便性等要素。

（1）经济性

经济性包含两个方面：一是购置设备最初投资少，二是设备维持费省。最初投资费用包括购置费、运输费、安装费和辅助设施费等。设备维持费用包括能耗原材料消耗、维修和管理费用、劳动力费用等，分析设备的经济性还应考虑设备的耐久性。耐久性与设备的物质磨损和精神磨损有关。物质磨损指设备运行过程中的机械磨损，精神磨损指设备的技术因科技进步而落后的过程。物质磨损和精神磨损决定了设备的寿命，设备寿命越长，则每年分摊的购置费就越少。

（2）实用性

设备的豪华、舒适、完善程度不仅应与酒店的等级相适应，还要与服务项目的等级相适应。在考虑设备的等级性时，还要考虑设备的实用性。凡是直接或间接为客人享用的设备，都要以满足客人的生活需要为主，同时根据酒店的等级和服务项目的等级提供相应的享受成分。

（3）可靠性

酒店设备的安全可靠性是比较和选择设备的一个必须放在突出地位的指标。这是因为：

第一，设备可靠安全与否直接关系到宾客的人身安全，也关系到酒店工作人员的人身安全；第二，设备运行可靠与否、故障率高低将决定维修的次数和时间，关系到酒店服务的效率，从而影响宾客对服务的满意程度。因此，设备的可靠安全是酒店的声誉和效益的重要保障之一。

可靠性的定义是：系统、设备、零部件在规定时间规定条件下完成规定功能的能力。一般以可靠度来测量可靠性。可靠度是指系统、设备、零部件在常规的条件下，在规定时间内能毫无故障地完成规定功能的概率，因此它是时间（t）的函数，用 $R(t)$ 表示。比较两种设备可靠性的方法是看它们的工作条件和工作时间是否相同。选择设备可靠性可以从设备设计选择的安全系数、贮备设计（即对完成规定功能而设计额外附加系统和手段，使其中一部分出现故障时，整台设备仍能正常工作）、耐环境（温度、湿度、灰尘、振动等）设计、元器件稳定性、故障保护措施、人机因素等方面进行分析。

（4）节能性与方便性

酒店的生产性设备每天要消耗大量能源，因此选购设备时必须考虑节能效果，这样才能保证节约成本，提高经济效益。选择的设备还要易于使用，易于修理。供客人直接使用的设备，应不需要什么专业知识和复杂的记忆。节能性与方便性常常是分不开的，便于使用和维修的设备的工作效率可以提高，因此能耗也就可以降低。

2）订货

订货工作必须注意掌握供货单位的信誉和售后服务情况，因为酒店设备管理工作离不开社会的支持和合作。从某种意义上说，购买一套设备就是联络一家合作对象，因此必须了解对方，谨慎从事。

（1）订货合同的内容

在检查和审核订货合同条款和条件的时候，既要抓住主要内容，又要防止在细节上的疏漏。设备订货合同一般包括以下几个方面的内容。

①标的：设备的名称、规格、型号、厂家。

②数量和质量：计量单位和数目，设备主机、配件或材料清单，详细技术指标，内外包装标准。

③价款：价格（写明到岸价或离岸价）、结算方式、银行账号、结算时间的规定。

④履行合同的期限、地点和方式：到货期、运输方式、保险条件、交货单位、收货单位、到货地点（到站）、交货和提货日期、商检方法和地点。

⑤违约责任：违约的定义、处理方法、罚金计算方法、赔偿范围和赔款金额、支付办法。

⑥备件、资料：备件清单、技术资料名称及份数。

⑦人员培训：培训人数、培训费用、培训要求和目标、培训地点和时间以及培训人员的食住等问题。

⑧安装调试：安装期限和双方责任。

⑨售后服务：售后服务内容、保修期、保修内容及方式、供方在保修期的抵押款。

⑩不可抗拒力和其他不确定因素的解决办法和防备措施。

⑪仲裁：合同的仲裁机构。

⑫双方法定地址、电话和电传号码。

（2）签订合同的注意事项

合同一经签订，即具有法律约束力。签订合同须注意以下事项。

①对技术性和经济性内容要以决策阶段的要求为依据填写清楚。对标准设有特殊要求的，包括对技术资料文件等的特殊要求和配件备件的要求，经协商后要注明。

②订购标准通用设备时，价格不能超过国家规定的价格和价格浮动的幅度，否则应提出异议。

③合同的主要条款要与国家关于订货合同的规定基本条款一致，与国家有关法规相符合，如果违反国家法规，该合同将失效。

④委托厂家开发提供专用设备的时候，除合同之外，还要另附技术协议书，详细列出技术经济条件，所有条款必须明确，以免验收时双方发生争执。

⑤合同条款要避免互相抵触或出现空档（对某一问题没有明确规定），例如在到货站与酒店之间的路途上，货件由谁负责运输。这不但有运费问题，而且有运输保险和责任问题。

⑥合同签订后履行过程中的条款修改要经双方协商，以订立补充协议为依据，个别的小修改要以双方协商的来往函件（电）为依据。

3）到货验收

①设备到货后，供需双方与有关部门要及时开箱验收。如发现问题，要向有关方面查询或向责任单位索赔；检查包装情况，慎重探明应采取的拆箱方法，严防开箱时损坏设备与附件。

②根据装箱清单清点到货是否齐全，外观质量是否完好无损，填写开箱记录单。

③检查随机的备品附件、工具、元件资料是否齐全，要造册登记、专人保管。

④核对设备的基础图、电气线路图、设备所占的空间。

2. 设备安装调试与信息反馈

1）安装调试

酒店设备前期管理中的安装调试是影响设备今后运行效果的重要一环。安装调试内容如下。

（1）动力供应

动力供应包括水、电、气等线路和管道施工安装。

（2）基础施工

基础施工要根据建筑工程部门制定的《设备安装基础施工规范》进行。

（3）技术准备

必须理解消化技术资料，确定安装方案，准备起吊工具、专用测试工具等。

（4）安装测试

按说明书和机械工业部设备安装验收规范的规定实施。从基础找平开始，一个安装工序结束转入下一个工序之前都要进行测试并记录。

（5）试车

试车过程是逐步进行的，其所遵循的先后原则是：先单机，后联机；先空载，后负荷；先附属系统，后主机。试车的具体步骤要根据设备种类而定。

（6）验收

①验收的工作内容包括隐蔽工程验收、单项工程验收、图纸资料移交验收、安装工程竣

工图移交。

②验收的依据。通用设备以国家有关质量标准安装规范为依据；专用设备要根据合同有关条款设计任务书或技术委托书，并参照国家有关专业标准规定验收时，应邀请有关部门派出人员参加。

（7）技术资料归档

必须归档的技术资料一般有：设备附件工具明细表、设备安装图、零件图、各种系统的安装施工图和控制原理图、隐蔽工程记录图、驱动装置的安装调整记录图、安装试车过程中的各种检测记录、故障处理记录等。

2）信息反馈

信息反馈工作有利于及时发现设备初期使用的各种问题，及时联系厂家并改进设计。其主要内容有以下4点。

①对安装试运行过程中发现的问题及时联系处理，以保证现场调试进度。

②按规定做好调试和故障的详细记录，提出分析评价意见，填写设备使用鉴定书，供厂家借鉴。

③检查调试中发现的问题是否可能影响今后运行，如果存在影响今后运行因素，应及早采取对策。

④从设备初期使用效果中总结设备规划采购方面的经验和教训，以利于有关方面积累经验，把今后的工作做得更好。

8.2.3 酒店设备使用、维护和维修

1. 设备的使用、维护

1）设备使用、维护管理

（1）对运行操作人员的管理

酒店设备是现代科技在旅游服务业中的应用，使用和操作酒店设备必须掌握相应的技术才能胜任，因此必须提高运行操作人员的技术水平、工作自觉性和责任心。

①强化对运行操作人员的技术培训。操作人员应学习和掌握设备的原理、结构、性能、使用、维护、修理以及技术安全等方面的理论和实践知识，经理论测试和操作考核合格，由技术管理部门发给操作证方能上岗。

②强化运行操作人员的思想教育。运行操作人员的工作责任心和积极性是用好、管好设备的根本保证，要采取各种教育人和关心人的工作方法，促使职工树立敬业乐业的精神。

（2）对接待部门服务员的要求

①酒店前台等接待部门的服务员都必须参加常用设备的使用操作学习培训，以掌握设备结构性能、操作和维护的一般知识。同时要熟记在接待服务中向宾客介绍设备使用方法和注意事项的介绍词，掌握向宾客示范操作的动作和礼节规范。培训合格发给酒店承认的合格证并定期考核检查。

②工程部要协同前台等接待部门制订有关服务员对旅游宾客使用设备的清洁、维护和报修岗位责任规范。

（3）设备使用管理的规章制度

设备使用管理的规章制度包括设备运行操作规程、设备维护规程、操作人员岗位责任

制、交接班制度和运行检查制度等。

（4）对设备环境的要求

酒店设备是现代化设备，对工作环境有一定的要求，做好这方面的规范化管理是文明管理和保证设备使用寿命的重要条件。具体要求为以下几点。

①机房设计要充分考虑具体设备的特殊要求。

②规划投资要考虑附属设备的配套投资，例如是否需要通风、防震、防静电等条件，是否需要防火、报警、防盗等保安消防设施等。

③制订并推行机房环境的清洁标准和维护规章，并列为岗位责任制的考核内容。

2）设备日常维修制度

①酒店使用部门的设备发生故障，须填写维修通知单，经部门主管签字后交工程部。

②工程部主管或当值人员接到维修通知，应随即在日常维修工作记录簿上记录接单时间，根据事故的轻重缓急及时安排有关人员处理，并在记录簿中登记派工时间。

③维修工作完毕，主修人应在维修通知单中填写有关内容，经使用部门主管人员验收签字后将通知单交回工程部。

④工程部在记录簿中登记维修完工时间，并及时将维修内容登记在维修卡片上，审核维修中记载的用料数量，计算出用料金额填入维修通知单内。

⑤将处理好的维修通知单依次贴在登记簿的扉页上。

⑥紧急的设备维修由使用部门主管电话通知工程部，由当值人员先派人员维修，然后使用部门补交维修通知单，当值人员补填各项记录，其他程序均同。

⑦工程部在接单后两日内不能修复的，由当值主管负责在登记簿上注明原因，若影响营业，应采取特别措施尽快修理。

3）设备点检制度

（1）设备点检的含义和目的

设备点检是一种现代先进的设备维护管理方法，它是应用全面质量管理理论中关于质量管理点检的基本思想，对影响设备正常运行的一些关键部位进行经常性检查和重点控制的方法。所谓重点控制，第一是要调查研究重要部位的运行规律和状态，掌握其是否出现异常状况；第二是实行管理的制度化和操作技术的规范化。这里所说的"点"就是预先规定的设备关键部位。"检"就是通过人的五官和运用检测手段进行调查，及时准确地获取设备关键部位技术状况的劣化信息，及早做预防维修。

（2）设备点检的分类方法

设备点检一般分日常点检、专项点检和定期点检。

①日常点检。

日常点检每日进行，主要通过感官检查设备运行中关键部位的声响、振动、温度、油压等，检查结果要记录在点检卡中。

②专项点检。

专项点检是有针对性地对设备某特定项目的检测，使用专用仪器工具，在设备运行中进行。

③定期点检。

定期点检的周期按设备具体情况划分，有一周、半月、一月、数月不等。定期点检对象是重点设备，点检内容也较复杂，其主要目的是检查设备劣化程度和性能状况，查明设备缺陷和隐患，为大修方案提供依据。定期点检凭感官并使用专用检测仪表工具进行。

（3）设备点检的操作步骤

设备点检是技术性很强的工作，它要根据不同专业设备、不同工作条件、不同情况进行。

①确定设备检查点和点检路线。

在设备的关键部位和薄弱环节上确定设备检查点。检查点确定后要长期积累数据，因此，一经确定就不要轻易变动。检查点确定后要根据设备分布和类型等具体情况组成一条点检路线，明确点检前后顺序。

②确定点检项目和标准。

点检项目既要考虑所反映该点技术状态的若干要素，又要考虑点检人员采用何种方法、使用何种工具才能检查并获得这些信息。点检项目标准要根据设备使用说明书等技术资料并结合以往的实际经验来制订，判定标准要尽可能地定量化，并注明数量界限。

③确定点检的方法。

点检的方法一般有运行中检查和停机检查、停机解体检查和停机不解体检查、凭感官经验检查和使用仪表检测仪器等。检查方法一经确定，点检人员不能自行改变。

④确定点检周期。

要由技术人员、维修人员、运行人员、接待部门等有关人员共同研究确定检查点的点检周期。因为点检周期长短必须根据设备的不同特点、运行时间、设备维修和操作人员的工作经验等因素加以综合考虑。初期可以拟定试行方案，在试行中不断总结修订，最后得出既切合实际又保证质量的点检周期。

⑤建立点检卡。

点检卡内容包括检查点和点检路线、检查项目、检查周期、检查方法、检查标准，还有规定的记录符号等内容。它是设备信息管理的重要原始资料，必须妥善保管。

⑥落实点检责任到人。

点检工作的成败关键在于点检人员的责任心和技术水平，因此要选好点检人员，对点检人员要有明确的岗位责任制和考核。专职点检人员的工作职责是：

负责管辖区内的设备点检工作。

制定设备点检卡，建立本辖区设备台账和点检资料档案。

根据点检信息确定设备故障隐患和原因，提出修理意见，对自己可以解决的问题则动手做故障处理。

编制辖区内设备故障隐患检修计划，提出备件需求报告。

参与大修计划的制订和实施，并检查大修质量记入点检卡。

（4）点检培训

点检培训既是提高点检人员基本素质的重要工作，又是酒店普及设备管理点检知识的有力措施。点检培训工作的重点是明确点检作为现代先进的设备管理方法的目的、内容、方法、要求和各岗位应负的责任。对点检专业人员的培训重点在于培养他们的工作责任心和技术能力，明确其职责范围和工作内容；熟悉各种检测表的使用和操作技能；从理论和实践上掌握各种设备的结构和原理、关键部件工作原理以及故障的类型和原因；学习点检资料的填写、收集、分析、整理形成书面报告的文字能力和建立技术资料档案的基本功。

（5）点检工作的检查和考核

点检工作要抓住实效，使之真正对设备故障预防和修理工作起到重大作用，这就要加强领导，严格检查、考核和奖罚，杜绝谎检、漏检、误检和空检的现象。

2. 设备维修

1）设备维修的方式

酒店设备维修应根据设备运行规律，区别各类设备在酒店营业中所处的地位和运行间隔。维修方式有以下几种。

（1）状态监测维修

这种方法适用于利用率高的重要设备，是一种以设备技术状况监测和诊断为基础的预防性维修方式。通过状态监测可获得设备故障发生前的征兆信息，综合分析做出维修计划后即可适时采取技术措施对设备进行维修。这一方式的特点是能及时掌握时机，使修理工作安排在故障可能发生又未发生的时期，这是最为合理的。

（2）定期维修

定期维修一般用于运行与时间（季节）相关的主要设备上。它是一种以时间周期为基础的预防性维修方式。设备经过一段相对固定时间的运行后，为了保证设备的技术性能，使之恢复实现基本功能的能力而采取的技术措施，就是定期维修。定期维修的特点是所需资源（包括人力资源、物质资源和时间资源）可以计划，间隔时间和进程可以安排。

（3）事后维修

事后维修方式适用于简单低值和利用率低的设备。事后维修是在设备出现故障或者设备基本性能下降到允许范围之下时的非计划性维修。事后维修可以同更换维修结合起来采用。

（4）更换维修

更换维修方式适用于电气设备和提供给宾客使用的设备。更换维修就是以一套预备性标准部件为基础，在掌握了设备故障发生周期的条件下，适时用具有同种功能的标准部件备份更换下工作设备上相同的标准部件，然后对更换下的旧部件进行检查修理。对于小设备，有时是以整机备份进行更换维修的。这种维修方式特点是能做到现场操作，时间短，并且避免了部件故障在设备运行时发生。

2）设备维修的类别

酒店设备维修的类别有大修、中修、小修、项修和计划外修理等。

（1）大修

大修是一种为全面恢复设备工作功能而由专业维修队伍承担的大工作量维修。这种修理要对设备全部或部分拆卸、分解，修复其标准部件，更换和修复磨损的零件，使设备整体达到原来的水平。

（2）中修

中修需要对设备进行部分解体。

（3）小修

小修主要涉及零部件或元器件的更换和修复。

（4）项修

项修即项目修理，就是根据检查获知设备某一功能（项目）故障的原因或位置，采取修理措施，使该项目达到设备整体功能要求的标准。

（5）计划外修理

任何维修系统都难以完全避免突发性故障的发生，因此，要考虑到不可预见的事故和故障的出现并用计划外修理来解决，维修计划要留有机动的余地。

3. 设备维修保养策略

（1）制订并落实维修保养计划

制订酒店设备的维修保养计划，首先应根据设备说明书和使用手册提出每台设备的保养要求，然后根据设备保养需要做出年保养计划。利用日、周、月保养记录，落实保养要求和保养计划。

进行设备维修保养时，要根据设备技术档案资料确定计划期内需要修理设备的名称，修理内容、时间、工时、所需材料、设备配件及费用等，编制设备修理程序。每次设备修理均应做好记录，为日后设备的使用和维修积累资料。

（2）维护保养

所谓设备的维护保养，是指设备使用人员和专业技术人员在规定的时间和范围内分别对设备进行预防性技术养护，以保持设备完好，减少修理次数和维修费开支。酒店一般应建立四级保养制度。

第一级：日常保养。以操作人员为主，每天在工作中进行，也称例行保养。

第二级：一级保养。以操作人员为主，维修人员为辅。

第三级：二级保养。以维修人员为主，操作人员参加。

第四级：三级保养。以工程技术人员为主，对设备的主体部分进行解体检查和调整，更换达到规定磨损限度的零件。

8.2.4 酒店工程部岗位职责

1. 工程部经理岗位职责

①负责制订业务工作计划，定期编制设备维修及更新的预算报表及审核物资报告。

②负责和实施酒店各项动力设备的运行控制及维修保养计划。

③负责酒店各项土建工程建设规划及组织施工。

④制订节能措施，降低酒店能源消耗，提高经济效益。

⑤负责处理业务范围内发生的问题和客人对工程维修工作的投诉。

⑥协调客房、餐饮等部门的日常维修及各项设备维修周期计划的制订。

⑦合理安排部门员工工作，负责员工的业务技术培训及业务考核。

2. 工程部主管岗位职责

①协助工程部经理开展工作。贯彻执行上级下达的各项指令，组织落实工程维修项目，督导检查各班组人员按岗位规范和操作规程做好工程维修保养。

②检查重点部位的重点设备运行状况、技术状况，发现事故隐患立即采取措施、排除故障，保证酒店正常营业需要。

③巡视检查各班组员工遵守纪律、完成工作任务的情况，发现问题，及时提出改进措施。

④督导检查班组人员，做好设备运行记录，收集编制技术资料、技术档案，为保证设备

管理与运行提供依据。

⑤完成工程部经理交办的其他工作。

3. 领班岗位职责

①及时完成主管交办的各项工作任务，带领全班人员坚持执行岗位职责、操作规程及各项规章制度。

②负责按部内计划要求制订本班维修保养计划、备品备件计划，管好本班负责范围内的设备，使设备经常处于良好的技术状态。

③负责落实酒店的各项管理制度和操作规程，发动班组成员参与管理，学习和运用各种现代化管理技术知识。

④负责本班责任范围内的节能管理和技术状态管理，按质按时完成各种工作报表和记录，为酒店统计核算提供资料。

⑤负责本班员工的思想教育和业务技术培训。

4. 电工岗位职责

①严格遵守酒店员工手册和各项规章制度。

②努力学习技术，熟练地掌握酒店的线路走向及所辖设备的原理、技术性能和实际操作。

③密切监视配电柜的各种仪表显示，正确抄录各项数据并填好报表。

④积极配合电路检修工作，如断电检修，需具体检修人员直接通知挂"严禁合闸"的指示牌，未经检修人员通知而随意合闸造成的严重后果由当班人员负责。

⑤发生事故时，值班人员应保持冷静头脑，按照操作规程及时排除故障，并报告部门经理。事故未排除不进行交接班，应上下两班协同工作，一般性设备故障应交代清楚并做好记录。

⑥做好线路防火工作，严格检查线路负荷，发现不正常状态必须找出原因，加以纠正。

⑦认真保管电子设备维修专用仪器、仪表，保障达到仪器的各种工作指标。

⑧对电子设备维修中所需备件，包括备用零件、备用组件需妥善管理，定期测试，保证随时应急使用。

⑨保证电子设备机房的工作环境达到设备的要求，做好防火、防潮、防静电工作。

5. 修理工岗位职责

①严格遵守酒店制订的员工手册，热爱本职工作，认真学习专业知识，熟悉设备性能及系统情况，判断故障快速准确，处理迅速及时。

②每班的值勤人员负责常用耗材的清点，发现不足要及时补充。

③严格遵守操作规程，正确使用手动和电动工具，发现问题及时调整修理。不能修复的必须报告部门经理，对各类工具设备做到勤保养和妥善保管。

④树立强烈的酒店意识，文明维修，酒店至上。工作时尽量不影响客人，公共场所施工必要时加设围栏，在客房使用如冲击电钻等强噪声的工具，必须严格遵守时间规定，严格按计划时间施工。自觉做好施工场地的收尾工作，以保证酒店的环境优美。

⑤对来电报修及时登记，维修要迅速、及时。维修完立即返回班组待命，并认真填写维修换件记录单。

⑥交班时发生应急故障，上一班必须协同下一班排除故障后才能下班。

⑦维修人员如违反制度，拖延时间，修理质量低劣，影响营业和造成设备损坏的要追究当事者责任。

⑧严格执行设备维修程序的规定和维修服务规范。

实践训练

分析题

1. 掌握计算机操作人员岗位职责。
2. 酒店设备管理安全规范是什么？
3. 酒店工程部岗位职责有哪些？

模块九

酒店安全管理

模块分析

　　安全管理作为酒店管理的一个重要组成部分，应充分得到酒店从业者的重视。酒店属于开放式的服务性企业，是一个提供综合性服务活动的公共场所，存在着许多不安全因素，各种安全问题也较为突出。本模块阐述了酒店安保管理、酒店消防管理、酒店突发事件处理等内容。通过学习，使学生掌握酒店安全管理工作的重点内容，并能妥善处理酒店中常见的安全事故。

学习目标

　　※ 知识目标

1. 掌握酒店的安保管理。
2. 掌握酒店的消防管理。
3. 掌握酒店突发事件的处理。

　　※ 能力目标

1. 能够确立安全管理目标与责任，并制订和执行安全管理计划。
2. 能够制订消防管理计划，能够组织开展消防安全培训和检查工作。
3. 能够处理酒店的突发事件，并不断完善突发事件处理预案。

任务 9.1　酒店安保管理

任务介绍

　　酒店是旅游业发展的重要基础，是游客的旅途之家。每个住店客人对酒店安全都是极其关注的。缺乏安全的酒店，不仅不能满足客人的基本生活所需，还会给宾客的财产和人身造成威胁，甚至可能给酒店带来不可弥补的损失。所以，保证客人的人身财产安全是酒店的基本管理职能。

任务目标

1. 掌握酒店安全管理目标的确定。
2. 了解酒店安全管理责任。
3. 掌握安全管理计划的制订与实施。
4. 掌握安全检查与问题的处理和改进。

任务导人

酒店安全管理，实际上就是指为保障酒店客人、员工的人身和财物安全以及酒店财产安全等而进行的一系列计划、组织、指挥、协调、控制等管理活动。酒店安全工作的好坏，不仅直接关系到酒店的正常运转，也在很大程度上影响酒店的效益。因此，酒店管理者必须十分认真地开展和实施安全保卫工作，并对安全保卫工作进行科学管理，把酒店安全管理作为整个酒店管理自然有机的组成部分。

相关知识

安保部人员职责规范——安保部经理篇

报告上级：总经理

督导下级：安保主管、消防员

联系部门：酒店各部门

职责规范：

1. 负责安保部的全面工作，全面贯彻落实总经理下达的各项工作任务，当好总经理安全工作的参谋和助手。

2. 与人事培训部配合，负责本部门的人员调配和部门内部人员选拔、聘用、教育、培训、考核、奖惩、辞退等管理工作。

3. 根据预防为主的保卫工作方针，在酒店内开展以"四防"（防火、防盗、防破坏、防恶性事故发生）为中心的安全教育和法制教育。

4. 贯彻安全保卫工作"谁主管，谁负责"的原则，落实安全责任制，协助酒店各部门，把安全职责纳入部门管理工作日程当中。

5. 负责重大节日、大型会议及外宾和团队的安全保卫工作。特别是有重要贵宾抵离店时，要亲自到场指挥，确保安全。

6. 在酒店防火安全领导小组的领导下，掌握酒店防火系统，制订防火规章制度与计划。履行消防监督检查职能，组织和领导义务消防队，防范火灾发生。负责调查酒店内发生的火灾事故。

7. 接待有关宾客对酒店安全工作方面提出的投诉，并进行处理。

8. 配合公安机关、国家安全部门及上级有关执法机关来酒店协查、指导各项工作。

9. 协助酒店领导，定期进行安全检查，发现问题应立即处理。

10. 负责建立健全酒店及本部门安全方面的有关记录和档案。

11. 定期召开部门管理例会。

9.1.1 确定安全管理目标

酒店安全是指在酒店范围内所涉及的人、财、物、信息等方面的安全状态，以及为酒店客人和员工创造的没有危险、不受任何威胁的安全环境。具体而言包括：人身安全、财产安全、经营安全和权益安全这 4 个方面。

①人身安全主要是指酒店客人、员工的生命和身体在酒店范围内不受侵犯。

②财产安全主要是指酒店客人、员工的财产和酒店的财产在酒店范围内不受侵犯。

③经营安全主要是指酒店内部的服务与经营秩序、生产与工作秩序、公共场所秩序保持良好的安全状态，还包括消防安全、生产安全和食品卫生安全等。

④权益安全主要是指酒店、客人和员工的隐私，酒店的商业信息、社会声誉、品牌等不受侵犯和诋毁。

酒店在经营管理的过程中，可以围绕上述四个方面来确定安全管理的目标。

酒店常见的安全管理目标有以下几点。

①全年无重大火灾事故。

②全年无重大设备故障事故。

③全年无食品卫生安全事故。

④全年无重大人身伤亡事故。

⑤治安案件≤3 件/年。

⑥偷盗案件≤4 件/年。

⑦工伤事故≤2 件/季度。

酒店安全管理部门在确定安全管理目标时，可以根据酒店的总体经营目标和要求，结合酒店的实际情况来确定具体的安全管理目标。此外，还要将酒店的安全管理目标分解成部门的安全管理目标，使得安全管理能够层层落实，并要在酒店内树立起"安全管理，人人有责"的意识，确保安全管理目标的实现。

同步案例

安全服务——维护酒店产品的基本保障

服务是酒店提供给客人的产品，是维系酒店品牌与客人忠诚度的纽带。酒店重视与客人每一次"产品"交易的结果，对增强客人的忠诚度，提升企业品牌有着重要的作用。

我们来看一些事例。某酒店为满足客人要求，为客人煎中药，后来却被客人投诉煎出来的汤药喝了肚子痛。有位酒店客人遗失了豪华行李箱钥匙，要求酒店工程部帮助将行李箱打开。行李箱打开了，但行李箱锁再也不能使用，男宾客说不要紧，站在其身旁的夫人却沉着铁青的脸，默不作声。某酒店的贵宾外出办事，客房楼层服务员抓紧时间为客人整理房间。在清理放在床头柜上面的半杯白开水时，把客人放在白开水中的假牙也一起清理掉了……

这些事例都是酒店服务的失误，虽然其出发点是让客人满意，最终却事与愿违。因为这些服务表现出来的只是对产品交易过程的追求，忽视了产品交易的结果，即忽视了安全服务。

上述案例中，出发点是"让客人满意"的酒店服务，为何结果却事与愿违？酒店加强安全服务管理应从哪些方面考虑？

安全，是人类生理发展的基本需求，也是消费者购买产品的前提条件。只有产品保证了消费者的安全，消费者才会感受到产品的价值。如果客人购买了缺乏安全的产品，无论该产品具有多大的价值，实际在消费者心目中都是负值。

酒店加强安全服务管理，可以从以下几方面考虑。

1. 规范性

安全服务是酒店服务体系中一项不可缺少的内容，且较多地融合在酒店服务全过程中。因此，安全服务应与其他服务一样，要进行规范化、程序化、标准化管理，以促进员工自觉地实施安全服务。

2. 专业性

安全服务有别于其他服务，是独立或附加于酒店服务的另一种无形产品，具有一定的专业性。酒店的任何一项服务，尤其是超值服务，若了解和掌握的专业知识和技能越多，所提供的服务就越安全。加强安全服务的管理就要加强对员工专业知识的培训，提高员工的专业知识和技能水平往往会达到令客人惊喜的效果。

3. 灵活性

酒店要提高市场竞争力，理所当然要为客人提供更多的个性服务、超值服务。但客人的要求是多种多样的，这就要求酒店的安全服务应因求而异，因事而变，灵活掌握。要使员工提供的安全服务能满足客人的要求，首先要提高员工的安全意识，要让员工明白，没有安全就没有一切；其次要加强员工对法律、法规知识的掌握，有理、有利、有节地开展安全服务。对于技术难度较大、专业水平要求较高的超值服务，酒店应邀请专业技术人员来进行操作。对紧急的、超出酒店本专业技术，有可能给客人人身、财物或者心理带来危害的服务，服务前应依据《消费者权益保护法》的规定，"对可能危及人身、财产安全的商品和服务，应当向消费者做出真实的说明和明确的警示，得到客人同意后再采取有效措施。"力争在控制不良后果扩大的情况下规范地向客人提供服务。

4. 细微性

一般来说，酒店对重大的、明显的安全服务是比较重视的，较多忽视的是隐藏在常规服务中的特殊情况。往往稍一疏忽就会失误，酿成不良后果。加强安全服务管理，还应通过各种案例教育培养员工时刻关注客人、重视细微行为的习惯，力争万无一失地为客人提供优质服务。

9.1.2　明确安全管理责任

安全责任，重在落实，而落实的前提是责任的准确定位。从酒店安全管理的定义出发，酒店安全管理的目的在于合理利用计划、组织、指挥和协调等管理机能，控制来自人、设备、环境及管理中存在的不安全因素，从而降低安全风险。要达到这一目的，就需要酒店不同层面的管理者能够明确并切实履行自己的安全责任，真正做到各司其职、各负其责。

酒店安全管理责任体系由酒店安全管理第一责任人、安全管理部门及所属各级安全员、中层管理者、班组管理者、员工四级组成。酒店安全管理责任体系的各级人员是酒店各项工作的执行人，因此他们要具备良好的职业道德、掌握全面的专业技术知识，能够认真贯彻酒店安全方针，正确执行酒店各项安全规章制度，充分识别并掌握作业场所的安全危险源，能够采取切实可行的预控措施，合理有效地组织安全生产。就具体职责而言，应该是站在把关人的立场上，正确安全地组织生产，并能够识别、评价和消除生产过程中存在的危险因素，控制风险，实现安全生产。

1. 酒店安全管理第一责任人的安全责任

酒店安全管理第一责任人代表酒店履行酒店安全管理的主体责任，按照政府相关部门的要求来落实安全管理各项法律、法规、政策等，并对酒店的安全管理工作负有监督和指导的责任，通过践行安全承诺来实施保障职能。只有具备安全领导力的领导者，才能有效推进企业安全生产责任制的落实，才能切实促进酒店做好各项安全管理工作，实现安全管理目标。

2. 安全管理部门及所属各级安全员的安全责任

安全管理部门及其所属各级安全员，作为安全监督体系的重要组成部分，其安全责任主要是贯彻执行国家安全生产法律法规，组织安全生产规章制度、安全操作规程、安全生产责任制等规章制度的建立和修订；组织安全检查，参加设计审查及验收；制订防护用品发放使用及员工保健制度，开展安全活动；组织建立健全酒店应急预案体系，开展事故调查；做好酒店安全状况分析，提出整改建议，并定期参加安全教育培训，以适应安全管理工作的需要。

3. 中层管理者的安全责任

中层管理者是安全保证体系的中坚力量，是安全管理制度的主要执行人。其安全责任主要是贯彻酒店安全生产方针，树立超前预控思想，做好风险分析，正确安全地组织生产。工作中，中层管理者要有针对性地制订本部门安全生产规章制度和操作规程，保证安全生产各项投入的有效实施，督促检查本部门的安全生产工作，促进事故隐患的治理工作，组织制订并实施本部门的事故应急救援预案，正确分析安全事故，合理实施奖惩。中层管理者是酒店具体工作的带头人，要发挥统筹兼顾、协调处理的作用。中层管理者的主要安全职责应是对其所属范围内具体的、综合性的工作负责，包括员工安全培训是否到位，规章制度是否具备可行性，安全措施及操作方式是否符合现场实际，安全检查是否按要求进行，整改工作是否到位，事故原因、暴露的问题、防范措施是否分析清楚等。

4. 班组管理者的安全责任

班组管理者，即一线班组长，我们说是兵头将尾，是管理层与被管理层联系的纽带，是具体作业的带头人。因此，其安全责任是要做一个安全作业的模范，是标准化作业的主要执行人，一定要做好上传下达的工作。班组者要负责正确安全地管理所属设备设施，组织生产作业。班组长在接到作业任务时，要正确分析作业过程中可能出现的危险因素，掌握作业现场实际情况，根据生产任务、劳动环境和工人的个人情况，具体布置安全工作。班组长的主要安全责任，就是要开好班前会、班后会和做好班组安全日活动。在这些活动中，班组长应该传达贯彻上级有关规章制度，组织学习事故通报，吸取教训，采取防护措施，运用安全性评价、危险点分析和预控等管理方法，发现问题、解决问题，督促工作负责人做好每项工作任务，对班组员工进行经常性的安全思想教育和应急操作技能培训，开展岗位安全技术培训等，并对班组发生的不安全事故进行认真分析，总结经验，落实措施。

5. 员工个人的安全责任

员工作为酒店的基层工作人员，一定要是一个有责任心和安全意识的人，对自己所做的每一件事情负责。因此，员工是个人行为的管理者，是标准化作业的具体执行人。员工不仅要掌握《安全生产法》赋予自己的权力，而且要明确自己的责任，要接受安全培训，积极参加安全活动，掌握作业场所存在的危险因素及预控措施，正确履行作业程序。

总之，酒店安全管理主体责任的落实离不开企业各级人员，酒店的每一个人都要正确定位自己的安全责任，切实履行安全责任，只有这样，才能确保酒店安全管理责任的落实。

同步案例

不该发生的被盗案

一天，有位香港客人住进酒店。这位客人是酒店的常客，前台服务员都认识他。第二天，客人早上 10 点多就出去了，在出门前嘱咐前台服务员，说他要外出办事，中午会有一位北京来访的客人，是他多年的老朋友。这位老朋友来了就让他到住客房间取一份文件，并告诉了来访者的姓名。交代完毕后这位香港客人就外出办事去了。

大约过了 3 个多小时，一位客人到了前台，说来取一份什么文件，并说出了房间号与那位住客的姓名。前台服务员听了也没有多想，既然符合姓名与事例，便给了他房间的钥匙，并打电话通知了楼层的服务员，让他进入房间。过了 20 分钟，那位来访者交还房间的钥匙后就离开了。

过了一个钟头左右，又来了位客人，向前台说明是去××房间取什么文件，并详细地说清楚了那位住客的姓名与房间号等情况。前台服务员一听马上感觉不对，怎么会有两位来访者取同一份文件？她越想越感觉有问题，马上将情况报告主管，并通知安保人员一起到房间查看。当打开门时，那位住客的房间凌乱不堪，床上和地上到处都有被翻过的东西。酒店立即打电话通知了那位香港客人，经清点物品，被盗走了 1 000 多美金和一部价值 3 000 多元人民币的数码相机。结果，酒店做出了原价赔偿，并免去了客人的住宿费。

事后，按酒店的规定，前台服务员、楼层服务员都做了适当的赔偿。

本案例所发生的事件本来是可以避免的。可服务人员漠视酒店安全管理制度，轻易为访客打开酒店客房门，是一种安全意识淡薄和记录观念差的表现。服务人员必须本着对酒店、对客人高度负责的态度，强化规范化操作，强化安全意识，制度严明，不可麻痹大意、自作主张，否则会使服务工作陷入被动的局面。

9.1.3　制订安全管理计划

制订安全管理计划是落实酒店安全管理的重要前提，安全管理计划是保证安全管理目标得以实施的重要保障。一个完善、有效的安全管理计划可以提升酒店安全管理的成效，提升酒店的经营业绩。制订安全管理计划主要有以下几个方面的工作。

1. 明确安全管理目标和工作要求

制订安全管理计划之前，一定要正确解读酒店的安全管理总体目标与要求，在此基础上对安全管理目标进行分解，分解成部门安全管理目标或更具体的安全管理目标。安全管理目标明确后，要进一步明确安全管理工作的具体要求，这是制订安全管理工作计划的行动指南。

2. 确定安全管理工作负责人及职责分工

人是保证计划有效落实的关键，所以在制订安全管理计划的过程中一定要确定安全管理工作的负责人，建立健全安全管理工作的组织结构，明确工作分工和各自的职责范围。只有将安全管理工作进行分工，并明确落实到相应人员的身上，才能保证安全工作能够做到实处。此外，发现问题或出现过错时也可以追责。

3. 制订详细的行动措施

围绕安全管理目标、工作要求、工作内容来制订详细的行动措施。行动措施的制订一定要具有较强的可行性和可操作性，要列出可能遇到的问题及解决办法，同时还要列出时间计划所需要的技能、设备、资源等保障性需求。

4. 制订时间进程

制订时间进程的过程中，一定要明确指出完成每项工作任务开始与结束的时间节点。明确时间要求，保证酒店安全管理工作能够更高效地完成。

5. 编制费用预算

开展安全管理工作也需要花费一定的成本。编制安全管理工作的费用预算，可以让酒店管理者清楚地掌握安全管理的成本投入金额、成本构成等，为酒店的经营管理者提供参考依据。

6. 制订成果考评办法与奖惩措施

在编制安全管理工作计划的过程中，一定要制订出安全管理工作的成果考评办法与奖惩措施。制订成果考评办法的目的是检验安全管理工作计划的落实情况，为后续安全管理工作计划的调整和完善提供参考依据。而奖惩措施的制订是为了检验安全管理工作所涉及的相关部门和人员的工作业绩，通过制订奖惩措施来促进安全管理工作计划开展的有效性。

9.1.4　计划落实执行

安全管理工作计划的作用在于指导酒店安全管理工作的实践。酒店安全管理工作计划的落实执行是酒店安全管理工作的核心。在开展计划落实执行工作时，应注意以下几方面的内容。

1. 组织保障

安全管理计划的执行首先要有一个强有力的、高效的管理指挥系统或组织保证。酒店以总经理为首的行政业务指挥系统是执行安全管理工作计划的根本条件。根据组织原则，各部门、各层级按照本身的职责和业务内容制订了相应的安全管理工作计划，并在实际工作中将这些安全管理工作计划进行落实和实践，为酒店安全管理工作提供了强有力的组织保障。

2. 制订安全管理制度

为了确保安全管理计划的执行，还应把安全管理计划与责任制度相结合，制订各部门、各层级的安全管理工作制度，明确各自的安全管理工作内容。此外，还应辅以相应的奖惩制度，以调动有关人员的积极性。

3. 计划检查

检查是执行安全管理工作计划的重要环节。计划检查就是按时间顺序和进程，对安全管理工作计划的执行、计划指标的完成情况进行分析、比较、评价，保证安全管理计划的执行。计划检查常用的形式包括以下 3 种。

（1）会议检查

会议检查是一种比较常见的常规检查，主要是通过相关人员汇报的形式来检查计划的完成情况。酒店将在定期会议或不定期会议上让相关人员对安全管理工作计划的执行情况进行汇报，以便全面地掌握各部门、各层级的安全管理工作计划的完成情况。

（2）经常性检查

经常性检查主要通过对各种报表、业务情况记录表等文字表单或电子数据来检查计划的完成情况。为了保证酒店安全管理工作计划的落实，酒店可以采取经常性检查的方式，让相关人员提交相关文字或电子材料，来检查安全管理工作计划的完成情况。

（3）突击检查

突击检查是在不提前通知相关部门和人员的情况下而进行的计划检查活动。这种检查方式往往更能适实地反映出计划执行的实际情况。酒店可以采用突击检查的方式来检查安全管理工作计划落实的真实情况。

9.1.5 安全检查与问题的处理和改进

1. 安全检查

安全管理工作的重点在于预防。酒店应督促安全管理相关负责人员担起安全制度贯彻落实的检查任务。安全检查方式应灵活机动，包括常规检查、一般检查、重点检查、部门自查和交叉检查等多种检查。

为了保障安全管理工作的全面开展，酒店应建立四级安全检查制度。一级检查由班组负责实施，二级检查由部门领导负责实施，三级检查由酒店安全管理部门和各级安全员负责实施，四级检查由酒店领导负责实施。班组、部门的检查应每天进行，酒店各班组、部门应结合每天的服务工作对所负责的区域进行安全检查，发现安全隐患及时处理和汇报；安全管理部门和各级安全员的检查可以采取定期检查和随机抽查的方式；遇到重大活动或重要节日，则由总经理牵头组织开展专题安全检查活动。值得一提的是，为提高检查效果，酒店可根据季节、酒店实际情况等开展各项专题检查，包括防火专题检查、防疫安全检查、食品卫生检查等。

2. 问题的处理和改进

在进行安全检查的过程中，每次、每项检查结果均应形成详细的文字检查记录，建立安全检查档案，以提高安全管理工作效率，并以此作为评比部门工作的重要依据。为此，酒店应设计制作好各类安全检查表格，以规范检查制度。以消防检查为例，酒店若发现任何火灾隐患，应及时填写酒店消防检查整改通知书，并在第一时间报责任部门。在通知书中，应详细写清问题以及整改期限，并在整改期限内对这一问题进行复查，确保整改到位。

同步案例

厨房火灾：马虎差点酿大祸

一天的服务工作马上就要结束了，厨房各操作点的厨师正在进行最后的收尾工作。灶台打荷岗位的员工小李看了一下手表，离下班还有 20 分钟，因为第二天有一位客人预订的一只叫化鸡还没有烤制出来，小李想不如现在就烤出来。"好，马上就干"，小李拿起用锡纸包裹好的料包放进了烤箱。时间一分一秒地过去了。"小李，下班了，还不走呀?""等等我，来了，来了。"小李附和着和同事离开了厨房，烤箱里正在烘烤的食品，小李早已经忘到了九霄云外。随着最后一桌客人的离去，厨房也已经进入了歇业状态，值班领班小张正拿着《歇业检查表》检查厨房设备设施的关闭情况，他不时地在检查表上勾勾画画。当他检查到烤箱时，发现烤箱的电源未关，打开烤箱门一看，眼前的情况把小张吓了一跳，料包已经被烤成了焦糊状，正冒着阵阵青烟。小张立即断开电源，用烤夹将料包夹了出来，立刻一股难闻的焦糊味弥漫了整个厨房。待冷却后，小张在《歇业检查表》上做了详细的记录。

分析提示：

加强员工责任心意识的培养、严格劳动纪律以及加强检查、巡检力度等都是控制和避免事故发生的有效保证。

任务9.2　酒店消防管理

任务介绍

酒店消防管理是酒店安全管理的重要工作之一。它以防火安全为主，工作内容涉及范围十分广泛，具体工作又十分零星琐碎，并且责任重大。为此，酒店必须重视消防管理工作，定期进行消防安全培训和检查工作，发现问题及时整改。

任务目标

1. 了解消防管理制度的制订。
2. 掌握消防工作的组织实施。
3. 掌握消防安全培训。
4. 掌握消防安全检查及消防工作的改进。

任务导入

火灾直接威胁到酒店客人和员工的生命、财产及酒店财产的安全。虽然火灾的发生率低，但后果可能是酒店在经济上和声誉上付出沉重的代价。因此，做好酒店消防管理工作是酒店安全管理工作的重中之重。

相关知识

沈阳皇朝万鑫国际大厦火灾

2011年2月3日午夜刚过，兔年的钟声刚刚敲响，沈阳皇朝万鑫国际大厦200多米的高楼被大火吞噬，火灾再次敲响消防安全警钟。2月3日凌晨，消防人员乘云梯灭火，但起火大楼太高，灭火遇到困难。

凌晨1点，南面152米高的B座已经完全燃烧，数百名群众在现场围观，200多辆消防车和警车集结在周边待命。但由于现场的云梯车高压水枪只能喷射到 10 层左右，10 层以上的火势无法控制。到 2 点 30 分左右，B 座公寓楼基本完全烧光，只剩下主体框架，火势逐渐蔓延到 A 座和 C 座写字楼。

沈阳市公安局调查发现，2011 年 2 月 3 日 0 时，沈阳皇朝万鑫国际大厦 A 座住宿人员李××、冯××等人，在位于沈阳皇朝万鑫国际大厦 B 座室外南侧停车场西南角处（与 B 座南墙距离 10.8 米，与西南角距离 16 米）燃放两箱烟花，引燃 B 座 11 层 1109 房间南侧室外平台地面塑料草坪。塑料草坪被引燃后，引燃铝塑板结合处可燃胶条、泡沫棒、挤塑板，火势迅速蔓延，致使建筑外窗破碎，引燃室内可燃物，形成大面积立体燃烧。

鞭炮为人们带来节日喜庆气氛的同时，也给消防安全带来严重威胁。沈阳市相关政府部门认为，应该反思不断增建超高建筑带来的一系列安全隐患问题。

9.2.1　制订消防管理制度

消防工作重在预防，预防又重在建立消防管理制度。火灾的大多数原因往往都是疏于管理，没有建立严格的消防管理制度，或者即使建立起了制度也没有认真去执行，麻痹大意造成火灾危害。酒店在制订消防管理制度的过程中，应重点关注以下几个方面的制度建设。

1. 消防管理值班制度

根据酒店运营的特点，酒店必须建立起 24 小时全天候的消防管理值班制度，责成安全管理部门专门负责，设立消防监控中心值班室，并实行双人双岗三班制的轮值制度。消防监控中心值班室是火警预报、信息通信中心。值班人员必须树立高度的责任感，严肃认真地做好消防监控中心的值班任务。

2. 消防检查制度

消防检查一般应建立起三级检查制度。三级检查由负责消防的安全管理部门组织，对检查过程中存在的问题及时解决，如自身不能解决应立即报告上级主管领导。检查的主要内容包括以下几点。

①酒店楼宇各层所配备的消防灭火器材、消防栓设施是否齐全、有效。

②各层电气设备是否正常运转，是否符合消防安全规定。

③各层走廊、电梯厅、消防通道是否畅通，烟感探测器、疏散指示灯等是否正常。

④各房间内是否有违反消防安全条例的事项。

⑤各房间内所使用的电气设备是否符合安全规定。

3. 消防档案管理制度

消防档案是记载酒店管理区域内的消防重点以及消防安全工作基本情况的书面档案、电子资料等。为了保证消防管理工作的开展，酒店应建立完善的消防管理档案，可根据具体情况确定其内容。一般消防档案应包括：防火档案、火灾档案和消防设施设备档案等。

除了制订上述三个方面的管理制度外，酒店还应结合自身的实际需要来制订其他与消防管理相关的制度，如消防安全教育与培训制度、消防设备维护与管理制度、火灾隐患整改制度等，使得酒店的消防管理制度更加完善和健全，这样才能保证酒店的消防管理工作取得良好的成效。

9.2.2　消防工作的组织实施

1. 加强消防安全工作的领导

根据消防安全工作要点，要加强酒店消防安全工作的领导，以确保消防安全工作的实施。酒店成立了以酒店总经理为主任，安全管理部门经理为副主任，各部门总监、经理为组长的组织架构，分工具体，责任落实。领导小组全体成员要本着对酒店负责的思想，要有高度的事业心和责任感，各司其职，严密防范，做好酒店消防安全工作，努力清除各种影响酒店安全的隐患，保障酒店财产、客人和全体员工的生命安全。

2. 贯彻落实各项消防安全制度

为保证各项消防制度的贯彻落实，要落实好以下各项工作。

①认真学习消防法律法规和酒店消防安全方面的有关精神，制订相应措施，明确责任人，及时检查总结，把消防安全工作纳入工作绩效考评体系中。

②利用多种形式和渠道，对员工进行消防安全知识教育，加强防火教育。

③认真安排好值班。义务消防员要尽心尽责，每天检查酒店各个区域的消防设施、设备，加强对义务消防队的管理。

④定期检查各类消防器材、重点部位，发现消防安全隐患要及时报告。

⑤各部门员工在离开工作岗位或办公室前必须切断电源。

3. 贯彻"预防为主、防消结合"的方针

做好酒店消防安全工作，关键是要防患于未然。实行定期检查和日常防范相结合的消防安全管理制度。部门义务消防队员要每天对酒店各自区域巡逻、巡视，做好防火工作。发现重要情况，及时上报，不留盲点，不出漏洞。

4. 全面开展消防大检查

每月都要对酒店每个角落进行地毯式的大搜查，发现隐患，及时整改。特别是酒店的厨房、配电房、水泵房、发电机房、锅炉房等重要部位要定期检查，杜绝隐患。酒店义务消防员要按上级要求参加培训，特别是一些重要岗位人员，在酒店消防中发挥主力作用。健全安全工作台账资料，即消防安全工作计划、消防安全工作会议记录、消防安全工作检查情况、消防安全工作隐患整改情况、消防安全工作教育内容、消防安全工作有关文件和要求等。

5. 开展好消防教育工作

通过消防教育工作来提升员工的安全意识、防火意识、排除消防隐患的能力、疏散逃生等。比如，可以利用"11·9消防日"开展宣传教育系列活动，以增强酒店员工对消防知识的掌握。

6. 总结经验

每月都要对酒店的消防安全工作进行总结，积累经验，找出差距，不断完善措施，改进工作方法。对在消防工作这方面有突出成绩的员工，要给予表扬或者奖励，以推动酒店消防安全工作的开展。

9.2.3　消防安全培训

员工的消防安全意识和安全责任的强弱对酒店的消防管理工作将产生最直接的影响。据统计，有80%以上的火灾事故发生在一线员工的日常作业中。因此，酒店非常有必要定期对全体员工进行消防安全培训，以提高他们的消防安全意识，增强他们预防火灾事故的能力。

1. 消防安全培训的形式

消防安全培训的形式有很多种，如专题会议、专题讲座、消防技能训练、消防演练、外出参观、观看视频等。酒店应结合消防管理中的目标，结合本酒店自身的情况，采取多种形式相结合的方式来开展消防安全培训活动，以提升消防安全培训的效果。此外，还应结合酒店经营的需要来控制参培人员的数量和批次，以免影响酒店对客服务的工作需要。

2. 消防安全培训的主要内容

在开展消防安全培训工作之前，要结合员工消防安全的相关知识和技能的掌握情况来确定培训内容。通常，消防安全培训的内容包括以下几点。

①消防的基础知识。

②消防安全的有关法律、法规、规章等。

③消防安全意识、安全责任。

④消防设施、器材的使用方法。

⑤火灾报警和接警处置程序。

⑥火灾补救的基本方法。

⑦消防应急预案。

⑧应急疏散与逃生方法、线路等。

9.2.4 消防安全检查

消防安全检查是为保障酒店的消防管理工作顺利开展，而检验各部门、各层级的消防管理工作的落实情况，以促进消防安全管理目标的实现，使得酒店能为客人提供一个安全的环境，并使酒店能够更好地实现经营目标。

1. 消防安全检查程序

在消防安全检查的过程中，应采取自查与专查、日查与夜查、重大节日与重大活动检查相结合的方式，检查的主要程序有以下几点。

①按照各部门制定的巡查路线和巡检部位进行检查。

②对确定的被检查部位和被检查内容进行检查。

③运用消防专业知识对检查情况进行综合分析，最后得出结论，并提出整改意见。

④对检查情况进行整理，形成书面报告。

2. 消防安全检查的要求

①深入楼层对重点消防部位进行检查，必要时应做系统调试和试验。

②深入各工作间检查通道堆放物品情况，并着重做好电气线路及配电设备的检查。

③对重点的设备、设施和机房进行深层次的检查，发现问题立即整改。

④注意检查通常容易被疏忽的消防隐患，如疏散楼梯间应急指示灯不亮、配电箱下面堆放易燃易爆物品等。

⑤在检查时应具有纪律观念和法制观念，不能敷衍了事，保证检查到位。

⑥在检查过程中应注意原则性和灵活性相结合，检查与指导相结合。

9.2.5 消防工作的改进和总结

消防安全检查是一项综合性的管理活动，是实施消防安全管理最具体、最生动、最直接、最有效的形式之一。检查时必须严肃认真，检查一次应有一次的效果、解决一次问题。

对在消防安全检查中发现的隐患应及时将相关问题通报给有关部门和人员，并责令其在规定的时限内完成整改工作。对于长期拖延拒不整改的，应提交酒店领导协同处理。

对每次检查结果都应登记存档，总结分析。对经常出现的消防隐患应找出原因，针对具体问题提出改进措施，以达到彻底整改的目的。

同步案例

809 房的火警报警声

2011 年 7 月 20 日的深夜，监控员陈月星听到消防主机上传出火警报警声。很有经验的他立即找到了报警地点——809 房间，随即他将电话打进了 809 房间，但无人接听。房间没有人难道是误报？为了查清原因和确保安全，小陈立即从消防电梯上到了 8 楼 809 房间。经过几次敲门后，一位客人迷迷糊糊地把门打开说你敲门干什么，小陈还没有来得及向客人解释就闻到了一股扑鼻的焦味，并看到里面有一阵阵黑烟。小陈赶紧冲进房间，他看见电视机外壳烧了起来，但电视还开着。小陈立即拔掉电源，从楼层的消防栓内拿出灭火器将火扑灭。这时，客人还站在一边发呆，只是不停地念那句："这是怎么回事，这是怎么回事。"随后调查原因的过程中，客人说是他将一支蜡烛点在了电视机的外壳上，自己在看电视时睡着了。这件事情完全是由客人疏忽造成的，并导致了酒店的经济损失。经过协商后，客人答应赔偿损失，并对小陈表示了感谢。可以说是小陈立了大功。

这并不是一件小事情，如果没有及时正确处理，事情可能会严重得多，这也给所有安保人员上了一堂教育课，不查明原因决不能罢休。

分析提示：

因为入住酒店人员的复杂性给酒店带来了很多不确定的消防安全隐患。酒店安保人员一定要善于利用各种先进的警报设备，发现问题并及时进行有效处理。

任务9.3 酒店突发事件的处理

任务介绍

酒店属于开放式的服务型企业，是一个提供综合性服务的公共场所，存在着许多不安全的因素。酒店也是突发事件频发的场所。因此，酒店要制订完善的突发事件处理预案，要具备突发事件的处理能力，才能保证酒店经营业务的有序开展。

任务目标

1. 掌握突发事件处理预案的制订。
2. 了解突发事件信息收集的原则。
3. 掌握突发事件的核实确认及处理。

任务导入

酒店对突发事件的应急处理水平体现了酒店的整体管理水平，也是维护酒店健康稳定发展的重要保障。完善突发事件应急预案，加强突发事件应急预案的演练，妥善处理突发事件，是酒店经营管理能力的重要体现。

相关知识

酒店突发事件应急手册：酒店突然接到顾客投诉本店食品中毒该如何处理？

1. 酒店负责人接到顾客中毒事件，应立即向顾客了解就餐时间及消费的品种。

2. 要顾客出示医院诊断书，店负责人亲自过目诊断书的内容。

3. 同时最短时间内告知顾客公司的处理办法，并征询顾客的意见。如顾客提出赔偿要求，须立即告知顾客公司将会给他满意的答复。

4. 店负责人立即组织人员对顾客消费时间段的相应品种进行检测，同时将顾客医院诊断书拿到该医院了解顾客的具体病因。

5. 在确定造成顾客中毒的不是本店产品时，与顾客取得联系，将检测的结果告诉顾客，并欢迎顾客再次检测食物及到医院进行复诊。如是本店原因，将情况向公司领导汇报，并与顾客联系协商解决方案。

9.3.1 制订突发事件处理预案

妥善处理突发事件是酒店安全管理工作的重点内容。酒店可能出现的突发事件包括：火灾、爆炸、停电、绑架、紧急医疗事件、食物中毒、恐怖事件、电梯紧急事故以及自然灾害等。这些突发事件直接威胁到酒店客人和员工的生命、财物和酒店财产的安全。虽然这些突发事件的发生率较低，但其后果会使酒店在经济上和声誉上遭受沉重的损失。因此，制订突发事件处理预案的意义就显得尤为重要。

制订突发事件处理预案的主要程序有以下几点。

①成立突发事件处理预案编制小组。预案编制小组成员应尽可能包括与突发事件处理相关的利益关系人，同时必须包括应急工作人员、管理人员和技术人员。小组成员应具备较强的工作能力、具备一定的突发事件应急处理专业知识。此外，为保证编制小组高效工作，小组成员规模不宜过大。明确规定编制小组的任务、工作程序和期限，指定小组负责人，并明确小组成员的分工。

②明确突发事件处理预案的目的、对象、适用范围和编制的前提条件。

③查阅与突发事件相关的法律法规、规章和上一级预案。

④对突发事件的现有预案和既往的处理记录进行分析，获取有用的信息。

⑤编制突发事件处理预案。

⑥预案的审核和发布。突发事件处理预案编制工作完成后，编制小组应组织审核，确保语句通畅和应急计划的完整性、准确性。审核完成后，还可采用实地演习的手段对突发事件处理预案进行评估和修改。

⑦突发事件处理预案的维护、演练、更新和变更。一方面，只有通过演练才能有条不紊地做出应急响应。另一方面，可以通过演练验证处理预案的有效性和可行性。

就餐遇暴雨摔倒谁之过

艾伦·布兰迪斯到金狐餐厅享用周五炸鱼餐，其间一场暴雨使得餐厅男厕所屋顶漏水。用餐过后，艾伦去男厕所方便，由于漏雨他滑倒在湿滑的地砖上，头部受创，伤势严重。

一周后，艾伦先生的律师与金狐餐厅老板联系赔偿损失。餐厅老板坚持客人滑倒不是餐厅的责任，并称他们不是客人安全的投保人。老板知道屋顶的状况，表示只在特大暴雨时才会漏，而且屋顶太旧了没法修，尤其是在当前经济困难的时候。最重要的，老板强调暴雨天气是他们无法控制的，他们无法预见到雨会下得这么大，因此对此事故餐厅是不负责任的。

分析提示：

餐厅应对就餐客人的安全负责，并应对突发的自然事件有应对方案。

9.3.2 突发事件信息收集

当突发事件发生时，及时的信息传递是酒店相关决策者做出正确决策的基础，是酒店掌握突发事件处理的主导权和话语权的前提。做好突发事件信息收集工作能够在最大程度上及时、准确传递危急信息，有助于酒店在第一时间启动相对应的突发事件处理预案；能够在最短的时间内将突发事件进行处理，降低酒店的经济损失，维护酒店声誉，保护酒店客人与员工的人身及财产安全。

突发事件信息收集是指酒店通过多种方式获得在经营管理区域内所发生的突发事件的相关信息。信息收集是信息得以利用的第一步，也是关键的一步。突发事件信息收集工作的好坏，直接关系到整个突发事件处理工作的质量。

1. 突发事件信息收集的原则

为了保证突发事件信息收集的质量，应坚持以下原则。

（1）准确性原则

准确性原则要求所收集到的信息要真实可靠。当然，这个原则是信息收集工作最基本的要求。为达到这样的要求，信息收集者就必须对收集到的信息反复核实，不断检验，力求把误差减小到最低限度。

（2）全面性原则

全面性原则要求所搜集到的信息要广泛、全面、完整。只有广泛、全面地搜集信息，才能完整地反映管理活动和决策对象发展的全貌，为决策的科学性提供保障。当然，实际所收集到的信息不可能做到绝对的全面完整。因此，如何在不完整、不完备的信息下做出科学的决策是一个非常值得探讨的问题。

（3）时效性原则

信息的利用价值取决于该信息是否能及时地提供，即它的时效性。信息只有及时、迅速地提供给它的使用者才能有效地发挥作用。特别是决策对信息的要求是"事前"的消息和情报，而不是"马后炮"。

2. 突发事件信息收集的方式

（1）电话报告

就酒店而言，总机是酒店信息处理的调度中心，与总机相连接的一号通电话遍布酒店的各个区域、楼层和房间。一旦发生突发事件可以利用酒店的内部电话系统来报告突发事件的具体信息。电话报告一般适用于突发事件发生时的信息收集。

（2）文字报告

文字报告是以书面的形式，将突发事件的发生与处理的具体情况进行详细的整理，分析事件是否得到了有效的处理、处理方法是否得当、是否存在不足之处、改进的措施等。文字报告一般适用于突发事件处理后的信息收集工作。

（3）网络共享

网络共享是通过酒店内部的办公网络将与突击事件有关的全部信息进行共享的一种方式。这种方式的意义在于将突发事件案例化，供各部门、各层级的人员学习和借鉴，以防类似事件再次发生，起到防微杜渐的作用。

同步案例

欲轻生的妙龄女郎

2011年2月8日上午，酒店来了一对男女青年，他们开房时的过分亲密引起了接待员的注意。2月9日一早，女客人赵小姐就打电话到前厅，告诉接待员说今天是她的生日。中午她又捧着一大束鲜花兴奋地告诉服务员，说是男友送给她的玫瑰花，她今天太开心了。

谁知从下午起，她就没有再出来，她的男友则傍晚时外出。服务员多次试探进房，她都说没有事，还把门加了重锁。这期间，她男友多次打电话给她，她也不接听。服务员猜测他们两人可能在斗气，前厅和客房部都在关注这间1812房；前厅员工还特意将赵小姐男友的手机及联系电话留了下来。

10日下午2：10，客房服务员小李焦急地打电话给大堂副理，说看见那位赵小姐坐在房间的窗台上，好像是要跳楼轻生。大堂副理急忙赶过去一看，赵小姐坐在窗台上，两腿荡在窗台外，又叫又喊。由于酒店面临马路，吸引了很多人驻足观看，形势非常危险。大堂副理马上通知客房部、安保部人员立即到位，一起商量对策。

10分钟后，120救护车赶到现场。110也迅速组织人员控制现场，公安、消防、医院纷纷派出人员前来救援，消防队还搭起了气垫床以防不测。

在此紧要关头，酒店客房主管挺身而出，敲门做赵小姐的思想工作。经过动之以情、晓之以理的耐心劝说，最终解开了赵小姐心中的感情结，使其放弃了轻生的念头，自己把门打开了。据了解，赵小姐8日入住酒店，寻找以前的男友，后来得知该男子已经结婚，赵小姐为情所困，一时想不开，所以才发生此前的一幕。

分析提示：

以上案例因为服务中心工作人员细心，才得以阻止了一起自杀事件。在发生此类事件时，如有发生苗头要立即上报，采取妥善处理措施，才能避免给酒店带来不必要的麻烦。

9.3.3 事件核实确认及处理

按照突发事件信息收集的准确性、全面性和时效性原则，接到突发事件报告时，要立即对事件情况进行核实，才能有针对性地启动相应的突发事件处理预案，使突发事件能够得到有效的控制和处理。

在核实确认突发事件时，要注意核实的信息有：事件发生的时间、地点，事件的类型，突发事件所涉及的人员数量及人员的状态等。这些信息的核实确认有助于突发事件处理的决策人做出正确的判断，也有利于决策人向上级领导进行准确的汇报、向平级部门提出恰当协助需求、向下级人员下达正确处理指令。

9.3.4　成立领导小组

成立突发事件领导小组的主要目的是构建起酒店突发事件处理组织指挥体系，并具体规定酒店安全管理部门、职能部门、业务部门、基层员工的具体分工与职责。同时，成立突发事件领导小组是要在统一的管理体系下，对分散的部门资源进行重新组合和优化。从组织层次来看，可以把突发事件管理的机构分为：领导机构和执行机构。

突发事件领导小组的主要职责有以下几点。

①快速到达现场，了解和掌握突发事件的状况，控制局面，阻止事态发展，并研究事件处理的具体策略。

②在第一时间向上级有关部门报告情况。

③组织力量并全程指挥其他各职能人员投入工作。

④密切配合公安、医疗等机构对事故进行处理。

⑤负责事件的调查、分析和处理，查找原因和落实责任。

9.3.5　组织人员实施处理

在制订突发事件处理预案时，就应该将可能发生的突发事件进行预测，并制订处理各类突发事件的人员组织方案及具体的处理措施。当突发事件发生时，可以按照预先制订好的突发事件处理预案来组织人员，并按照具体的处理措施来实施处理。

常见的突发事件处理有以下几点。

1. 火灾的处理

（1）及时发现火源

酒店员工要有高度的责任心和忧患意识，当听到自动报警系统发出火警信号或闻到烟火味时应停止一切工作，迅速查明情况，找出火源。

（2）及时报警

发现火情应立即报警。有关人员在接到火灾报警后，应立即抵达现场，组织扑救，并视火情决定是否通知公安消防队。酒店报警分为两级：一是在酒店发生火警时，只向消防中心报警，其他场所听不到铃声，这样就不会在整个酒店造成紧张气氛；二是在消防中心确认店内已发生火灾的情况下，向全酒店报警。

（3）及时扑救

如火源面积不大，可组织员工用水桶、灭火器材、消防栓等及时进行扑救。火情较大就一定要通知公安消防部门。是否通知消防部门应由酒店主管消防的领导决定，同时要注意客人安全。店内所有员工应坚守岗位，保持冷静，切不可乱串岗。应按照火灾险情应急程序和人员安全疏散方案的规定做出相应的反应。要保持电话线畅通，便于管理层下达命令时有效接听。

（4）疏导客人

酒店发生火灾时，有组织、有计划、有步骤地疏散人员，对减少伤亡极为重要。在疏散步骤上，应首先疏散受烟火直接危害的人员，接着疏散受烟火威胁最大的人员，再疏散起火层下一层或下二层的人员，为火场施救腾出必要的活动区域。要迅速合理地确定疏散路线和人流分配，以免大量人员涌向出口而造成堵塞或挤死、挤伤事故。要迅速打开安全门、安全梯，组织疏导客人撤离。各层楼梯口、路口、大门口都要有人指挥把守，为客人引路，使客人迅速脱离险境。同时指定专门人员逐一检查客房，确定无人后在门上做记号，把门关好，以阻止火势蔓延。

（5）组织救助

发生火灾后，酒店医务人员应迅速准备好急救药品和抢救器材，组织抢救受伤的客人和扑救人员。这一环节在平时的安全时期应建立责任制度，由专人或专门机构负责。

2. 酒店客人伤、病与死亡的处理

酒店可能面临客人突然病危、受伤、甚至死亡等种种问题。一旦客人受伤或生病，酒店应有紧急处理的办法以及能胜任抢救的人员。酒店应配备发生紧急事故时所需要的医护人员，如医生、急救员、其他有专业技能的救生员。如无专业医护人员，则应选择合适的员工接受急救的基本训练，并配备各种急救的设备器材与药品。

发现客人伤、病后，一方面组织现场急救，另一方面迅速安排病人去医院。对客人伤病事件应有详细的原始记录，必要时据此写出客人伤病事件的报告。客人死亡事件在酒店偶有发生，原因有伤病死亡、自杀、他杀、自我误伤死亡等。安保部门接到客人死亡的消息后应立即通知安保部经理、酒店总经理等，并派安保人员保护好现场，同时向公安部门报告，还需通知客人家属或接待单位。外国客人还应通知外国驻华领事馆或大使馆，通知内容包括客人的外文姓名、性别、入境时间、护照或证件号码、死亡发现的时间、地点及有关情况。事后处理过程应详细存档。

3. 酒店客人食物中毒的处理

食物中毒以恶心、呕吐、腹痛、腹泻、昏迷等为主要症状。酒店应严格控制食品原料及餐具的卫生，防止食源性疾病的产生，注意餐饮工作人员的个人卫生与疾病，避免交叉感染。如发现客人出现疑似食物中毒症状，应立即报告主管人员，并送交医护人员及时诊断。确定为食物中毒后，应迅速送客人去医院抢救治疗。同时，餐饮部门要对客人所用的所有食品、餐具取样备检，并报告卫生防疫部门，以查明中毒原因。为防止其他客人继续中毒，还应对相关食品、餐具进行控制和查证。此外，酒店还应通知客人的单位和家属，做好客人治疗、康复期间的善后工作。如果查证中毒责任在酒店一方，酒店应给予客人相应的经济与精神赔偿。

4. 客人违法的处理

客人违法一般指客人在住店期间有流氓、斗殴、嫖娼、盗窃、赌博、走私等违反我国法律的行为。接到客人违法报告后，值班人员应当立即问明事故发生的时间、地点和经过，并且记录下当事人的姓名、国籍、性别、年龄、身份等，立即向值班经理汇报。值班经理接到报告后，要立即派内保主管或警卫人员到现场了解情况，保护和维持现场秩序。对于较严重的事件，安保部经理须亲自到现场调查，同时要及时上报。

安保部人员在找客人了解情况之前，一定要慎重，要了解客人的身份。对客人之间一般的吵骂等不良行为，安保部可出面进行调节；对其违法的行为，查明情况并征得上级同意后，向公安部门报告。

如果事件涉及外国客人，须向当地公安机关外管部门报告；如果违法人员属国内人员，应当向公安部门报告。凡是发生在酒店内的客人违法事件均须向酒店的上级主管部门报告。

在向公安部门报告后，安保部人员应对违法行为人进行监控，在等待公安人员到达的过程中，安保部人员不能对行为人进行关押，应等候公安人员前来处理。事件处理完毕后，安全管理部门应把事件的情况和处理结果记录留存。

同步案例

针孔摄像头装进酒店套房

徐州一家私营经济酒店是当地最高档的酒店，分别在 2017 年 7 月 29 日和 8 月 12 日两次发现针孔摄像头，装在有线电视接收盒内。酒店方立即派酒店的工程技术人员拆开有线电视机盒，取出摄像头。通过当地警方了解到，警方接到一名老板报案，称入住酒店时被人拍摄，有人到公司敲诈 3 万元人民币。警方经过缜密勘察，两周后抓获两名嫌疑犯。据介绍，两人系台州淑江人，智商较高，具有一定的反侦察能力。这两人用假身份证在这家四星级酒店登记房间，然后购置针孔摄像头装在电视接收盒内，这种摄像头具有遥控功能。之后两人在附近一家宾馆开房间来"守株待兔"。

5. 停电事故的处理

停电事故可能是由外部供电系统引起，也可能是酒店内部供电发生故障，其可能性高于自然灾害和火灾。因此，对 100 间客房以上的酒店应配备紧急供电装置。该装置能在停电后立即自行启动供电，这是对付停电事故最理想的办法。在没有这种装置的酒店内，应配备足够的应急灯。酒店平时应设计一个周全的安全计划来应付停电事故，其内容包括以下几点。

①保证所有职工平静地留在各自的工作岗位上。

②向客人及员工说明这是停电事故，酒店正在采取紧急措施排除故障，将尽快恢复电力供应。

③如在夜间，应帮助滞留在走廊及电梯中的客人转移到安全的地方。

④派遣维修人员，找出停电原因。如果是外部原因，应立即与供电单位联系，弄清停电原因、时间等；如果是内部原因，则应尽快排除故障。

⑤在停电期间，安保人员须加强巡逻。且酒店应派遣安保人员保护有现金及贵重物品的部门，防止发生偷盗事件。

6. 对客人报失的处理

客人报失是指其在酒店住店期间丢失、被窃或被骗财物而向酒店进行报失的事件。安保部人员在接到客人报失后，要立即同大堂经理向失主问明事情发生的经过，要详细记录失主的姓名、房号、国籍、地址、丢失财物的名称、数量（包括物品的型号、牌号、规格、新旧、钞票的种类及面额等）及物品丢失的经过。

询问情况的过程中，要帮助失主尽量回忆来店前后的情况，如来店前有无查看过、来店后有无使用过、有无放错地方等。在征得失主的同意后，帮助查找物品，要征求客人的意见（尤其是外国客人）是否向公安机关报案。若客人愿意报案，需由客人在记录上签字或要求客人写一份详细的丢失经过文字材料。

如客人物品明显属于在酒店内遗失，当班的安保人员要向客房部的失物登记处、前厅问询处及大堂经理处联系查找并派人员在店内寻找。如果客人丢失的是护照、回乡证等身份证件，应联系当地公安机关外管部门，并让失主前去报案；如果客人丢失的是信用卡、旅行支票等有价单据，要及时与相关银行取得联系并通报各外汇兑换点。

客人报失被确定为案件后，安保部应配合公安部门立案侦查，把情况与处理结果详细记录留存。如果客人的财物是在酒店范围以外被窃、丢失或被骗，应告知失主可亲自向公安部门报案。

9.3.6　善后处理

突发事件的善后工作主要是消除突发事件处理后遗留问题和影响。突发事件发生后，可能会使得酒店收益或企业形象受到某种影响，要靠一系列突发事件善后处理工作来挽回影响。

1. 对突发事件进行总结、评估

突发事件处理完毕后，要对突发事件的管理工作进行全面的评价，包括对预警系统的组织和工作程序、突发事件应急预案、处理措施、危机决策等各方面的评价，要详尽地列出突发事件处理工作中存在的各种问题。总结经验教训，为突发事件处理的改进工作提供充分的参考依据。

2. 对问题进行整顿

多数突发事件的发生与酒店管理不善有关，通过总结评估提出改进措施，责成有关部门逐项落实，完善突发事件管理内容。

总之，突发事件并不等同于酒店管理失误，突发事件的处理是一门艺术，是酒店发展战略中的一项长期规划。在激烈的市场竞争中，酒店在不断谋求服务、市场、管理和组织制度等一系列创新的同时，应将突发事件管理创新也放到重要的位置上。突发事件的处理能力是酒店进行危机管理能力和酒店综合管理实力的体现。

同步案例

垃圾桶改进使火灾防患于未然

2011 年 7 月的一天，恩华药业集团正在酒店开会，由于是全年营销会议，所以云集了全国各地的分销商，宴宾楼开元厅是本次会议的主会场。在会议开始前不久，一些到会宾客便在会议走廊上聊天、吸烟，随着开会时间的临近，宾客开始陆续走进会场。突然，电梯旁边的垃圾桶冒出了浓烟，此时正好几位宾客也看到了，都非常紧张。消防监控中心人员发现了信号报警，立即告知外围安保人员前去处理。停车场保安滕翔在接到通知后火速拿着灭火器来到起火的垃圾桶旁将其扑灭，态势很快得到控制，保安也向宾客做出了解释和说明。事后查看监控录像发现，是客人将未熄灭的烟头扔进了垃圾桶。这次事情发生以后，安保部开始积极寻找解决类似问题的办法，最后经讨论决定，将垃圾桶上的白色石子改用石英沙，主要是给客人提供放烟蒂的场所，并要求清洁工在清洁垃圾桶时要在垃圾袋里放一定量的水，这样即使是客人将未熄灭的烟头扔进了垃圾桶里也不会引燃里面的物品。

实践训练

分析题

1. 如何制订安全管理计划？
2. 如何开展消防安全检查？
3. 制订突发事件应急预案的程序是什么？
4. 突发事件信息收集的原则有哪些？

参 考 文 献

[1] 杜学. 酒店工程管理 [M]. 北京：清华大学出版社，2004.

[2] 黄崎. 现代酒店工程原理与实务 [M]. 北京：中国旅游出版社，2012.

[3] 王颖凌. 酒店管理实务 [M]. 北京：清华大学出版社，2018.

[4] 徐文苑，贺湘辉，铁玲. 酒店经营管理 [M]. 广州：广东经济出版社，2011.

[5] 侯凌凤. 酒店经营与管理 [M]. 北京：对外经济贸易大学出版社，2013.